Research on the Theory, Model and
Guarantee of Public Library Services for
Young Children

公共图书馆低幼儿童服务理论、模式与保障研究

张　丽◎著

北京语言大学出版社
BEIJING LANGUAGE AND CULTURE
UNIVERSITY PRESS

© 2023 北京语言大学出版社，社图号 23003

图书在版编目（CIP）数据

公共图书馆低幼儿童服务理论、模式与保障研究 /
张丽著 . -- 北京：北京语言大学出版社，2023.4
ISBN 978-7-5619-6228-2

Ⅰ.①公… Ⅱ.①张… Ⅲ.①公共图书馆—儿童—读
者服务—研究 Ⅳ.① G252

中国国家版本馆 CIP 数据核字（2023）第 040403 号

公共图书馆低幼儿童服务理论、模式与保障研究
GONGGONG TUSHUGUAN DIYOU ERTONG FUWU LILUN、MOSHI YU BAOZHANG YANJIU

责任编辑： 周 鹂 刘晓真		**责任印制：** 周 燚	
排版制作： 闫海涛		**封面设计：** 春天书装	

出版发行： 北京语言大学出版社

社 址： 北京市海淀区学院路 15 号，100083

网 址： www.blcup.com

电子信箱： service@blcup.com

电 话： 编 辑 部 8610-82303670
国内发行 8610-82303650/3591/3648
海外发行 8610-82303365/3080/3668
北语书店 8610-82303653
网购咨询 8610-82303908

印 刷： 北京鑫丰华彩印有限公司

版 次： 2023 年 4 月第 1 版　　**印 次：** 2023 年 4 月第 1 次印刷
开 本： 710 毫米 × 1000 毫米　1/16　**印 张：** 15
字 数： 336 千字（含附录）
定 价： 52.00 元

PRINTED IN CHINA

凡有印装质量问题，本社负责调换。售后 QQ 号 1367565611，电话 010-82303590

国家社会科学基金青年项目"公共图书馆低幼儿童服务理论、模式与保障研究"研究成果（项目编号：18CTQ004）

北京语言大学校级科研项目（中央高校基本科研业务专项资金资助）"对外汉语教学学科发展与服务创新平台"研究成果（项目编号：18PT06）

目　录

6 公共图书馆低幼儿童服务的保障要素与保障体系 / 123

1 绪 论

　　低幼儿年龄段是儿童发育、成长过程中一个极其特殊的阶段，它既是人生的起点，也是一生中发展变化非常迅速的时期。低幼儿童的特殊性使得公共图书馆面向这类人群的服务对图书馆事业的发展水平与国家的经济水平都提出了很高的要求。纵观东西方公共图书馆低幼儿童服务发展的历史，可以看出低幼儿童服务是在其母体（公共图书馆儿童服务）发展到一定阶段后才逐步出现的，是儿童图书馆事业发展到高级阶段后的产物。公共图书馆低幼儿童服务在早期教育、早期读写、阅读习惯培养、终身学习、全民阅读等理念的共同推动下出现，逐步发展为公共图书馆常规且具有特色的服务项目之一。公共图书馆以阅读推广为核心的低幼儿童服务对于儿童的个体发展、图书馆的可持续发展、国家的高质量发展都有着深远的影响，因此受到了国家、图书馆、家庭和学校等多方面的关注。本书聚焦公共图书馆低幼儿童服务，首先，对其兴起、发展的历史脉络进行梳理，阐明其意义和价值，界定相关术语；其次，对其服务对象、服务目标、关键要素、基本特征等基本问题进行阐述；再次，围绕服务理论、服务模式与服务保障三方面展开论述；最后，结合低幼儿童服务的理论与实践，立足中国国情，构建出公共图书馆低幼儿童服务发展的中国路径。

1.1 公共图书馆低幼儿童服务的兴起与发展

公共图书馆低幼儿童服务是公共图书馆儿童服务发展到高级阶段后的产物，是儿童服务不断细化与拓展的结果。纵观东西方公共图书馆儿童服务发展的历史，可以发现，即便像英美这样儿童图书馆事业起步早、发展好的国家，最初也是将儿童排斥在图书馆大门之外的，他们认为儿童不具备阅读的能力，更不用说牙牙学语的婴幼儿了。美国的公共图书馆事业起步较早，但直到 1896 年，他们才取消了入馆的年龄限制，允许儿童自由出入，而低幼儿童服务是在其母体——儿童服务出现近百年之后（1976 年）才逐步成为美国公共图书馆常规、普遍的特色服务项目之一的。[①] 我国公共图书馆深受英美两国影响，低幼儿童服务也是在儿童服务发展到一定阶段（2010 年左右）后才出现并逐步受到重视的。它的兴起、发展与早期教育、早期读写、终身学习、信息素养等理念紧密联系在一起，且深受国家经济实力与图书馆事业整体发展水平的影响，是图书馆儿童服务不断发展的结果。

1.1.1 英美公共图书馆低幼儿童服务的兴起与发展

无论是东方国家还是西方国家，儿童最初都受到公共图书馆的排斥，那时人们缺乏对儿童的正确认识。在西方，儿童被看作发育完成了的微型成人；在中国，儿童也被看作缩小的成人。东西方国家在很长一段时间内都持有这种把儿童当作"小大人"的看法，把儿童和成人混为一谈，忽略了儿童在行为方式、情感世界、认知能力和智力水平等方面与成人的差异，要求儿童像大人一样成熟稳重，贬低、排斥儿童天然的调皮嬉笑、蹦蹦跳跳等行

[①] 潘兵，张丽，李燕博.公共图书馆的未成年人服务研究 [M].北京：国家图书馆出版社，2011：24.

为。在图书馆员的眼中，儿童是不受欢迎的，儿童活泼、好动的性格与安静、整洁的公共图书馆形象是格格不入的。

随着西方文艺复兴的兴起，人们"发现"了儿童，逐步意识到了儿童与成人的不同，承认儿童具有独立人格。面向儿童的服务逐步将儿童与成人区分开来，出现了儿童医院、儿童公园、儿童剧院等。公共图书馆的大门也开始向儿童敞开，不过当时的图书馆都会规定儿童的入馆年龄，低幼儿童由于尚未具备阅读的能力而被排斥在服务范围之外。即便是能够入馆的儿童，在图书馆内也要接受严格的监督，儿童并不享有与成人读者同等的权利，借阅图书也必须在父母的陪同下才能完成。[①] 随着儿童权利意识的发展，人们逐步意识到图书馆作为服务民众的公益性机构，不能因年龄、种族、性别、宗教、国籍、语言或社会地位等因素的差异而区别对待读者。在"平等服务"理念的指引下，1896 年，美国的公共图书馆取消了入馆的年龄限制。[②] 后来，在进步教育思想、社会福利与公共图书馆运动等多种因素的共同推动下，人们越来越意识到图书馆在人生初期（低幼儿童阶段）的重要作用，大力倡导在公共图书馆内设立专门的儿童阅览室。[③]

在早期教育、早期读写、阅读习惯培养、终身学习等理念的推动下，英美等国的公共图书馆儿童服务在走向专业化的道路上，不断将自己的服务触角向下延伸，0 岁的婴儿甚至怀有身孕的准妈妈都成了公共图书馆儿童服务的目标人群。在英国，96% 的图书馆推出了面向 0—5 岁儿童的服

---

① Kate McDowell. Open Wide the Doors: The Children's Room as Place in Public Libraries, 1876-1925[J]. Library Trends, 2014(62)3: 519-529.

② Haynes McMullan, Wayne A. Wiegand, Donald G. Davis. Encyclopedia of Library History[G]. New York: New York & London, 1994.

③ Fannette H. Thomas. The Genesis of Children's Services in the American Public Library: 1875~1906 [D]. USA: University of Wisconsin-Madision, 1982.

务项目。[①]美国同样十分重视公共图书馆的低幼儿童服务，美国图书馆协会（American Library Association，简称 ALA）下属的图书馆儿童服务协会（Association for Library Service to Children，简称 ALSC）早在 1994 年就推出了全国性的婴幼儿早期阅读推广示范项目——"出生即阅读"（Born to Read）。2000 年发起的"图书馆里的每个孩子都做好了阅读准备"（Every Child Ready to Read @ your library），也是针对 0—5 岁婴幼儿及其家庭的全国性阅读推广项目。这两个项目都以公共图书馆为主要阵地。为了检验这些项目的实施效果，英美两国均聘请研究机构的人员对其进行后期追踪。"阅读起跑线"（Bookstart）与"确保开端"（Sure Start）两个项目的后期调研显示，参与早期阅读项目的儿童入学后在阅读上具有明显的优势，且在各项基础测验中成绩优良。[②]早期阅读的重要性让英美公共图书馆界逐步形成了一种理念，即作为一项生存技能，阅读应尽早开始，越早越好。[③]

推动英美公共图书馆低幼儿童服务发展的另一原因就是作为公共资金支持的公益性事业，公共图书馆要想获得政府更多的支持来谋求自身发展，就必须用事实来证明自身存在的价值。诺贝尔经济学奖得主詹姆斯·赫克曼（James J. Heckman）的教育投资回报理论提到：在一个有既定能力的个体的生命周期中，假定对每个年龄段实施同样的投资，那么在其余条件相同的情

---

① SCL Leading & Managing Public Library. Review of Reader Development Activities in Libraries and Training Needs[EB/OL]. [2020-03-29]. https://www.librariesconnected.org.uk/sites/default/files/Review%20of%20Reader%20Development%20Activities%20and%20Training%20Needs.pdf.

② Michael E. J. Wadsworth. Effects of Parenting Style and Preschool Experience on Children's Verbal Attainment: Result of a British Longitudinal Study[J]. Early Childhood Research Quarterly 1986, 1: 237–248.

③ Laura Crossley. Children's Library Journey Report[EB/OL]. [2020-03-30].https://www.librariesconnected.org.uk/sites/default/files/Children_s%20Library%20Journeys%20report.pdf.

况下，早期人力资本的回报率始终高于晚期。① 与此理论相呼应，全球多个早期干预项目的跟踪研究显示，在儿童早期发展阶段，每投入 1 美元将获得 4.1—9.2 美元的回报。② 早期阅读干预项目的跟踪研究也得出了类似的结论。英国图书信托基金会（Booktrust）曾委托咨询公司对"阅读起跑线"进行一项社会投资回报研究，旨在量化"阅读起跑线"项目所创造的社会 - 经济价值。研究发现，政府每投入 1 英镑，该项目能为社会产生共计 25 英镑的经济价值，可谓收益巨大。③ 早期阅读的重要性与早期投入的高回报率，使得儿童图书馆事业比较发达的英美两国很早就开始了面向低幼儿童的服务，并使其成为公共图书馆中一类重要而富有特色的服务。面向低幼儿童的服务不仅关乎个人的成长，而且关乎国民素养的提升、国家经济的发展，对于由公共经费支持的公共图书馆来说，也是证明自身存在价值的最好方式。

1.1.2 我国公共图书馆低幼儿童服务的兴起与发展

我国公共图书馆儿童服务从萌芽之时就深受英美两国的影响。20 世纪初，儿童图书馆的理论与思想首次被介绍到中国，不过它们首先作用于我国的中小学教育领域。当时，随着约翰·杜威（John Dewey）"儿童本位主义"教育观在我国的传播，采取尊重儿童天性的教学方法逐渐成为中小学教育界的共识，而图书馆作为学校培养儿童读书兴趣和习惯的重要设施，成为中小学校教育改良的"先锋"。继学校图书馆出现之后，公共图书馆也开始为儿童提供服务。

推动我国公共图书馆儿童服务发展的另一个原因是五四新文化运动对

---

① 郭磊，曲进. 赫克曼曲线与人力资本投资——加大学前公共投入的思想与借鉴 [J]. 经济学动态，2019（1）：116-130.
② 中国发展研究基金会. 中国儿童发展报告 2017：反贫困与儿童早期发展 [R/OL].（2017-12-18）[2020-02-28]. http://www.cdrf.org.cn/jjh/pdf/fazhanbaogao.pdf.
③ 王素芳. 国际图书馆界儿童阅读推广活动评估研究综述 [J]. 图书情报知识，2014（3）：53-66.

人的"发现",尤其是对处于弱势地位的妇女和儿童的"发现"。儿童的本能和本性得到了社会的重视,"以儿童为中心"的儿童观在中国形成。[①] 在"儿童本位""以儿童为中心"等理念的推动下,1912 年,我国有记载的最早的一所儿童图书馆——湘乡青树镇儿童图书馆诞生,我国公共图书馆儿童服务自此肇始。[②] 由于低幼儿童不具备阅读能力,最初公共图书馆面向儿童开放时,是将这一群体排斥在大门之外的。

民国时期是我国公共图书馆儿童服务发展史上的第一个繁荣期,初步形成了以公立图书馆、通俗图书馆、公私立小学图书馆组成的图书馆体系。在实践不断丰富的基础上,理论研究开始起步。在历经初创、起步、推进、发展、艰难求生存、重建、停滞之后,20 世纪 80 年代,公共图书馆儿童服务迎来了第二个繁荣期。《图书馆工作汇报提纲》(1980 年)与《关于全国少年儿童图书馆工作座谈会的情况报告》(1981 年)两个文件明确指出,要在中等以上的城市和大城市的区建立少年儿童图书馆,凡新建公共图书馆,都要考虑儿童阅读设施的安排。在两个文件的推动下,公共图书馆的儿童服务从实践到理论都获得了较大进展。1990 年后,随着我国改革开放事业的发展,社会主义市场经济体制逐步确立,网络技术开始兴起,外部环境的变化带来了儿童图书馆的一系列探索与变革。2000 年后,我国儿童图书馆事业进入快速发展时期,迎来了第三个繁荣期,从国家层面到图书馆行业组织,从理论研究到具体实践,公共图书馆儿童服务受到前所未有的重视。我国颁布实施的公共图书馆和公共文化的主要政策和文件分别从空间设置、面积大小、经费投入、人才培养等方面对公共图书馆儿童服务做出了明确规定。在"儿童优先"原则的指导下,儿童作为弱势群体的代表,已经成为公共图书馆与公共文化政策制定与实践探索中优先考虑和必

---

① 王黎君. 儿童的发现与中国现代文学 [M]. 北京:中国社会科学出版社,2009:3-27.
② 李然. 民国时期儿童图书馆发展状况述略 [J]. 图书馆,2013(5):111-114.

不可少的一类特殊人群。^①

　　随着联合国教科文组织《公共图书馆宣言》宣扬的"每一个人都有平等享受公共图书馆服务的权利"理念在我国的广泛传播,图书馆学界和业界开始从保障公民权利的角度来认识和理解图书馆的社会功能。在平等服务理念的指引下,儿童作为公共图书馆的特殊服务人群(即弱势群体),愈加受到重视。公共图书馆儿童服务的一个重大转变就是开始向低幼儿童延伸和扩展。2004 年是我国公共图书馆低幼儿童服务发展的重要转折点,"4·23 世界读书日"活动的大范围开展,让阅读由"小众"走向全社会,图书馆成为全民阅读的主阵地。^②儿童阅读作为全民阅读的起点,成为公共图书馆阅读推广的重点。法国国家统计局的调查报告显示:成年人读书习惯的"根"在童年时期就已经扎下,有 2/3 的爱读书的成年人在 8 岁至 12 岁时就酷爱读书,而不爱读书的成年人有一半在儿童时期也不爱读书。^③阅读兴趣和阅读习惯应从小培养,越早越好。作为人生的初始阶段,低幼儿童期成为阅读习惯培养的黄金时期,低幼儿童成为公共图书馆阅读推广的重要群体。

　　由于与经济发展水平和服务理念的联系较为密切,我国公共图书馆低幼儿童服务是从公共图书馆事业较发达的地区开始的,深圳少年儿童图书馆、广州少年儿童图书馆、杭州少年儿童图书馆、东莞少年儿童图书馆、首都图书馆少年儿童图书馆率先开辟了低幼阅读专区,面向低幼儿童提供服务。可以说,我国公共图书馆低幼儿童服务的出现是与全民阅读大环境下阅读推广的广泛开展紧密联系在一起的。

　　2010 年之后,公共图书馆低幼儿童服务逐步被人们接受并认可,绝大多数公共图书馆都意识到为低幼儿童服务的必要性,但真正提供低幼儿童

① 张丽.公共图书馆法未成年人服务条款:基于托马斯"五因素"理论的阐释 [J]. 图书馆,2018(4):12-17.
② 李国新.《公共图书馆宣言》在中国的时代际遇 [J]. 图书馆建设,2019(6):4-12.
③ 胡跃进.激发阅读兴趣　创意不只一种 [EB/OL].(2013-10-21)[2020-09-29]. http://edu.people.com.cn/n/2013/1021/c1053-23270851.html.

服务的图书馆并不多。少数为低幼儿童提供服务的少儿馆，都将其打造成了本馆的特色，如温州市少年儿童图书馆的"毛毛虫上书房"、杭州少年儿童图书馆的"小可妈妈伴小时"、首都图书馆少年儿童图书馆的"红红姐姐讲故事"、苏州图书馆的"悦读宝贝计划"和深圳少年儿童图书馆的"喜阅365亲子共读计划"已成为国内知名的低幼儿童服务品牌。2013年9月，为全国少儿图书馆提供理论和业务指导的国家图书馆少年儿童馆，正式将低幼儿童纳入接待和服务范围，6岁以下的儿童也能进馆读书，这一举措开启了我国图书馆低幼儿童服务的新纪元。2016年迎来了图书馆低幼儿童服务继续细化与延伸的小高潮。2月新开馆的贵阳市少年儿童图书馆设立低幼儿童活动区，服务对象的年龄低至1岁。[①]10月，南京图书馆将可入馆借阅图书的少儿读者的年龄从6—15岁扩展至0—15岁，实现了少儿借阅服务全年龄覆盖。[②]10月，北京市朝阳区图书馆开辟低幼儿童阅读空间，采取"馆中馆"的模式，专门为低幼儿童读者设计符合年龄特点的服务及软硬件设施。[③]

在推广全民阅读、提升公民素养、发展素质教育、建设学习型社会、推动公共服务高质量发展的大背景下，与阅读起点紧密联系的低幼儿童逐渐成为我国公共图书馆服务的重要群体。在普遍均等、儿童优先等理念的指引下，人们已经逐渐意识到了为低幼儿童服务的重要性。但相比于各年龄段的儿童服务，低幼儿童，尤其是3岁以下低幼儿童的服务还不够普遍。根据2017年出版的《中国图书馆事业发展报告·少年儿童图书馆卷》，44所

---

① 李坚，邱凌峰. 少儿图书馆不光有书看 还有低幼儿童活动区让你玩 [EB/OL].（2016-02-27）[2020-04-01]. http://news.gog.cn/system/2016/02/27/014788365.shtml.

② 南京图书馆读者服务部. 南京图书馆0至6岁少儿馆正式对外开放——南图首创、全国领先，实现入馆年龄全覆盖 [EB/OL].（2016-10-12）[2020-04-01]. http://www.jslib.org.cn/njlib_gqsb/201610/t20161012_149098.htm.

③ 朝阳区图书馆. 低幼阅读空间——朝阳区图书馆儿童阅读服务新亮点 [EB/OL].（2017-01-16）[2020-04-01]. http://www.bjwmb.gov.cn/xxgk/wcnrjy/t20170116_808919.htm.

少年儿童图书馆中，有接近一半的少儿图书馆将服务的起点年龄规定为3—7岁。[①]"十三五"时期，随着"儿童优先"原则的贯彻与普及，儿童成为公共政策重点关注的群体，多领域的政策给予儿童群体专门、特殊的保障和支持。随着儿童友好社区、托育一体化实践探索的逐步深入，0—3岁儿童的早期教育受到关注，阅读作为一项重要内容受到图书馆与家庭的重视。自2019年起，市级以上（含市级）的公共图书馆逐步将服务起点年龄降低，积极打造面向0—3岁儿童的早期阅读服务，具有代表性的有浦东图书馆的"悦读起步走——浦东新区0—3岁婴幼儿社区阅读推广指导计划"、深圳市宝安区图书馆新开辟的婴幼儿图书馆提供的"婴幼儿读书会"、张家港市少年儿童图书馆的"宝贝启蒙"行动。除此之外，还有起步较早、发展较好的苏州图书馆的"悦读宝贝计划"、广州少年儿童图书馆童趣馆的婴幼儿早期阅读计划等。

纵观东西方公共图书馆儿童服务发展的历史，可以看出，儿童被公共图书馆接纳的过程也是儿童权利意识不断崛起的过程：从忽视儿童到"发现"儿童、重视儿童，再到儿童优先。图书馆儿童服务理念逐渐确立，儿童逐渐从成人的附庸变为独立的个体，成为公共图书馆服务的重点人群。[②]公共图书馆低幼儿童服务的起步晚于它的母体——公共图书馆儿童服务，图书馆面向0—3岁儿童的服务又晚于面向3—6岁儿童的服务，这是因为儿童年龄越小，服务难度就越大，对各方面的要求也越高，所以公共图书馆低幼儿童服务需在社会经济和图书馆服务理念发展到一定阶段后才能逐步兴起。图书馆低幼儿童服务的出现与阅读（尤其是早期阅读）理念的发展紧密联系在一起，无论从个体成长、图书馆建设还是国家发展的角度考虑，低幼儿童都必

---

① 韩永进. 中国图书馆事业发展报告·少年儿童图书馆卷 [M]. 北京：国家图书馆出版社，2017：163.

② 秦东方，张丽. 图书馆未成年人服务的政策规范与法律保障——图书馆未成年人服务国际性政策与文件的解读与研究 [J]. 图书馆工作与研究，2017（9）：64-70.

将成为公共图书馆重点服务的对象，这也是公共图书馆儿童服务发展到一定阶段后的必然趋势。

1.2 公共图书馆低幼儿童服务的意义与价值

以阅读推广为核心服务内容的公共图书馆低幼儿童服务对于儿童的个体发展、图书馆的可持续发展和国家的高质量发展都有着深远的影响。

1.2.1 促进低幼儿童的个体发展

公共图书馆低幼儿童服务以阅读能力的培养为主要目标，这是儿童个体发展的核心能力之一。阅读能力不仅包括理解能力、表达能力、综合概述能力、逻辑能力、独立思考能力，甚至还包括领导能力、艺术审美能力与创造力。儿童的阅读水平关系到智力发展、学习方式和知识结构等诸多影响儿童一生的方面。阅读不仅能够促进儿童大脑的发育、语言的发展，还能提高他们的感受力、审美能力、想象能力、思维能力、理解能力，对于价值观的确立、人生观的形成也都有重要作用。作为学校教育的重心之一，阅读直接关乎孩子的知识学习，因为每一科知识的获取都是以阅读为基础的。阅读能力的培养将为儿童个体今后的自我学习、终身学习打下坚实基础。从小培养的阅读兴趣、养成的阅读习惯，将使儿童终身受益。

1.2.2 带动图书馆的可持续发展

作为一个可持续发展的有机体，图书馆能够持续发展的动力就是读者群的稳定与扩大。儿童是图书馆潜在的读者群体，今天的儿童就是未来的读者。读者在儿童时期一旦养成了阅读的习惯，今后就会主动找书、读书。儿童时期是"阅读饥饿感"培养的黄金时期，孩子阅读习惯养成的最佳时间是

3—12 岁。^①调查研究表明，具有阅读爱好的小学生 90.26% 在成年后养成阅读习惯，这说明成年阅读习惯很大程度上受到小学阅读爱好的影响。^②对于公共图书馆而言，低幼儿童服务是其培育成人读者的有效手段，直接关系到图书馆的发展。

除此之外，由于低幼儿童尚不具备独立到馆的能力，他们会带动陪伴他们的成人到馆，无形之中增加了图书馆的潜在用户。很多家长表示，他们第一次到馆的经历就是陪同孩子参加图书馆举办的活动。英美广泛推行的家庭学习计划（family learning plan）就是通过孩子来带动家长或看护人来馆，使孩子成为联系成人读者与图书馆之间的桥梁。

1.2.3 推动国家的高质量发展

阅读不仅关乎个体的发展，也关乎一个国家、一个民族的未来。我国全民阅读形象代言人朱永新教授曾经说过："一个人的精神发育史就是他的阅读史"，"一个民族的精神境界取决于这个民族的阅读水平"^③。新时代我国经济已经由高速增长阶段转向高质量发展阶段，高质量的一个重要体现就是人们对美好生活的向往、对幸福生活的向往。什么是幸福？幸福与三个关键词有关——物质、情感和精神，只有这三方面的需求都得到了满足，人的幸福指数才会高。而读书与这三者紧密相关，阅读已经成为人们高质量生活的一个必备因素。阅读带来个体学习能力与公民素养的提升，直接推动国家政治、经济和社会的发展。当阅读让我们每个人变得更好的时候，你什么样，

---

① 彭丹妮，易春花.共读，我们的亲子时光 [M].长沙：湖南少年儿童出版社，2016：187.
② 李易宁，王子舟，张晓芳.成人阅读习惯促进因素研究 [J].图书馆杂志，2020，39（4）：37-49+118.
③ 朱永新.一个人的精神发育史就是他的阅读史 [EB/OL].（2015-04-02）[2020-05-03].http://blog.sina.com.cn/s/blog_7a2e9c270102vgqu.html.

中国就什么样。[①]

公共图书馆低幼儿童服务的价值就在于它不仅对儿童自身的发展有促进作用，而且有利于图书馆自身的可持续发展，对国家和民族的长久发展也具有推动作用。阅读不仅是个人的核心能力之一，而且是个人素养提升的必备要素。只有每个人都获得了最好的发展，国家才能获得高质量的发展。

1.3 术语界定

对公共图书馆低幼儿童服务进行研究的前提是对相关术语进行界定。从字面上来看，"公共图书馆低幼儿童服务"可切分出三个关键词，即"公共图书馆""低幼儿童"与"服务"。公共图书馆与学校图书馆是为儿童提供图书馆服务的两类重要机构。受年龄限制，低幼儿童通常不被纳入学校图书馆的服务对象中。尽管近年来我国部分师范类高校的图书馆，如沈阳师范大学图书馆[②]、杭州师范大学图书馆开始尝试为低幼儿童服务，但仍处在探索的起步阶段，并不普遍。在我国，公共图书馆才是为低幼儿童提供阅读服务的主力。一般来讲，为儿童提供服务的图书馆又称为少年儿童图书馆，可细分为以"馆中馆"形式存在于公共图书馆内的少儿阅览室或少儿阅览空间和独立建制的少儿图书馆两种类型。低幼儿童是按年龄对儿童这一群体的细分，泛指未达到可接受义务教育年龄的群体。图书馆的低幼儿童服务以阅读推广为核心，低幼儿童的阅读是广义的，与成人严肃的、纯文本式的阅读不同，它包含唱（sing）、说（talk）、读（read）、写（write）、玩（play）等元素，亲子阅读和早期阅读是其两种主要类型。

---

① 白岩松谈阅读：读书可以让人变得更好，你什么样，中国就什么样 [EB/OL]. （2019-05-10）[2020-05-04]. https://www.sohu.com/a/313144593_784950.

② 王玉杰，史伟. 大学图书馆绘本馆构建实践与思考——以沈阳师范大学图书馆为例 [J]. 图书馆学刊，2018，40（10）：104-108.

1.3.1 少年儿童图书馆

在我国，为低幼儿童提供图书馆服务的机构主要是少年儿童图书馆（室），也称儿童图书馆（室）或青少年图书馆（室），属于公共图书馆的一种类型。《中国百科大辞典》对儿童图书馆的定义为：以少年儿童为读者对象的图书馆，向少年儿童提供思想、文化、科学知识教育的社会机构。[①] 郑莉莉等主编的《少年儿童图书馆学概论》将其定义为：拥有供少年儿童阅读的图书、有一定的人员编制和房舍条件、专门为小学一年级至初中三年级（6、7 岁—14、15 岁）少年儿童服务的图书馆（室），同时兼顾学龄前儿童、高中学生与儿童工作者。[②]

在我国，少儿图书馆包括两种类型，一种是以"馆中馆"形式存在于公共图书馆中的少儿阅览室或少儿阅览空间，另一种是独立建制的少儿图书馆。独立建制的少年儿童图书馆可谓我国特色，英美等国不设专门的少儿图书馆，而是在公共图书馆中设单独的少儿阅读区，他们所说的少儿馆通常就是指这种以"馆中馆"形式存在于公共图书馆内的儿童阅览空间。[③] 所谓独立建制，就是指有独立的法人资格、独立的财务核算、独立的人员编制、能独立承担民事责任。独立建制的少儿馆通常有自己独立的建筑，服务的对象以 18 岁以下的少年儿童为主。[④] 相比于公共图书馆中的少儿阅览室，独立建制的少年儿童图书馆专业性和针对性更强。根据国家数据网站的统计，截至 2018 年，我国独立建制的少年儿童图书馆有 120 家，详见附录 1。[⑤]

---

① 《中国百科大辞典》编委会 . 中国百科大辞典 [M]. 北京：华夏出版社，1990：420.
② 郑莉莉，罗友松，王渡江 . 少年儿童图书馆学概论 [M]. 长沙：湖南少年儿童出版社，1990：24-25.
③ 陈敏捷，方瑛 . 美国公共图书馆少年儿童服务现状概述 [J]. 图书馆研究与工作，2007（1）：63-69.
④ 张铁柱 . 我国少儿图书馆服务的发展对策研究 [D]. 北京：北京大学，2010.
⑤ 国家数据 . 2018 年少儿图书馆机构数（个）[EB/OL].[2020-04-28]. http://data.stats.gov.cn/easyquery.htm?cn=C01

1.3.2 低幼儿童

低幼儿童也称学龄前儿童或学前儿童[①]，指的是未达到国家义务教育所规定的起始年龄的儿童。虽然各国儿童正式入学的年龄有所差异（如英美两国的儿童年满 5 周岁即可入学，我国规定义务教育的起始年龄为 6 周岁），但多以 5—6 岁为起始年龄。由于儿童的成长、发育在早期表现出明显的阶段性特征，教育学、心理学、认知行为学、医学等领域又对低幼儿童期进行了更细致的划分。如教育学家蒙台梭利（Maria Montessori）把幼儿阶段（0—6 岁）分为 0—3 岁无意识地适应环境的幼儿前期和 3—6 岁有意识地与环境互动的幼儿后期[②]；我国儿童教育学家朱智贤将低幼儿童阶段划分为乳儿期（出生—1 岁）、婴儿期（1—3 岁）、学前期（3—6、7 岁）[③]；心理学家、精神分析学派创始人弗洛伊德（Sigmund Freud）将低幼儿童期细分为口唇期（0 岁—1 岁）、肛门期（1 岁—3 岁）和前生殖器期（3 岁—6 岁）[④]；高等医学院校教材《儿科学》将低幼儿童期分为胎儿期（约 40 周）、新生儿期（从脐带结扎至出生后 28 天）、婴儿期（出生后 28 天到 1 周岁）、幼儿期（1—3 岁）、学龄前期（3—6、7 岁）[⑤]。

图书馆要为低幼儿童提供针对性服务，也必须对其进一步细分。国际图书馆协会联合会（International Federation of Library Association and Institution，简称 IFLA，即"国际图联"）出台的《婴幼儿图书馆服务指南》（*Guidelines for Library Services to Babies and Toddlers*）将"婴幼儿"定义为出生至 3 岁的儿童，分为婴儿（出生—12 个月）和蹒跚学步儿童（12 个

[①] 在英文中的表述为 "very young children" "preschool student" 等。
[②] 霍力岩. 试论蒙台梭利的儿童观 [J]. 比较教育研究，2000（6）：51-56.
[③] 朱智贤. 朱智贤全集（第四卷）：儿童心理学 [M]. 北京：北京师范大学出版社，2002：87.
[④] 龚维义，刘新民. 发展心理学 [M]. 北京：北京科学技术出版社，2004：26-27.
[⑤] 桂永浩，薛辛东. 儿科学 [M]. 北京：人民卫生出版社，2015：2-3.

月—3 岁）两个阶段。① 图书馆领域有名的低幼儿童服务品牌，如英国的"阅读起跑线"、美国的"出生即阅读"和德国的"起点阅读——阅读的三个里程碑"，通常选取 1 岁、3 岁为节点，将低幼儿童期分为三个阶段，即婴儿期（0—1 岁）、蹒跚学步期（1—3 岁）、学前儿童期（3—6 岁）。本书根据相关文件的规定与实践中的通常做法，根据低幼儿童心理与生理发展特征，并结合我国儿童 3 岁入（幼儿）园的现实，选取 3 岁作为节点，将低幼儿童期区分为 0—3 岁和 3—6 岁两个阶段。

1.3.3　阅读、亲子阅读与早期阅读

图书馆服务的核心是阅读推广。《中国读书大辞典》对"阅读"的定义为：一种从书面语言和其他书面符号中获得意义的社会行为、实践活动和心理过程，也是信息知识的生产者和接受者借助文本实现的一种信息知识传递过程。② 由于低幼儿童大多不具备识字能力，因此低幼儿童的阅读并不是一般意义上的，而是广义的，包括读图、听故事、听儿歌、做韵律操、涂鸦绘画、数字认知、语言表达、互动游戏等多种形式。③ 低幼儿童的阅读通常与他们在这一阶段五个方面的发展，即身体（视力、运动技能）、社交（与他人建立联系、合作、互动）、情感联系（与他人相处、分享感受）、语言（表达、沟通）、认知技能（解决问题、创造、想象、记忆）密切相关。④ 大量研究证实，这个阶段的"阅读"对于低幼儿童识字、学习词汇、理解文字概念和故事等都有着积极作用，同时还有助于他们的情感健康，能提高他们处理

---

① Kathy East, Ivanka Stricevic. Guidelines for Library Services to Babies and Toddlers [EB/OL].[2020-01-10]. https://www.ifla.org/files/assets/hq/publications/professional-report/132.pdf.

② 王余光，徐雁.中国读书大辞典 [M].南京：南京大学出版社，1993：337.

③ 冯佳.美国婴幼儿阅读推广活动理论初探 [J].中国图书馆学报，2019，45（6）：119-129.

④ Jonathan Doherty, Malcolm Hughes. Child Development: Theory and Practice 0-11[M]. London: Longman，2009.

人际关系的能力和情绪管理能力。[①] 低幼儿童的"阅读"不仅能够促进其语言、识字、情感、社交等方面能力的发展，而且能使其为入学做好准备。

图书馆面向低幼儿童的服务离不开"阅读"这条主线，但服务的目的却不仅仅是为了帮助他们学习知识、获取信息，更是希望"阅读"能够带给他们一种愉快的体验，让他们的童年拥有一份美好的回忆。这种美好的阅读之旅，能让低幼儿童从小就喜欢上阅读，从而培养起浓厚的阅读兴趣，养成良好的阅读习惯。阅读兴趣与阅读习惯的培养比认识更多字、学习更多知识要重要得多，因为这种兴趣和习惯将伴随人的一生，让人具备自主学习的能力，这种能力将对人的工作、生活产生积极的影响。

亲子阅读（parent-child reading）又称亲子共读、共享阅读，简单来说就是父母与孩子共读一本书[②]，过程中包括讲故事、做游戏、看图识字等，父母参与阅读并指导幼儿阅读。[③] 由于低幼儿童大多不识字或只认识简单的字，不具备独立阅读的能力，因此亲子阅读成为低幼儿童阅读的主要方式。坐在父母大腿上的阅读时光，将成为孩子们童年时期的美好回忆。阅读过程中，父母和孩子以书为媒介，相互探讨、交流，这不仅能够增进亲子感情，而且是让孩子爱上阅读的最好方式之一。[④] 亲子阅读是家庭教育中常见的阅读教学方法，对孩子语言、情感、理解能力的发展有很大帮助，能够达到激发幼儿的阅读兴趣、培养幼儿良好阅读习惯的目的。

早期阅读（early reading）是与公共图书馆低幼儿童服务关系密切的术语之一。早期阅读涉及多个学科、多个领域，因此要从不同视角来诠释。从

① Annelie J. Harvey. Imagination Library: A Study of the Sustained Effects of Participation in an Early Reading Program[J]. The Delta Kappa Gamma Bulletin, 2018(84)3:32-45.

② Huany Yi. Parent-Child Reading: More than to Improve Children's Reading[J].Open Access Library Journal, 2019(6):1-7.

③ 黄敏 . 亲子阅读活动探讨——广州少年儿童图书馆实践谈 [J]. 图书馆学研究，2011（10）：83-85.

④ Grover J. Whitehurst, Christopher J. Lonigan. Child Development and Emergent Literacy[J]. Child Development, 1998(69)3:848-872.

心理学角度来看，早期阅读是指幼儿借助图画、成人的讲述及文字来理解以图画为主的婴幼儿读物，以陪伴阅读为主要形式，以提高阅读兴趣、积累阅读经验和展开阅读交流为主要目标的系列活动；从儿童文学角度来看，早期阅读更看重读者在阅读过程中的体验，其关键在于幼儿阅读的作品所带来的愉悦感受，以及由这种感受引发的持续、主动地投入阅读的动力；从阅读推广角度来看，早期阅读从绘本开始，通过生动有趣的、最能调动幼儿阅读积极性的绘本来帮助幼儿从小爱上阅读，养成终身阅读的习惯。[①]综上所述，所谓早期阅读，是指在学前阶段（通常指 0—6 岁），婴幼儿凭借色彩、图像、成人语言和文字来理解以图画为主的低幼儿童读物的活动，包括从口头语言向书面语言过渡的前期阅读准备和前期书写准备，它对婴幼儿的思维能力、语言能力、想象力、个性和阅读习惯等方面进行综合培养，以帮助幼儿提高阅读兴趣、积累阅读经验及展开阅读交流为主要目标。

1.4　研究思路

本书的研究对象是公共图书馆低幼儿童服务，研究的主体内容分为服务理论、服务模式与服务保障三大块，研究思路遵循"是什么——做什么——怎么做"的逻辑顺序。首先，回答公共图书馆低幼儿童服务"是什么"的问题。对公共图书馆低幼儿童服务所涉及的术语进行界定（见 1.3），包括少年儿童图书馆、低幼儿童和阅读；对公共图书馆低幼儿童服务涉及的基本问题进行阐述，包括服务对象、服务目标、关键要素、基本特征；对开展低幼儿童服务的理论依据进行梳理，主要从与之密切相关的儿童图书馆学、儿童心理学、学前教育学和阅读学四个领域入手。

---

① 赵学菊.早期阅读的理念 [EB/OL].（2015-09-18）[2021-01-10]. https://wenku.baidu.com/view/630fb4b4482fb4daa58d4be9.html.

其次，回答公共图书馆低幼儿童服务"做什么"的问题，先对代表性案例进行分析，再在成功个案的基础上总结出可以普遍推广的模式。公共图书馆低幼儿童服务关注的焦点从儿童变为整个家庭，确立了"儿童＋家长"的"聚焦家庭"路线后，服务的主体内容分为两大类：一是面向低幼儿童的服务，二是面向家长的服务。在对国内外的代表性实践案例，如英国的"阅读起跑线"、美国的"出生即阅读""图书馆里的每个孩子都做好了阅读准备""轻松识字的鹅妈妈"、德国的"起点阅读——阅读的三个里程碑"、中国的"悦读宝贝计划""小可妈妈伴小时"进行剖析的基础上，构建出公共图书馆低幼儿童服务的两种主体模式：一种是以发放阅读包为主、走进幼儿家庭的"走出去"模式，另一种是以举办故事会为主、吸引儿童及家长入馆的"引进来"模式。"走出去"和"引进来"两种模式是公共图书馆开展低幼儿童服务的策略与手段，两者的目标是一致的，即将低幼儿童与图书资源结合起来，引导早期阅读行为的发生，从而培养幼儿的阅读兴趣与良好的阅读习惯，为其自主学习和终身学习打下坚实的基础，让其为入学做好准备。

再次，回答公共图书馆低幼儿童服务"怎么做"的问题，从服务保障的角度论述公共图书馆低幼儿童服务如何持续开展并不断走向高质量发展之路。以服务展开的流程为主要依据，将馆员、馆藏、空间、服务、宣传推广、影响评估、制度规范七大保障要素分别归入服务前期、服务中期与服务后期三个阶段中。服务前期主要由制度规范提供保障，服务中期由服务开展的基本要素提供基本支撑，服务后期从评估追踪方面，为服务的开展提供反馈。宣传与推广贯穿服务的全部流程：前期宣传，提高服务的知晓度；后期推广，扩大服务的覆盖面。

最后，结合低幼儿童服务理论与实践，立足中国国情，构建公共图书馆低幼儿童服务发展的中国路径。

本书研究思路如图 1-1 所示：

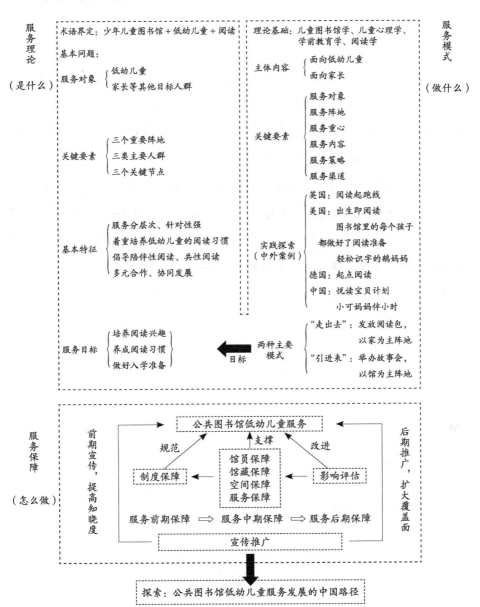

图 1-1　研究思路

1.5　本章小结

公共图书馆低幼儿童服务是公共图书馆儿童服务发展到高级阶段后的产物，是儿童服务不断细化与拓展的结果。以阅读推广为核心内容的公共图书馆低幼儿童服务对于儿童的个体发展、图书馆的可持续发展、国家的高质量发展都有着深远影响。在对公共图书馆低幼儿童服务进行研究前，要厘清相关术语，包括少年儿童图书馆、低幼儿童和阅读。"少年儿童图书馆"是低幼儿童服务的主体机构，"低幼儿童"是低幼儿童服务的主体对象，"阅读"是低幼儿童服务的主体内容。本书的主要内容分为服务理论、服务模式与服务保障三大块，基本研究思路遵循"是什么——做什么——怎么做"的逻辑顺序。

2　基本问题阐述

在对公共图书馆低幼儿童服务进行具体研究之前，需对一些基本问题，如服务对象、服务目标、关键要素、基本特征做出阐述，从而弄清公共图书馆面向低幼儿童的服务与面向其他年龄层人群服务的主要区别。

2.1　服务对象

公共图书馆低幼儿童服务面向的对象比较广泛，除了低幼儿童这个主体外，还包括与之密切相关的其他目标人群。

2.1.1　主要对象

公共图书馆低幼儿童服务的主要对象就是低幼儿童。这其中既包括健康儿童，也包括生理或心理上有障碍的儿童。在平等、公平、普遍、均等理念的指导下，农村留守儿童和城市中低收入家庭的儿童等无法获取图书馆资源的儿童（其中的低龄者）都应该是公共图书馆低幼儿童服务的对象。限于篇幅，本书聚焦于在数量上占多数的健康低幼儿童（不包括智力超常儿童），他们能够享受到公共图书馆提供的各类面向低幼儿童的服务（不包括偏远贫困地区等无法享受图书馆服务的低幼儿童）。本书中的低幼儿童指的是0—6

岁的儿童，即学龄前儿童，以 3 岁为节点，可分为 0—3 岁婴幼儿和 3—6 岁儿童。

2.1.2 其他目标人群

儿童读者与成人读者在使用图书馆资源上最大的不同，就是前者通常需要成人的陪伴，这一特点在低幼儿童身上表现得尤其明显。由于生理与心理上的发育还不成熟，低幼儿童尚不具备独立到馆和独立阅读的能力。为了确保其人身安全，低幼儿童到馆必须由家长或看护人陪同。此外，为了保障阅读活动的顺利开展，家长作为监护人，在活动中也应全程参与并积极配合。

由于低幼儿童对成人的依赖，公共图书馆低幼儿童服务的对象比较多元。除了主要对象——低幼儿童外，与之相关的群体也是公共图书馆低幼儿童服务的目标人群，包括低幼儿童的父母或看护人，保育员、幼儿园老师、健康护理人员，与儿童书籍及媒体工作相关的人员（如儿童文学作家、童书插画家、儿童出版物编辑等），儿童图书馆学、儿童文学、儿童教育学等研究方向的学生，以及其他对绘本阅读感兴趣的人群。[1]

2.2 服务目标

公共图书馆面向低幼儿童的服务与面向成人的服务不同，不以传授知识、解答问题为主要目标，而是帮助低幼儿童培养阅读兴趣，养成阅读习惯，做好入学准备。成人读者主要利用图书馆的资源来解决自己遇到的问题

---

[1] Kathy East, Ivanka Stricevic. Guidelines for Library Services to Babies and Toddlers [EB/OL].[2020-01-10]. https://www.ifla.org/files/assets/hq/publications/professional-report/132.pdf.

或获取某项技能，而低幼儿童的阅读则更强调通过良好的阅读体验来激发阅读兴趣，培养阅读习惯，收获能让其终身受益的美好回忆与重要能力。

2.2.1 培养阅读兴趣

兴趣是最好的老师，是人们从事实践活动的动力。现代心理学的研究表明，兴趣是影响学习活动最直接、最活跃、最现实的因素。阅读作为人的一种活动，会受到主观意志的影响，而阅读兴趣能增强阅读的动力，提高阅读的质量，对一个人的阅读行为产生深远的影响。正如乌申斯基所说："没有丝毫兴趣的强制性学习，将会扼杀学生探索真理的欲望。"因此，要想让孩子积极主动地阅读，就必须从小培养他们的阅读兴趣。

培养低幼儿童阅读兴趣的方法之一是让阅读成为一件快乐而有意思的事情。公共图书馆可以结合低幼儿童的特点，不断扩充低幼儿童的阅读资源，丰富低幼儿童服务的内容，将游戏、玩耍贯穿于整个阅读活动中，让低幼儿童拥有良好的、快乐的阅读体验。实践表明，快乐的阅读能够激发孩子的阅读兴趣，使他们产生主动阅读的动力。早在 2006 年，国际阅读素养进展研究项目（Progress in International Reading Literacy Study，简称 PIRLS）就在其研究报告中提出："快乐阅读是一个比经济背景更重要的生活成就因素。"[①]

除了能给阅读行为带来积极有益的影响，阅读兴趣的培养对孩子的成长成才也有很大帮助，表现在未来的学业成绩的提高、幸福感的获得、情感的发展及融入社会等方面。培养阅读兴趣的重要性使其成为公共图书馆低幼儿童服务的目标之一。

---

① PIRLS. The Reading Literacy of U.S. Fourth-Grade Students in an International Context Results From the 2001 and 2006 Progress In International Reading Literacy Study[EB/OL]. [2020-01-29]. https://nces.ed.gov/pubs2008/2008017.pdf.

2.2.2　养成阅读习惯

阅读习惯的培养要从小开始，从娃娃抓起。1994年，《公共图书馆宣言》把"从小培养和加强儿童的阅读习惯"列为公共图书馆的重要使命之一。培养阅读习惯要尽早开始，低幼儿童时期作为人生的开端，是开始阅读活动的最佳阶段，也是养成阅读习惯的关键阶段，而帮助其建立起良好的阅读习惯是公共图书馆低幼儿童服务的目标之一。

公共图书馆作为开展全民阅读的重要阵地，必须重视低幼儿童群体，帮助他们抓住幼儿期这一黄金时期，养成阅读的良好习惯。这不仅关系到他们的未来，也关系到国家和民族的命运。如何让低幼儿童自主地去亲近图书，阅读图书，养成良好的阅读习惯，是公共图书馆需要认真思考的问题。

2.2.3　做好入学准备

1925年，美国国家阅读委员会（National Committee on Reading）明确提出"阅读准备就绪"（Reading Readiness）的口号，并将0—6岁的学前教育阶段视为为儿童入学后正式学习做准备的时期。[1] 在我国，儿童一般在6岁左右开始进入小学接受正规的教育，从家庭、幼儿园教育过渡到学校教育，开启自己的学习之旅。而在此之前，学前教育阶段的阅读有利于他们培养学习品质，做好入学前的准备，循序渐进地进入正式学习状态。实践证明，同孩子一起阅读是帮助他们做好入学准备的最好的途径之一。[2] 早期阅读的开展，能够提升幼儿的语言交流能力，提高幼儿的注意力，发展幼儿的思维能力，锻炼幼儿的观察能力，加强幼儿的记忆力，提高幼儿的自我调适

---

[1] 张丽，熊伟，惠涓澈，朱蕊.公共图书馆学前儿童阅读推广模式构建探究——以西安图书馆为例 [J].图书馆论坛，2014，34（09）：51-57.

[2] Booktrust. Reading with Your Child 3-4 years[EB/OL]. [2020-10-26]. https://www.booktrust. org.uk/globalassets/resources/bookstart/reading-with-your-child-3-4-years/bookstart-reading-with-your-child-3-4-english.pdf.

能力，可以说阅读能力是孩子学习能力的综合体现。除此之外，早期阅读对幼儿人格、情感、道德品质等也有直接的影响，最关键的是，它会对幼儿今后的学习和生活产生深远影响，是成功的关键要素。国外一些低幼儿童阅读项目的跟踪调查显示，参与早期阅读的儿童入学后在学习上具有明显的优势，且在各项基础测验中成绩优良。[1] 2015 年，中共中央办公厅、国务院办公厅印发的《关于加快构建现代公共文化服务体系的意见》明确提出，要"开展学龄前儿童基础阅读促进工作"[2]。公共图书馆作为早期阅读推广的主要阵地，要积极推动低幼儿童阅读的开展，帮助低幼儿童在入学前做好准备，具备基本的阅读能力。

2.3　关键要素

公共图书馆在开展低幼儿童服务的过程中，应注意三个重要阵地（图书馆、幼儿的家、幼儿园）、三类主要人物（图书馆馆员、低幼儿父母、幼儿园教师）和低幼儿童成长中的三个关键节点（1 岁、3 岁和 6 岁）的作用。它们是公共图书馆低幼儿童服务的三类关键要素。

2.3.1　三个重要阵地

公共图书馆开展低幼儿童服务的过程中，有三个重要阵地——图书馆、幼儿的家与幼儿园。其中，图书馆作为服务的主体与实施机构，是主要阵地，而家与幼儿园这两个场所的重要性也不容忽视。家是幼儿成长的摇篮，

---

[1]　Booktrust. A History of Bookstart[EB/OL].[2020-10-26]. https://www.booktrust.org.uk/what-we-do/programmes-and-campaigns/bookstart/practitioners/history/.

[2]　中共中央办公厅、国务院办公厅印发《关于加快构建现代公共文化服务体系的意见》[EB/OL].（2015-01-14）[2020-09-28]. http://www.gov.cn/xinwen/2015/01/14/content_2804250.htm.

他们大部分时间都在家中度过，因此图书馆要努力将自己的服务延伸至幼儿家庭，让阅读潜移默化地在低幼儿童的生活中发生作用。幼儿园是幼儿长期生活的第一个社会环境，幼儿园时期是幼儿性格、能力、情感等发展的关键时期，也是培养阅读能力的最佳阶段。图书馆要密切与幼儿园合作，将阅读活动推广到园中，为幼儿园阅读活动的开展提供资源与指导，帮助幼儿园教师科学设计阅读教学的课程。苏州图书馆的"流动大篷车"就搭建起了联系图书馆和幼儿园的桥梁，把图书送到孩子身边，在幼儿园中为孩子们举办讲故事、念儿歌的活动，积极将图书馆的服务延伸到低幼儿童集中的幼儿园。

2.3.2　三类主要人群

公共图书馆低幼儿童服务涉及三类主要人群，分别是图书馆馆员、低幼儿童父母与幼儿园教师，他们分别是三个重要阵地中的重要人物。馆员是为低幼儿童提供专业图书馆服务的灵魂人物，在整个服务过程中起着引领与指导作用，直接决定了服务质量的高低，是推动低幼儿童服务可持续发展的动力。[①] 低幼儿童服务的设计、规划、实施、管理和评估等各方面都是由馆员来组织与协调的，他们是联系图书馆与幼儿读者的桥梁与纽带，也是公共图书馆提供低幼儿童服务的主力军。父母是公共图书馆在开展低幼儿童服务的过程中必须高度重视的一类人群，是图书馆开展服务的首要合作对象。图书馆可以通过父母，间接地与幼儿产生联系，将图书馆的阅读服务延伸到幼儿的家中。父母是孩子的第一任老师，是公共图书馆低幼儿童服务的合作者，是家庭阅读的指导者。作为孩子最亲近的人，父母陪伴孩子的时间最长，可通过亲子阅读、讲故事等方式培养孩子的阅读兴趣，帮助孩子养成良好的阅读习惯。幼儿园教师是图书馆应密切关注的另一类人群，他们是低幼儿童的

---

① 刘兹恒，武娇. 公共图书馆未成年人服务的指导文件——学习《中国儿童发展纲要（2011—2020 年）》[J]. 图书与情报，2012（1）：1-3+66.

教育者，也是协助阅读活动开展与推广的重要人群。图书馆可以通过与幼儿园教师的合作，将阅读融入幼儿的整体教育中，将图书馆的优质阅读资源输送到幼儿园中。

2.3.3 三个关键节点

阶段性是儿童成长的一个重要特征，在幼儿时期表现得尤为突出。孩子的年龄越小，变化的周期越短，因此变化显得越明显、剧烈，就如人们常形容婴儿期的孩子是"一天一个样"。无论在生理上还是在心理上，孩子都处于快速发育时期。研究发现，刚出生时，婴儿的大脑重量是成年人大脑重量的 25%，之后脑重量随着年龄的增长以先快后慢的速度增长，第一年的脑重量增加最快，第二年的脑重量发展到成年人脑重量的 75%，此后发展减慢，6 岁时接近成人水平，是成人脑重量的 90%。[1]除了大脑快速发育之外，低幼儿童的脊椎、动作、体重等各个方面都呈现出快速变化的特点，具有明显的阶段性。

心理学、医学、教育学、语言学等领域根据低幼儿童在各个时期呈现出的特点，将幼儿期划分为不同阶段，而区分不同阶段的是一些关键性的节点。弗洛伊德的精神分析理论将低幼儿童期划分为三个阶段：口唇期（0—1岁）、肛门期（1—3 岁）和前生殖器期（3—6 岁）[2]；皮亚杰将儿童的认知发展划分为感知运动阶段（0—2 岁）、前运算阶段（2—7 岁）等四个阶段[3]；艾里康宁和达维多夫把儿童的行为活动分为直接的情绪性交往活动（0—1

---

① 脑是优先发育的，出生时新生儿的脑重量已达到成年人脑重的 25%[EB/OL]. （2013-01-31）[2020-09-23]. https://www.docin.com/p-594526743.html.

② 龚维义，刘新民. 发展心理学 [M]. 北京：北京科学技术出版社，2004：26-27.

③ 刘瑞芳，张雪峰. 皮亚杰认知发展理论与儿童阅读推广工作 [J]. 河南图书馆学刊，2018，38（6）：6-8.

岁）、操弄实物活动（1—3岁）、游戏活动（3—7岁）等阶段[①]；儿童教育学家朱智贤将低幼儿童阶段划分为乳儿期（出生—1岁）、婴儿期（1—3岁）、学前期（3—6、7岁）。可见，在心理学、教育学领域，1岁、2岁、3岁、6岁是划分儿童成长阶段的几个关键节点。[②]

图书馆在开展低幼儿童服务的过程中，通常将1岁、3岁和6岁视为低幼儿童成长中的三个关键节点，这在图书馆儿童服务的政策文件与实践中都可见一斑。国际图联《婴幼儿图书馆服务指南》选取了1岁和3岁两个节点，将婴幼儿阶段划分为1岁以下的婴儿阶段与1—3岁的蹒跚学步儿童阶段[③]；德国的阅读推广项目"起点阅读——阅读的三个里程碑"以1岁、3岁、6岁为节点，将孩子的阅读发展分为三个阶段[④]；张家港市少儿图书馆以"分龄阅读，分众服务"理念为指导，将低幼儿童服务划分为0—3岁"宝贝启蒙"行动与3—6岁"幼儿启智"行动两类[⑤]。国内外的图书馆通常将1岁、3岁和6岁作为低幼儿童服务开展的三个节点。1岁、3岁和6岁可作为区分低幼儿童成长不同阶段的节点，也是公共图书馆低幼儿童服务分层次的依据。

---

① 黄俊丽. 由发展到发展：艾里康宁—达维多夫发展性教学体系评析 [D]. 上海：上海师范大学，2009.
② 朱智贤. 朱智贤全集（第四卷）：儿童心理学 [M]. 北京：北京师范大学出版社，2002：87.
③ Kathy East, Ivanka Stricevic. Guidelines for Library Services to Babies and Toddlers [EB/OL]. [2020-01-10]. https://www.ifla.org/files/assets/hq/publications/professional-report/132.pdf.
④ 张庆，束漫. 德国公共图书馆儿童阅读推广活动发展现状研究 [J]. 图书馆建设，2016（11）：38-43.
⑤ 张丽，姜淑华. "文化超市"：张家港市少儿图书馆阅读推广的新探索 [J]. 图书馆杂志，2018，37（11）：56-62.

2.4 基本特征

公共图书馆低幼儿童服务的基本特征是由低幼儿童自身的特点所决定的。低幼儿童处于不断的发展与变化之中，成长的阶段性明显，因此面向这个群体的服务分为不同层次，针对性很强；低幼儿童的可塑性非常强，因此幼儿期是培养阅读习惯的关键时期；低幼儿童不具备自主阅读的能力，因此需要家长陪伴阅读，低幼儿童与家长是共同的阅读主体；低幼儿童服务涉及多方，因此需要多元合作、协同发展。

2.4.1 服务分层次、针对性强

意大利著名教育家蒙台梭利认为儿童是处在连续的、不断前进的发展变化之中的，而且这种发展变化是有阶段性的，儿童在其发展变化的每一阶段都表现出与另一阶段明显不同的特点。根据儿童成长的不同阶段，把服务划分为不同的层次，选择不同的服务内容和方式，这是图书馆儿童服务与成人服务最大的不同。

0—3岁期间，孩子的身高会增加一倍，体重会增加四倍。身体的比例也会发生变化，他们刚出生的时候脑袋占整个身体的1/4，而到蹒跚学步时身体的比例就会变得协调了。3岁的孩子已经能掌握很多技能，他们能坐，能走，会自己上厕所、使用勺子，会胡乱涂鸦、玩接球和投球的游戏等。4、5岁的孩子具备更强的运动协调能力，一个5岁的孩子已经能够很好地使用铅笔、蜡笔、剪刀等工具，还能够单腿蹦跳或是保持平衡。总的来说，0—5岁孩子的发展变化很大，每个阶段都表现出不同的特点（如表2-1所示）。

表2-1 0—5岁孩子各个阶段的行为特点 [①]

年龄	行为特点
1个月	当别人跟他说话时会看对方
2个月	听到熟悉的人讲话会笑，眼睛随着别人的移动而移动
4个月	对奶瓶、乳房、熟悉的玩具或新的环境感兴趣
5个月	对着镜子里的自己发笑，喜欢看坠落的东西
6个月	在躲猫猫的游戏中大笑，对着镜子里的自己发出声音，在陌生人面前变得害羞
7个月	能够对自己的名字做出反应，能把某些声音和发出声音的人联系起来
8个月	开始伸手够玩具，能够对"不"做出反应
9个月	表现出自己的喜好，对于像洗脸或其他自己不喜欢的活动表现出厌倦，对自己喜欢的食物和玩具表现出开心和感兴趣的样子
10个月	开始理解一些单词，能够挥手说"再见"，能够在穿衣服时配合父母伸胳膊、伸腿
11个月	重复让人发笑的动作，喜欢重复性游戏，开始对图书产生兴趣
12个月	能够理解一些简单的问句，可能会有让别人亲吻自己的要求
15个月	能指着东西向某人要，能够自己吃饭，开始出现一些消极的或负面的反应
18个月	当父母提问他们熟悉的东西在哪里时，他们会指给父母看；会模仿成人的举动；知道身体的某些部位；能够完成2—3个简单的命令
2岁	能说出一些熟悉的事物，能够用蜡笔画画，遵守简单的命令，能够开展平行游戏
2岁半	能说出一些常见的事物，开始对生殖器官感兴趣，能够说出自己的全名，帮助父母收拾东西，达到了抗拒父母命令的高峰期
3岁	喜欢问问题，能够数到10，能够画具体的东西，能给自己的娃娃穿衣服和脱衣服，能够参加合作游戏，能谈论已经发生的事情
4岁	能够编出简单的词组或故事，能够画出代表自己熟悉事物的图画，假装读书和写字，能够认识一些常见的字词
5岁	能够认识和在脑海中重现许多形状、单词和数字，能讲很长的故事，理解真实的事情和编造的故事之间的区别，开始问单词的含义

---

① Benjamin F. Miller, Claire Keane. Encyclopedia and Dictionary of Medicine, Nursing, and Allied Health (7th Edition) [M]. Philadelphia: Saunders, 2005.

30 岁的读者可以阅读 50 岁读者的图书，但我们却不能奢望 3 岁的孩子去阅读 7 岁孩子的图书。虽然只相差几岁，但不同阶段的儿童在语言能力、思维能力、理解能力上的差别是十分明显的。幼儿时期的孩子始终处于成长、变化的过程中，在不同阶段，他们身体发育的情况、具备的能力和关注的重点都不一样。因此，图书馆为他们提供的服务也要有所差别。

公共图书馆在开展低幼儿童服务时通常以 3 岁为节点，将低幼儿童划分为 0—3 岁和 3—6 岁两个层次，有时再将 3 岁及 3 岁以下的幼儿区分为婴幼儿（出生至 18 个月）和蹒跚学步的幼儿（18 个月至 3 岁）两个层次。面向 3 岁及 3 岁以下幼儿的活动主要以故事会、韵律操、手指操、亲子阅读、游戏、涂涂画画等为主。他们"阅读"的方式多种多样，包括听、说、读、写、玩。[①] 3 岁以上的儿童自理能力增强，开始建立秩序感，能集中注意力的时间也比婴儿和蹒跚学步的儿童长，可以暂时脱离父母，独立参与图书馆为他们设计的一些活动。这也是我国大多数公共图书馆低幼儿童服务将服务对象的年龄下限定为 3 岁的原因，年满 3 岁及 3 岁以上的低幼儿童通常是公共图书馆低幼儿童服务的重点对象。通过公共图书馆的活动，馆员将阅读和学习的基本技能及社会规范等教授给孩子。

2.4.2 着重培养低幼儿童的阅读习惯

脑科学家长期的实验表明，出生后到 6 岁这个时期是人类大脑可塑性最强的时期，也是培养阅读兴趣和阅读习惯的黄金时期。[②] 幼儿在好奇心和学习欲望的驱动下，选择性地接触、了解人类语言、地区风俗和民族文化传统，并在此基础上形成自己的个性和行为模式。[③] 儿童神经科学的研究表明，

---

① 冯佳.美国婴幼儿阅读推广活动理论初探 [J].中国图书馆学报，2019，45（6）：119-
129.

② 七田真.一篇读懂：为什么说幼儿大脑具有极强的可塑性？[EB/OL].（2017-06-24）
[2020-04-30]. https://www.sohu.com/a/151620022_437990.

③ 霍力岩.试论蒙台梭利的儿童观 [J].比较教育研究，2000（6）：51-56.

0—5 岁这个阶段是儿童的高级认知功能神经突触，语言功能神经突触和听觉、视觉功能突触形成的时期（详见图 2-1）。突触是联结大脑神经元的结构，在人 3 岁左右会发育完成 80%，虽然此后会继续发育，但速度已经非常缓慢了。这个阶段，来自外界的"刺激"与"干预"对大脑有超强的塑造力，是培养良好习惯的最佳时期。

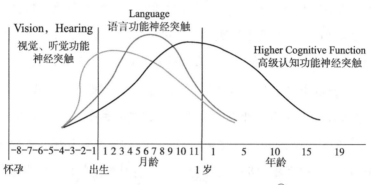

图 2-1　儿童大脑神经突触形成时间图[①]

　　研究表明，良好的阅读习惯通常是在童年时期养成的。如果一个人到了 15 岁还没有养成阅读习惯和对书的感情，那么他在今后的一生中很难再从阅读中找到乐趣，阅读的窗户可能会对他永远关闭。[②]阅读习惯需从小培养，让其潜移默化地成为孩子生活中不可或缺的一部分，这样孩子在成年之后才能有持续的阅读行为。

　　阅读习惯的培养之所以要从小开始，是因为儿童在成长发育阶段有很多个敏感期。蒙台梭利认为语言的敏感期是从出生后两个月开始到 8 岁，其中 1 岁至 3 岁是语言敏感期的高峰时期，在这段时间内儿童可以毫不费力地学习语言，且学习速度快、印象深，而如果错过了这一时期，即使付出数倍的

①　何思倩，贺鼎.美国社区图书馆的婴幼儿童（0—5 岁）阅读服务设计研究——以"1000 books before kindergarten"为例 [J].图书馆杂志，2020，39（3）：77-83.

②　阿甲.帮助孩子爱上阅读——儿童阅读推广手册 [M].上海：少年儿童出版社，2007：130，224.

努力也不一定能有满意的结果。此外，儿童书写的敏感期为 3.5 岁至 4.5 岁，阅读的敏感期为 4.5 岁至 5.5 岁。敏感期是自然赋予儿童的生命助力，充分利用这些时期培养孩子的能力，将达到事半功倍的效果。公共图书馆作为阅读推广的主阵地，充分意识到低幼儿童身上较强的可塑性，抓住幼儿期培养孩子的阅读习惯既具有十分关键的作用，又能获得较好的效果。因此，培养低幼儿童的阅读习惯是公共图书馆开展服务的重点之一。

2.4.3　倡导陪伴性阅读、共性阅读

美国女作家布赫瓦尔德（Emilie Buchwald）曾说："孩子是在家长的腿上成长为读者的（Children are made readers on the laps of their parents）。"[①] 由于低幼儿童不具备自主阅读的能力，他们的阅读通常是在家长的陪伴、引导和帮助下进行的，因此，相对于成人而言，陪伴性阅读、共性阅读成为低幼儿童阅读的特征。所谓共性阅读，是指幼儿的家长（包括看护人）等成人与幼儿一起完成阅读的过程，且成人在整个阅读过程中发挥着重要的作用。3 岁之前，"阅读"是家长读、孩子听，读物选用的通常是字数较少、情节简单、以图画为主的绘本；4 岁或 5 岁之后，识字较早的儿童开始在家长的帮助下，试着将图画与书中简单的句子联系起来，识别书中简单的汉字并理解句子的含义，尝试用自己的话去复述书中的情节，这时的读物通常是情节较为丰富的绘本故事。作为幼儿阅读的辅助者，家长应该尽量减少不必要的帮助，多鼓励他们独立完成，但这并不意味着家长可以袖手旁观。在幼儿早期的阅读过程中，家长的帮助和鼓励能够带给幼儿阅读的安全感与良好的阅读体验。相反，批评与惩罚将打击幼儿的自信心，可能导致幼儿产生逆反心理。因此，家长在陪伴幼儿阅读的过程中，要多用启迪式的问句引发幼儿思考，并耐心回答幼儿在阅读过程中提出的问题。

---

① 沂小婕.阅读，是孩子面向未来的最好储备 [EB/OL].（2019-05-20）[2020-05-01]. https://baobao. baidu.com/article/d254144a0ca79ff39853416e0af54fd8.html.

在家长与幼儿组成的共性阅读主体中，家长处于核心位置。国际安徒生奖获得者、知名儿童阅读专家钱伯斯（Aidan Chambers）在 1991 年出版的《打造儿童阅读环境》（*The Reading Enviroment*）中提出了令人瞩目的"阅读循环圈"理论，这是他关于幼儿阅读的重要理论。他认为幼儿的每一次阅读都是由一系列活动组成的，前一个活动引导着后一个活动，但是这些活动之间的关系并不是直线型的，而更像是一个循环圈，是螺旋式上升的（见图2-2）。[①]有能力的阅读者（成年读者）处于整个阅读循环圈的中心，发挥着重要的作用。幼儿在阅读过程中如果能获得一位值得信赖的、很有经验的成年阅读者的帮助和示范，那么他们将能轻松地排除各项阅读障碍。公共图书馆低幼儿童服务重视家长和看护人等成人在幼儿阅读中的关键作用，倡导陪伴性阅读、共性阅读，大力推动家庭亲子阅读的开展。

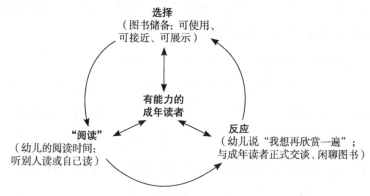

图 2-2　钱伯斯"阅读循环圈"理论示意图 [②]

2.4.4　多元合作、协同发展

公共图书馆的低幼儿童服务是一项系统工程，需要各方力量的协调合

---

① 张艳.关于幼儿早期阅读能力培养策略研究——基于钱伯斯阅读循环圈的视角 [J].陕西学前师范学院学报，2015，31（5）：30-34.

② 阅度英语萌，菜鸟家长如何培养孩子的阅读兴趣、习惯和能力？[EB/OL].（2017-06-02）[2020-04-30].https://www.sohu.com/a/145479361_276375.

作，不是单独一类人群或一个部门、一个机构、一个组织可以独立完成的，而是多元主体合作的结果。这种合作包括横向与纵向两个方面：横向的合作主要以儿童的阅读空间为基础，合作对象包括家庭、幼儿园、学校、社区、健康中心及其他服务于儿童的机构；纵向合作的对象主要是儿童读物生产与流通过程中涉及的主体，如儿童读物的创作者（包括童书作家、插画家、编辑等）、儿童读物的出版者、儿童读物的评价者（如书评杂志、书目推荐等）。[1]

《婴幼儿图书馆服务指南》将"合作"视为公共图书馆低幼儿童服务开展的一个核心因素，鼓励图书馆员与幼儿家长、健康护理中心的医生、牙医和其他幼儿保健专业人员建立合作伙伴关系；公共图书馆作为阅读推广的主阵地，应积极与医院的儿童诊室、社区中心、家庭教育中心、学前教育机构、看护中心、儿童服务与产品供应商等建立协作网络。[2]实践证明，与相关人群、机构之间的合作，可以为低幼儿童服务创造更多的价值。

多元合作、协同发展的特征在公共图书馆低幼儿童阅读推广中表现得尤为突出，体现在人和机构两个维度上。与低幼儿童阅读推广相关的人群包括馆员、家长、教师和阅读推广人，他们分别扮演着组织者、配合者、引导者和合作者的角色。相关的机构包括公共图书馆、学前教育机构、政府部门、出版传媒机构、公益组织等。公共图书馆作为低幼儿童阅读推广的主要机构，负责策划、组织相关活动；政府部门为活动提供制度及资金上的保障；出版传媒机构和企业提供资金、资源、技术及宣传方面的支持；公益组织、学前教育机构等的加入会带动更多读者参与活动，更好地实现

---

[1] 朱淑华. 儿童阅读推广系统概述 [J]. 图书馆，2009（6）：45-48.

[2] Kathy East, Ivanka Stricevic. Guidelines for Library Services to Babies and Toddlers [EB/OL]. [2020-01-10]. https://www.ifla.org/files/assets/hq/publications/professional-report/132.pdf.

阅读推广的价值。①

国内外低幼儿童阅读推广的实践很好地证实了这一点。英国的"阅读起跑线"是一个多元主体共同合作、协调发展的低幼儿童阅读推广项目。政府部门、图书馆、学会（协会）、慈善组织和保健中心组成了一个彼此联系、相互合作的阅读推广服务体系，分别扮演着发起者、组织者、资助者和推动者等角色，搭建起了一个密切合作的网络，共同推动低幼儿童阅读活动的开展。②王亦越等学者以 2019 年"世界读书日"阅读推广活动的参与者为研究对象，研究少年儿童阅读推广的多元主体特性，并从人和机构两个维度构建少儿阅读推广活动的多元参与体系。③

2.5　本章小结

在对公共图书馆低幼儿童服务进行具体研究前，必须对其服务对象、服务目标、关键要素、基本特征等问题有所了解，这些也是公共图书馆低幼儿童服务开展的基本问题。公共图书馆低幼儿童服务面向的对象比较广泛，除了低幼儿童这个主体外，还包括与之密切相关的其他目标人群。低幼儿童服务的主体对象就是低幼儿童，既包括健康儿童，也包括生理与心理上有障碍的儿童。低幼儿童的父母和看护人，保育员、幼儿园教师、健康护理人员，与儿童书籍及媒体工作相关的人员（如儿童文学作家、童书插画家、儿童出版物编辑等），儿童图书馆学和儿童教育学等研究方向的学生及其他对绘本阅读感兴趣的人群都是公共图书馆低幼儿童服务的目标人群。公共图书

---

① 王亦越，黄琳，李桂华 . 少年儿童图书馆阅读推广活动的多元参与研究 [J]. 国家图书馆学刊，2019，28（6）：31-41.
② 张丽 . 英国低幼儿童的阅读推广服务研究 [J]. 图书馆杂志，2020，39（3）：69-76.
③ 王亦越，黄琳，李桂华 . 少年儿童图书馆阅读推广活动的多元参与研究 [J]. 国家图书馆学刊，2019，28（6）：31-41.

馆既要服务主体人群，也要服务与之密切相关的其他目标人群。帮助低幼儿童培养阅读兴趣、养成阅读习惯、做好入学准备是公共图书馆低幼儿童服务的目标。图书馆、幼儿的家与幼儿园是公共图书馆低幼儿童服务的三个重要阵地，其中，图书馆是服务的主阵地。馆员、幼儿的父母与幼儿园教师是坚守在这三个重要阵地的三类主要人群，馆员是为低幼儿童提供专业图书馆服务的灵魂人物，父母是图书馆服务延伸到家中的首要合作对象，幼儿园教师是低幼儿童的教育者，也是协助阅读活动开展与推广的重要人群。服务分层次、针对性强，着重培养低幼儿童的阅读习惯，倡导陪伴性阅读、共性阅读，多元合作、协同发展是公共图书馆低幼儿童服务的基本特征，也是由低幼儿童自身的特点决定的。

3 公共图书馆低幼儿童服务的理论基础及其对实践的指导

科学的理论对实践有积极的促进作用，为了使公共图书馆低幼儿童服务更加科学、有序地开展，必须借助相关的理论来对其进行指导。公共图书馆低幼儿童服务是公共图书馆儿童服务发展到特定阶段后的产物，相比于儿童服务来说，它出现的时间较晚，与其相关的理论还很单薄，因此可以从与其母体即与儿童服务有关的图书馆学领域中寻找理论资源。此外，图书馆低幼儿童服务与儿童心理学、脑科学、学前教育学、儿童文学、阅读学、语言学等多个学科都有联系，因此，可以借鉴这些领域的成熟理论，为服务实践的开展提供理论指导。本章主要从与公共图书馆低幼儿童服务关系密切的图书馆学领域、儿童心理学领域、学前教育学领域和阅读学领域四个方面入手。

3.1 图书馆学领域

图书馆学领域对低幼儿童服务的开展有影响与指导作用的理论主要有影响因素说与阅读推广理论。此外，还有在长期实践中形成的讲故事的理论。

3.1.1 影响因素说

影响因素说是对影响图书馆儿童服务开展的因素进行归纳总结的理论，

中美学者在这方面都曾有过论述。美国学者托马斯（Fannette H. Thomas）1982 年完成的博士论文《美国公共图书馆儿童服务的起源：1875—1906》（*The Genesis of Children's Services in the American Public Library: 1875-1906*）是美国学术界对图书馆儿童服务的首次系统论述与总结。在这篇论文中，托马斯提出了影响图书馆儿童服务的五大因素，即专门馆藏（specialized collections）、专门空间（specialized space）、专业人员（specialized personnel）、针对少年儿童的专业活动与服务（specialized programs and service designed for youth）、与其他少儿服务组织或机构形成的合作网络（a network with other youth services organizations and agencies）。[①] 托马斯确立的这五大因素直到今天都是美国学者衡量一个少儿图书馆是否专业化的参考标准之一。[②]

我国著名图书馆学家刘国钧先生在 20 世纪 20 年代就专门撰文讨论了儿童图书馆和儿童文学的关系，他提出，一个完善的儿童图书馆必须具备三大要素，即合法的设备、适宜的管理员和正当的书籍。[③] 这是我国学者对图书馆儿童服务影响因素的第一次系统总结，对今天我国图书馆儿童服务的开展仍具有指导意义。

笔者按照各因素对图书馆儿童服务开展的影响程度，将其划分为三类：馆员、馆藏、服务与活动和空间环境（含设备）是图书馆开展儿童服务不可或缺的因素，是图书馆儿童服务的核心影响因素；宣传推广、合作和技术虽然不是图书馆儿童服务的直接影响因素，但对于其发展和质量的提升有推动和辅助作用，是图书馆儿童服务的间接影响因素；经费、服务评估、

---

① Fannette H. Thomas. The Genesis of Children's Services in the American Public Library: 1875~1906[D]. USA: University of Wisconsin-Madision, 1982.

② Kate McDowell. Guiding Children's Reading: Surveys of Youth Service Methods and Emerging Professional Specialization Before 1990[EB/OL]. [2020-05-06]. http://www. katemcdowell.com/mcdowell-guiding-childrens-reading.pdf.

③ 刘国钧 . 儿童图书馆和儿童文学 [M]// 刘国钧 . 刘国钧图书馆学论文选集 . 北京：书目文献出版社，1983：4-10.

行业标准及相关法律法规等规范性文件是图书馆儿童服务得以顺利开展的保障性因素。①

3.1.2 阅读推广理论

自 2005 年开始，图书馆阅读推广实践在国内持续推进，公共图书馆的阅读推广理论也逐步成为我国图书馆学领域最活跃、最有影响力的理论之一。② 阅读推广理论将阅读推广活动的目标人群锁定为有特殊需求的人群。儿童，特别是低幼儿童，由于年龄太小，不具备独立使用图书馆资源与享受服务的能力，与缺乏阅读意愿的人、文盲或半文盲统称为特殊人群，成为图书馆阅读推广活动重点关注的人群。阅读推广的目标之一是"使不会阅读的人学会阅读"，低幼儿童就是这类人群中的一个组成部分，他们需要在馆员的干预和帮助下才能完成阅读。面向低幼儿童的阅读推广活动最好设计得日常化、常规化一些，让儿童读者逐步学会阅读。③

随着现代社会对阅读关注度的提升，阅读推广已经成为图书馆的主流服务。在公共图书馆的阅读推广中，儿童是重点关注与优先服务的人群。在丰富阅读推广理论的过程中，要不断拓展儿童阅读推广理论。其中一个方向就是突破年龄的限制，打破过去图书馆儿童服务中存在的误区，即认为只有已经具备阅读能力的儿童才是图书馆的服务对象，并将服务对象的年龄下限定为 3 岁或 4 岁。④ 探索有关不同年龄段群体，特别是低幼儿童群体与特殊少儿群体的阅读推广理论，是儿童阅读推广理论未来重点关注的方面。⑤

---

① 张丽. 图书馆未成年人服务的影响因素探析 [J]. 图书与情报，2015（1）：91-95.

② 范并思. 拓展图书馆阅读推广的理论疆域 [J]. 图书情报知识，2019（6）：4-11.

③ 范并思. 阅读推广与图书馆学：基础理论问题分析 [J]. 中国图书馆学报，2014，40（5）：4-13.

④ 范并思. 拓展图书馆未成年人阅读服务 [J]. 图书与情报，2013（2）：2-5.

⑤ 李武，朱淑华，王丹，吴军委. 新世纪未成年人阅读推广理论研究进展 [J]. 图书馆论坛，2018，38（10）：109-117.

3.1.3 讲故事理论

讲故事是公共图书馆为低幼儿童提供服务时普遍采用的一种方式。讲故事即在特定的时间和环境内，由馆员面对面地向孩子口头讲述诸如童话、寓言等民间文学，这是一个即时交流和分享的过程。讲故事的三个基本要素是：故事本身、讲故事的人和故事的听众。一个好的讲故事的人应经过专门的训练，掌握特定的讲故事的技巧，在讲故事前做好充足的准备。从讲故事前读物的选择，到确定读物后的准备，再到讲述过程中对节奏的把控、与听众的互动，直到故事结束后启发听众思考等，讲故事的人在全过程中始终处于核心位置，对活动进行总体的把控。

对讲故事的人来说，要选择自己感兴趣的故事，这样才能把故事讲好。讲故事前要做充分的准备，这样才能在讲述过程中游刃有余。讲故事时，要注意和听众的眼神交流。为了吸引孩子，讲故事的人应对故事进行适当的修改和调整，开头部分要迅速切入主题，不要进行冗长的描述，以免年幼的孩子失去倾听的兴趣；当故事的高潮即将来临的时候，讲故事的人可以适当放慢速度或是提出问题让孩子们猜测，让孩子们感受故事带来的喜悦、意外或震撼；故事的结尾应该紧接着高潮，简短一两句话概述即可，因为此时的听众已经没有太多耐心去听一个冗长的结尾。故事讲完之后，讲故事的人不应该立刻宣布故事时间结束，而应留出一些时间给听众回味和遐想。

为了让低幼儿童较快地进入听故事的状态，在故事开始前最好能有一个"仪式"，如美国纽约公共图书馆的馆员在开始讲故事之前，会点燃一支蜡烛，表明故事即将开始，并且在故事结束后让孩子们许一个愿望，然后由最小的孩子将蜡烛吹灭。这种方式能够很好地调动孩子们参与的积极性。此外，还可以结合一些节日对环境进行装饰，如国外的一些图书馆会在万圣节的时候在墙壁上张贴一些女巫、扫帚和黑猫的贴画；圣诞节的时候，会在室内放置一棵圣诞树，在墙上张贴圣诞老人、铃铛还有壁炉等贴画。

在方法上，除了讲故事法外，还有读故事法、演故事法和谈故事法。读故事法对朗读者要求较低，朗读者可以完全参考书上的文字内容，无须做过多的改变和演绎。没有太多亲子阅读经验的家长在刚开始陪伴幼儿阅读时可以尝试此种方法。演故事也就是故事表演，即把书中的故事内容通过场景模拟、角色扮演进行再现。因为孩子亲自参与其中，所以能够充分调动孩子的积极性，是非常受孩子喜欢的一种方式。谈故事法与读书交流会的性质差不多，以引发孩子们对图书内容、情节及人物的讨论为目的。馆员首先用有趣的方式将书中的人物、情节介绍给孩子们，然后鼓励孩子与馆员、孩子与孩子展开讨论，从而引起他们对这些图书的兴趣，使他们产生进一步阅读的冲动。

3.1.4 图书馆学领域的相关理论对低幼儿童服务实践的指导

影响因素说所提出的各个因素成为公共图书馆在开展低幼儿童服务时应重点关注的地方，在活动策划时可以作为参考的依据，从而使低幼儿童服务的开展更加科学、高效；阅读推广理论可以在低幼儿童阅读推广实践的基础上进一步深化，结合低幼儿童的特点，探索针对这类群体的阅读推广理论；讲故事理论可以很好地运用到讲故事活动中去，让讲故事者与幼儿听众相互配合，以取得最佳效果。

3.2 儿童心理学领域

儿童心理学是对儿童心理发展进行研究的学科。[①]本章将发展心理学与认知行为的相关理论都放在儿童心理学这个大领域下统一论述。其中，发展心理学比较有代表性的理论有皮亚杰的认知发展理论、蒙台梭利的儿

---

① 谢弗 . 儿童心理学（精装修订版）[M]. 王莉，译 . 北京：电子工业出版社，2016：2.

童发展观，认知行为方面比较有代表性的理论有洛伦茨的印刻现象与关键期理论。

3.2.1 皮亚杰的认知发展理论

皮亚杰（Jean Piaget）是儿童心理学、认知发展论的开创者，是认知学派的创始人，被誉为心理学史上除弗洛伊德以外的另一位"巨人"。皮亚杰认为通过动作来适应环境是主体认知发展的真正原因。他认为发展的本质是对环境的适应，这种适应是一个主动的过程。不是环境塑造了儿童，而是儿童主动了解环境、适应环境，在与环境的相互作用中，通过同化、顺应和平衡的过程，使认知逐渐成熟起来。

皮亚杰认知发展理论的一个重要观点是发展是呈阶段性的。皮亚杰认为思维是一种结构，而这种结构从主体出生到成熟一直处在不断编织、演变和递进的过程中。这种认知结构最基本的单元就是图式（schema），即有组织的思考或行动的模式，是个体用来了解周围世界，对世界进行感觉、理解和思考的方式。从认知图式的性质出发，皮亚杰将儿童的认知发展划分为四个阶段：感知运动阶段（0—2 岁）、前运算阶段（2—7 岁）、具体运算阶段（7—11 岁）和形式运算阶段（11—15 岁）。

主体在感知运动阶段主要靠感官来认识、适应周围的世界，依赖身体与外界的互动经验。在这个阶段，主体有两大成就，即客体永恒性的获得和因果关系联系的形成。前者是指在早期，物体一离开孩子的视线，孩子就以为它不存在了，而六七个月后孩子长大了，这时尽管物体消失了，但它仍能在孩子的心中留下符号性的心像；后者是指儿童在与客体的互动中，逐渐认识到自己的动作与动作对客体造成的影响的区别，认识到动作与客体的关系，从而使动作的目的性更加明确。前运算阶段与感知运动阶段相比有了质的飞跃，主体在感知运动阶段只能对当前知觉到的事物施以实际的动作，而主体在前运算阶段由于信号功能或象征功能的出现，可以从具体的动作中摆脱出来，凭借象征性的图式在头脑中进行思维。这个阶段的认知开始具备符号功能，但是主体的判断还是受直觉思维支配，依赖感觉而不是依赖推理。主体的动作缺乏守恒的概念，具有不可逆性，主体以自我为中心。在具体运算阶段，主体能借助具体事物做出一定程度的推理，但只限于眼前的具体情境或熟悉的经验。这个阶段主体的动作出现可逆性，儿童能够通过同一性、补偿性、逆转性原则实现动作的转化，获得守恒，但这个阶段的运算还不能脱离具体事物。形式运算阶段主体能够不借助具体事物，做出符号形式的推理假设。在具体运算阶段，儿童只能在联系具体事物时才能解决问题；而在形式运算阶段，儿童已经能对命题进行运算了。

3.2.2 蒙台梭利的儿童发展观

蒙台梭利是意大利幼儿教育学家、思想家和改革家，也是蒙台梭利教育法的创始人。她在很大程度上接受了卢梭（Jean-Jacques Rousseau）、裴斯泰洛齐（Johan Heinrich Pestalozzi）和福禄培尔（Friedrich Wilhelm August Fröbel）等人关于自然教育和自由教育的观点，并结合自己的观察研究及生物学、遗传学、生理学、心理学和生命哲学等相关理论，提出了儿童发展观。她对于儿童心理发展的看法是其教育学说的基础。蒙台梭利认为，儿童心理的发展既不是单纯的内部成熟，也不是环境、教育的直接产物，而是主体和环境相互作用的结果，是"通过对环境的经验而实现的"。

儿童的发展是一个连续的、不断前进的过程，前一个阶段的充分发展是后一个阶段的基础，后一阶段的发展是之前各个阶段充分发展的积累和延续。蒙台梭利不仅重视儿童发展的连续性，也十分重视发展的阶段性。她分别论述了各年龄段儿童心理、生理发展的特点及相应的教育任务、内容和方法。"蒙台梭利承认了儿童发展是由儿童的内在力量推动的，认为儿童的心理发展存在着'胚胎期'、敏感期和心理具有吸收力3个特点。"[①]

从主体心理发展过程来看，蒙台梭利认为通过自发活动表现出来的生命力的发展呈现一种节律。童年是主体个性形成最为重要的时期，"没有比这个时期更需要智力方面的帮助了"。她借鉴生物学专家在动物实验中总结出的敏感期理论，提出儿童的心理发展与学习过程中也存在着敏感期。2—6岁是社会行为规范的敏感期；语言的敏感期是从出生后两个月至8岁，其中1岁至3岁是语言敏感期的高峰时期；感觉的敏感期是从0岁到6岁，在2岁至2.5岁时达到高峰；运动的敏感期是从出生到4岁。[②]儿童在敏感期拥有一种特殊的内在活力，能够以惊人的速度自然地吸收和学习知识，这是儿童特有的学习能力与学习形式。某种感觉能力只在特定的时期内出现，当它们出现时，如果主体没有有效地进行学习，忽视了敏感期的训练，以后则难以弥补。所以，教育要抓住关键阶段，在特定的时期进行特定的教育。

3.2.3 洛伦茨的印刻现象与关键期理论

1935年，奥地利动物学家洛伦茨（Konrad Zacharias Lorenz）通过观察发现了动物的印刻现象（imprinting），即动物在个体生命的某个特定时期，由于遇到某一特定刺激而建立起一种固定的模式。最典型的例子是，刚出生的小鸡、小鸭会对它们遇到的第一个客体产生跟随行为并在以后对这个客体表现出偏爱。通常来说，这个客体是它们的母亲，但如果它们第一眼看到的不是自己的母亲，那么以后就会错误地将自己首先遇到的这个客体当作母亲的替代物。[③]

印刻现象是无须强化的，在一定时期内容易形成，这个时期又称为关键

---

① 李盼盼.福禄贝尔与蒙台梭利儿童观之比较 [J].江苏第二师范学院学报，2017，33（4）：83-86.

② 霍力岩.试论蒙台梭利的儿童观 [J].比较教育研究，2000（6）：51-56.

③ 中国大百科全书总编辑委员会《心理学》编委会.中国大百科全书：心理学 [M].北京：中国大百科全书出版社，1991：516-517.

期，指在个体发展过程中，环境的影响能起到最大作用的时期。处于关键期时，主体在适宜的环境影响下，行为习得特别容易，发展特别迅速；反之，如果这时缺乏适宜的环境影响，可能引起病态反应，阻碍主体日后的正常发展。① 在关键期内，主体对环境的影响极为敏感，对微小的刺激也能产生反应。后来人们把这种动物实验研究的结果应用到早期儿童发展研究上，提出了儿童心理发展的关键期理论。比如，2—3 岁是儿童学习口头语言的关键年龄，4—5 岁是儿童学习书面语言的关键年龄。②

在关键期理论的指导下，人们发现了儿童的巨大潜力，开始重视早期教育和早期阅读，重视对儿童尤其是年龄小于 6 岁的儿童的培养。此外，人们对几岁入学开始正规学习更适合儿童心理发展，儿童在哪个年龄段学习语文、数学的潜力会更大，从什么年龄开始对孩子进行教育更有效等问题进行了研究，希望对儿童的教育能够在最有效的时间内发挥出最大的效用。

3.2.4 儿童心理学领域的相关理论对低幼儿童服务实践的指导

儿童心理学领域的相关理论对低幼儿童服务实践最大的作用就是启示后者要区分不同阶段儿童的特点，提供有针对性的服务。5 岁以前是孩子口语能力、读写能力、情感、品德、性格等发展的重要时期，孩子处于急剧的变化之中，阶段性明显，因此，图书馆的服务也应以孩子在每个时期的不同特点为依据，有针对性地开展。如面向 0—6 个月的孩子，图书馆主要鼓励家长给他们读故事，虽然这个时期的孩子还不会阅读，但其感官已经开始发展，因此，家长可以通过读故事给孩子听、与孩子交谈、唱歌等方式与孩子进行互动。馆员可以为家长准备一些质量较好、比较耐磨的绘本，因为孩子有时会吮吸或啃咬图书。除了绘本外，馆员还可以鼓励家长选择

---

① 中国大百科全书总编辑委员会《心理学》编辑委员会.中国大百科全书：心理学 [M]. 北京：中国大百科全书出版社，1991：119.

② 朱智贤.儿童心理学（第 5 版）[M].北京：人民教育出版社，2009：82.

一些童谣或诗歌等有节奏、朗朗上口的作品。孩子在 7—14 个月大的时候开始学习语言，能够模仿一些声音，由最初的咿咿呀呀说话变为可以说一些简单的字词，他们能够理解大人的话，能够坐或站，他们喜欢家长读书给他们听。针对这一阶段的孩子，馆员可以指导家长开始"大腿上的故事"时间，鼓励家长给孩子讲一些简短的故事，与孩子一起做游戏、做手指操等。15—24 个月的时候，孩子开始学习走路，喜欢运动和玩具，能够说简短的语句，喜欢倾听大人说话，这时馆员可以让家长给孩子讲故事，与孩子一起唱儿歌或做游戏。图书以纸张较硬的、耐翻的图画书为主，因为这个时期的孩子开始尝试做出读书的动作，如拿着书或翻书。他们开始认人，因此图书馆开展的系列活动最好由同一馆员负责。25—36 个月大的儿童开始理解简单的概念、数字，能够说出颜色，注意到自然界的变化，对文字感兴趣，已经能够掌握普通对话中 75% 的语言。孩子在这个时期开始对周围的世界进行探索，所以图书馆可以设计一些合作性的游戏，给孩子提供与他人接触的机会。另外，讲故事活动可以适当延长时间并穿插一些手部动作在其中。这个阶段孩子的动手能力逐渐增强，因此图书馆可以提供黏土、生面团、陶泥或橡皮泥等材料供他们开展手工活动。3—5 岁孩子的词汇量继续增加，集中注意力的时间延长，而且喜欢比较自己熟悉的事物，因此图书馆可以为孩子提供一些重复性较强的图书，在活动中增强与孩子的互动。

3.3 学前教育学领域

学前教育与公共图书馆的低幼儿童服务有很多相似之处，成人用指引与教导的方式对幼儿的大脑发育进行刺激，从而使幼儿大脑各部位的功能逐渐完善。两者都有教育的职责，面向的群体也是一致的，最大的区别在于前者是系统、正规的教育，后者是以阅读为核心的非正式教育。两者的相似性使得人们可以很好地进行理论迁移，如利用学前教育学的相关理论来为图书馆低幼儿童服务提供指导。学前教育学领域对低幼儿童服务的开展有影响与指导作用的理论主要有戈尔德什米的启发式玩耍理论、福禄培尔的学前儿童游戏论、蒙台梭利的儿童"工作"思想、维果茨基的最近发展区理论。

3.3.1　戈尔德什米的启发式玩耍理论

启发式玩耍（heuristic play）理论是英国儿童早期心理学专家戈尔德什米（Elinor Goldshmied）在其 2004 年出版的《三岁以下的人儿：托儿所小孩》（*People under Three: Young Children in Day Care*）一书中提出的。启发式玩耍理论认为，3 岁以下的幼儿通过摆弄日常生活中各种熟悉的东西来刺激感官的发展，从而认识周围的世界。在此过程中，成人只是组织者与观察者，他们所要做的就是选择资源，充满兴趣地、静静地坐在宝宝身边。成人只有当宝宝遇到了困难，无法进行游戏时才进行干预，其余的交给宝宝自己来探索，在这一过程中培养幼儿的创造力与想象力。[①]

这个理论符合儿童早期认识世界、探索世界的规律。"宝贝篮子"（treasure basket）就是以此理论为依据发明的，适用于 3 岁以下的儿童，已经成为英国少儿图书馆为低幼儿童提供的一类新型馆藏资源。[②] "宝贝篮子"就是选用一个竹制材料做成的容器（表面光滑，没有毛刺），盛放人们非常熟悉的日常生活用品或一些零碎物品，如小石子、贝壳、勺子、钥匙链等，放在婴幼儿伸手可及的地方，让他们抓取、玩耍。这些成人眼中不值钱的东

---

① Helen Huleatt. Heuristic play. [EB/OL].[2020-05-11]. https://www.baidu.com/link?url=7UZzi-jIl3FU1LPyghvWEYUndve4cxMi7j702jGMU0EIIJq3Y5IFCy70l9t_SuP0yLf00FPJPgEGDQuI6Fdtsvbbc7EmsFhUVl8Pm1OEyFSEdGUIWMzYPQ1vOMzpW3ut&wd=&eqid=f2b4113c007e552b000000035eb8aad6.

② 张丽 . 宝贝篮子：英国少儿馆馆藏资源的新成员 [EB/OL].（2011-01-18）[2020-05-11]. http://blog.sina.com.cn/s/blog_4d5a923b0100offy.html.

西却是孩子们的"宝贝"。"宝贝篮子"中的东西都是随机选择的,这种松散的、随意的组合有助于孩子的自主学习,因为这些日常生活中的物品能够为孩子提供灵活、开放的资源,满足他们探索世界的需求。幼儿通过抓取、触摸甚至是吮吸来认识各种不同质感、不同功能、不同形状的事物,获得启发。这种启发式学习的效果非常好,因为整个过程都是幼儿自己动手、亲自参与、亲身体验的,他们能运用自己的创新思维来建构自己的经历。

3.3.2 福禄培尔的学前儿童游戏论

学前儿童游戏论是"幼儿教育之父"福禄培尔对学前教育理论的重要贡献,他是第一个阐明游戏的教育价值的人。[①]福禄培尔十分重视游戏在儿童发展过程中的作用,他认为游戏是儿童的天性,是儿童探索外部世界的最佳途径,对于发展儿童的认知能力、想象力和创造力都是有益处的,是其他任何教育方式所不能替代的。他把游戏的价值提高到了前所未有的高度,认为"儿童早期的各种游戏,是一切未来生活的胚芽,因为一个人最纯洁的素质和最内在的思想就是在游戏中得到发展和表现的。人的整个未来生活,直到他将离开人间的时刻,其根源全在于这一生命阶段"[②]。他鼓励和强调成人要充分地让幼儿自由、尽兴地游戏,而不要随意干涉和破坏。他恳切地呼吁:"母亲啊,培养和哺育儿童游戏的能力吧!父亲啊,保护和关心儿童的游戏吧!"[③]

游戏是学前儿童的主要活动,它是儿童认识自我、认识社会、学习社会规范的必要手段。游戏能够促进学前儿童的认知与语言的发展、社会性的发展及情感的发展,是学前儿童特有的一种学习方式。学前儿童游戏论的依据

---

① 张有龙.福禄倍尔的游戏教学思想及其教学论启示[J].科教文汇(上旬刊),2014(8):122-123.

② 福禄倍尔.人的教育[M].北京:人民教育出版社,1991:39.

③ 陈秀云,陈一飞.陈鹤琴全集(第二卷)[M].南京:江苏教育出版社,2008:409.

是学龄前儿童学习的特点。成人、学龄期儿童的学习多是由社会要求的，因此学习目标明确，而学龄前儿童的学习则带有很强的随意性、试误性、趣味性，以游戏的方式学习更符合他们身心发展的需要。幼儿可以在游戏中模仿现实生活情境，在遵守现实生活逻辑的基础上，还可以加上自己的想象。在这种创造性的活动中，幼儿将虚构与真实巧妙结合，让思维获得了极大的发展。游戏就好比是一个实验室，在这里，思维、语言、幻想和主动精神能得到了最佳结合。①

3.3.3 蒙台梭利的儿童"工作"思想

儿童"工作"思想是蒙台梭利教育思想的重要组成部分，是她在总结"儿童之家"教学经验的基础上提出的。她认为儿童有强烈的"工作"愿望，这里所说的"工作"与成人的工作是不一样的。成人是为了生活而工作，而儿童是为了"工作"而生活。蒙台梭利将"工作"定义为儿童使用教具的活动，这也是人塑造自己的方式。"工作"是儿童在"有准备的环境"（即符合其需要的环境）中，通过与环境的相互作用来满足内心发展需要的自由、自主、自助的活动，是儿童喜欢并乐在其中的活动。这种"工作"遵循自然法则，没有外在目标，是一种具有创造性、活动性和建构性的"工作"。自由、自主、自助的特点，让"工作"与游戏之间有密切的联系，但又区别于游戏。在"工作"的过程中，儿童实现了心理各方面的发展，"工作"是儿童的一种富有生机与活力的本能。

儿童"工作"思想认为，儿童身心的发展必须通过"工作"来实现，早期发展留下的缺陷也必须通过"工作"来弥补。对于儿童来说，"工作"就是生命，就是发展，儿童专注地操作教具可以让他们的身心得到更好的发

---

① 关永红.重新审视学前儿童游戏的教育学价值 [J].内蒙古民族师院学报（哲学社会科学版），1999（4）：75-77.

展。① "工作"能够促进幼儿心理健康发展，培养他们专注、务实、认真、遵守纪律、富有责任感等良好品质，是儿童非常喜爱和主要的活动。②

儿童"工作"遵循如下法则：（1）秩序法则，即每种物品在环境中所处的位置应该是固定不变的；（2）独立法则，在"工作"中儿童更希望自己独立完成，成人不应提供过多的干预与帮助；（3）自由法则，儿童希望自己完成工作，对于成人过多的帮助存在排斥心理；（4）专心法则，由于"工作"出于儿童内心的选择，他们对"工作"有着浓厚的兴趣，会非常专注地去做"工作"，而且不厌其烦地重复进行，直到完成一定的"工作"周期。③

3.3.4 维果茨基的最近发展区理论

最近发展区（Zone of Proximal Development）理论是由苏联教育家维果茨基（Lev Vygotsky）于 20 世纪 30 年代提出的儿童教育发展观，反映了教学与儿童智力发展的关系。最近发展区也叫潜在发展区、可能发展区，是指儿童现有的发展水平与在得到外界一定支持或指导的条件下可能达到的潜在发展水平之间的差距。④儿童发展具有两种水平：一种是儿童自己实际达到的发展水平（现有发展水平），另一种是儿童可能达到的发展水平（通过成人的指导可能达到的水平），而两者之间的差距，就是最近发展区（见图3-1）。⑤也就是说，最近发展区是儿童在有成人指导的情况下能达到的解决问题的水平与独自解决问题的水平之间的差距，它实际上是两个邻近发展阶段间的过渡阶段。

① 孙文杰.儿童发展与游戏精神：蒙台梭利"儿童工作"思想的全面分析 [J].陕西学前师范学院学报，2018，34（5）：36-40.
② 侯敬芹.蒙台梭利儿童工作思想研究——基于游戏的角度 [D].重庆：西南大学，2012.
③ 刘俊.试论蒙台梭利的"工作"思想及其现实意义 [J].当代教育论坛（校长教育研究），2007（9）：86-88.
④ 陈萍，迟立忠.发展心理学 [M].吉林：吉林教育出版社，2001：46.
⑤ 林崇德.发展心理学（第2版）[M].北京：人民教育出版社，2009：48.

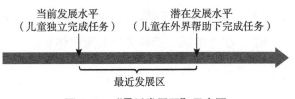

图 3-1 "最近发展区"示意图

维果茨基认为学习是一种社会与合作活动，成人要注意儿童在整个过程中的自主性，发挥儿童已有的智力水平。教学的本质并不在于通过重复的训练去强化儿童已经形成的心理机能，而在于去激发儿童目前尚未形成的心理机能。因此，好的教学首先必须建立在正开始形成的心理机能的基础上，同时着眼于其他心理机能的开发。在儿童能够独立完成任务之前，父母、教师或其他人要给儿童提供暂时的支持，这一教学方式就是维果茨基所谓的"搭脚手架"（scaffolding）。在整个过程中，成人扮演着指导者、促进者和帮助者的角色，推动儿童获得全面的发展。

3.3.5 学前教育学领域的相关理论对低幼儿童服务实践的指导

学前教育学领域的相关理论让我们意识到，儿童在学习知识的过程中有很强的自主性，成人应鼓励儿童独立完成，让他们用自己的方式去探索和认识这个世界，只有当儿童遇到困难时才提供帮助。公共图书馆在为低幼儿童设计服务项目和内容时，要注意培养儿童的自主性，鼓励他们自己动手，在观察、摸索、体验中建构自己的知识体系。除此之外，公共图书馆针对低幼儿童的活动内容要略具挑战性，让儿童在现有发展水平的基础上借助成人的帮助与引导去完成任务，这样既有助于树立他们的信心，又能进一步发展他们的潜能。为低幼儿童设计的服务与活动中应加入游戏的元素，让活动变得具有趣味性。要打破阅读的静态模式，加入动态元素，如在讲故事过程中穿插手指操、韵律操；诗歌、童谣除了读还可以唱出来，并配上动作表演。

总之，公共图书馆为低幼儿童开展的阅读活动要有趣、形式多样、富有体验性，让孩子在玩中学，在学中玩，拥有美好的阅读体验。

3.4　阅读学领域

阅读学是随着阅读实践的丰富与发展而逐步建立起来的。公共图书馆低幼儿童服务的核心是阅读推广，因此从阅读实践中总结出来的理论，如分享阅读理论、分级阅读理论、早期阅读理论与图画书理论对低幼儿童服务具有重要的指导意义。

3.4.1　分享阅读理论

分享阅读（shared-book reading）也叫大书阅读（big book reading），是由新西兰教育学家霍德威（Don Holdaway）等人在 20 世纪 70 年代末 80 年代初提出的，是早期阅读中一种全新的方式和理念。这是一种专门用于引导学前儿童和小学低年级儿童开展阅读活动的教学方法。所谓分享阅读，指的是成人和儿童不以学习为目的，在轻松、愉快、亲密的气氛中共同阅读一本书的类似游戏的活动。[1]它强调让儿童在共同的阅读活动中享受阅读的乐趣，从而激发阅读的兴趣。这种活动的目的是让儿童学会阅读，而不是单纯地识字和学习。分享阅读一开始以成人为儿童朗读为主，之后逐步提高儿童在阅读活动中的参与度，最终过渡到儿童独立自主地阅读。[2]

霍德威认为儿童在阅读中学习的过程是基于已有的口语经验，通过语音的中介作用，由语音获得语义，再建立起字形与语音之间的联系的过程。比

---

[1] 马小燕.分享阅读促儿童多元发展[J].速读（上旬），2019（10）：203.
[2] 朱琳琳.分享阅读　分享成功——"分享阅读"在我国近十年的推广和发展[J].幼儿教育：教育教学，2012（7）：70-71.

如，儿童在听睡前故事的过程中将自己听到的字音与书上看到的字形对应起来，意识到每个字形都是有音有义的，一个字形对应一个或多个字音。经过多次的重复，幼儿实现了"字形——字音——字义"的联结，这也是幼儿从口语学习向书面语学习的一种平稳过渡的方式。通过这种亲身参与、与家长互动、不断模仿练习的过程，幼儿逐步从被动地听故事转变到积极地参与阅读，最后实现主动阅读。[①]

分享阅读最开始是在家中开展的，由家长与孩子一对一地进行，后来霍德威将这种亲子阅读方法移植到了学校教育中，变为教师与学生一对多地进行。为了能尽量在教室中还原家庭中亲子阅读的氛围，保证师生之间拥有亲子共读的亲密感与分享感，霍德威对分享阅读时所用的书籍进行了放大，因此分享阅读也叫"大书阅读"。这样一来，在教师朗读的时候，孩子们都能看到图画和文字。从家庭到教室的场景转移的成功，让分享阅读由一对一的家庭模式变成一对多的集体模式，便于人们将其推广到成人引导低幼儿童阅读的多种场景中。

心理学研究表明，3 岁以上的儿童已经具备了基本的语言表达能力，掌握了大量口语词汇，能够在字音与字义之间建立联系，这个阶段的儿童面临的最大挑战是建立字形与字音的联系，从而完成从口头语言到书面语言的转化。分享阅读理论就是结合这个年龄段儿童的识字特点提出的。成人在为儿童朗读时，可以一边读一边用手指指着书上的字，引导儿童注意字形与字音，从而帮助他们建立字形与字音之间的关联。分享阅读是家长与孩子、孩子与同伴、教师与学生在相互配合的、轻松愉快的氛围中完成的，对促进幼儿的观察力、理解力、想象力、语言表达及运用能力、社会交往能力、思维能力都有帮助，可以促进幼儿良好阅读习惯的养成。

---

① 沈娅歆.国内外分享阅读研究综述 [J].心理技术与应用，2015（6）：30-35.

3.4.2　分级阅读理论

分级阅读理论兴起于西方。所谓分级阅读，就是从少年儿童的年龄（身心）特征、思维特征、社会化特征出发，选择、提供适合于不同年龄阶段少年儿童阅读需要的读物并指导他们如何阅读的一种阅读方法与策略。[①] 分级实际上就是分年龄，分级阅读理论简单地用一句话概括就是：什么年龄段的孩子读什么书。阅读内容是根据儿童的年龄和阅读水平来选择的，因此能够促进儿童阅读能力的发展与提升。

分级阅读理论出现较早，到目前已经有几十年的历史。国外的分级阅读理论通过对词汇、句法、读写能力等的精确划分，已经推导出了相关公式，设计出了合理的分级标准，可用于指导具体实践的开展。因为汉语与英语在词语、句法等方面存在差异，不能照搬西方现成的理论，所以目前我国还处于有选择地引进、介绍和进一步探索分级阅读理论的阶段。

从阅读规律出发，年龄越小的群体，同龄人之间的阅读差异就越大。0—3岁与4—6岁的儿童虽然都属于低幼儿童，但他们之间的阅读差异就很大，因此必须详细区分等级，总结出群体共性，为他们提供合适的图书。正因为人从婴幼儿时期到青少年时期阅读的差异性十分明显，且具有明显的群体共性，所以才有了分级阅读的必要。分级阅读的目标就是为少年儿童提供"最合适的文本"。什么是最合适的文本呢？根据伊利诺伊大学提供的材料，在美国，所谓合适的文本是指在阅读中，读者能够认识10个单词中的9个，并克服较小的困难而理解文意。如果一个文本，孩子能够认识其中的90%—95%的单词，就可以认为这个文本是适合孩子的阅读水平的。如何为孩子提供适合其心理和认知发展水平的图书，是一项复杂的系统工程，需要儿童教育、儿童心理学、儿童文学、儿童编辑出版、儿童阅读推广、儿童图书馆等

[①] 王泉根.新世纪中国分级阅读的思考与对策[M]//接力儿童分级阅读研究中心.接力儿童分级阅读指导手册（2010版）.北京：接力出版社，2010.

领域专家的共同努力。

3.4.3 早期阅读理论

早期阅读是随着早期教育发展起来的，也是早期教育的主要内容。在美国，早期阅读研究始于 20 世纪 20 年代，当时主要是为了抓住 0—6 岁这个学前教育的特殊阶段，让孩子为入学后的正式学习做好准备，因此早期阅读也被称为"阅读准备"。直到 1966 年新西兰学者克雷（Marie Clay）提出"读写萌芽"（Emergent Literacy）理论，人们才逐渐意识到阅读能力是与口语、书写能力等相互关联、共同发展的。20 世纪 80 年代，"读写能力""早期读写"等概念逐渐代替"早期阅读"，成为研究焦点。研究者主要来自早期教育、语言学、儿童心理学、社会学、脑科学等多个领域，研究的内容涉及早期读写能力的形成、早期阅读与写作的关系、影响早期读写能力发展的社会文化背景和家庭读写环境、早期读写指导与教育等。[①]

早期读写能力的培养与公共图书馆低幼儿童服务的目标相吻合，公共图书馆也逐渐介入早期读写领域，侧重于阅读推广。与公共图书馆低幼儿童服务密切相关的早期阅读理论主要集中在对早期阅读方法的探索、讲故事服务（参见 3.1.3）及对父母在低幼儿童早期阅读中重要性的认识。

低幼儿童的"阅读"是丰富多彩的，与成人的严肃阅读是迥然不同的，因此，培养他们早期读写能力的方法也是多样的。纽约州立大学心理学系教授怀特赫斯特（Grover C. Whitehurst）和佛罗里达州立大学心理学副教授洛尼根（Christopher Lonigan）合作，将 5 岁之前的幼儿进一步区分为预谈话者（early talkers，0—2 岁）、谈话者（talkers，2—3 岁）和预读者（pre-readers，4—5 岁），并结合每个阶段儿童的特点，总结出唱（sing）、说（talk）、读

---

① 张慧丽.中美图书馆儿童早期阅读研究综述 [J]. 图书与情报，2011（2）：2-6+25.

（read）、写（write）、玩（play）5 个早期读写能力培养的方法。[①]

在这 5 种方法中，"读"是低幼儿童"阅读"中经常采取的一种方式，亲子共读是为孩子今后独立阅读做准备的一种最重要的方式。亲子阅读不仅能够提升孩子的词汇量，让孩子增加常识，而且与最亲密的人的阅读互动能够激发孩子的阅读兴趣。"说"是在"读"的基础上的深化，在孩子倾听故事之余，家长要鼓励他们结合书的内容进行交谈，引导孩子对所读故事进行复述。在对话过程中，要让孩子表达自己的理解，扩展他们的词汇量，家长应观察孩子对词汇的理解程度并及时对错误的表述进行纠正。"唱"是学习语言的一种好方法，通过唱朗朗上口的儿歌或童谣，儿童能增强对语言的把握能力。相比于说话，"唱"的语速相对较慢，更有助于幼儿听清词语的发音。"写"与"读"紧密相关，低幼儿童的"写"更多的是"画"，即绘画涂鸦。幼儿将读过的书、听过的故事或自己想象的故事画出来，然后用语言讲述自己所"写"（画）的内容，建立起口头语言与书面语言的联系，这有助于他们对词汇的掌握。"玩"在低幼儿童早期读写能力发展中发挥着重要作用。"图书馆里的家庭空间"（Family Place Libraries）的创立者范伯格（Sandy Feinberg）认为，"玩"是孩子学习与成长过程中必不可少的因素。研究证明，孩子通过与他人之间的互动游戏（玩耍），能够学习到更多的语言。在"玩"中，幼儿会逐步建立起口语与书面语之间的联系，明白文字所代表的含义，并将其与现实的生活体验联系起来。总的来说，低幼儿童的特点决定了他们的"阅读"是广义的，不仅仅是读字，还包括读图、涂鸦、游戏、对话、唱歌等多种形式。

作为共性阅读主体，父母在低幼儿童早期阅读能力的发展中发挥着重要的作用。父母的参与，尤其是在儿童早期阶段的积极参与，将对儿童后期能

[①] The Five Practices And The Early Literacy Components Support Each Other[EB/OL]. [2020-08-05]. https://static1.squarespace.com/static/531bd3f2e4b0a09d95833bfc/t/568c4ba3bfe873 99730708f2/1452034979939/elcomppracchart.pdf.

力的发展与学习成绩产生重要影响。家是早期阅读开始的地方，父母是孩子的第一任老师，也是最好的老师。父母与幼儿的阅读互动，不仅能够促进幼儿在语言、思维、智力、想象力等方面的发展，而且能够增进亲子感情。当幼儿和父母一起阅读的时候，他们的身体会自然地、亲密地依偎在一起，父母读书的声音也比平时说话更柔和。孩子坐在父母大腿上或是蜷缩在父母的怀里听故事，闻着父母身上的味道，听着父母读书的声音，能够获得身体与情感上的舒适感与安全感。德国儿童文学作家波伊（Kirsten Boie）说："父母经常陪 3 岁前的孩子一起看书、讲故事，能带给孩子力量——这力量会伴随孩子一生。"①

3.4.4　图画书理论

图画书也叫绘本，英文名为"picture book"，指的是文字与图画相辅相成、表达特定情感和主题的故事书。在图画书中，图画是主体，具有讲述故事的功能，也承担着表情达意的任务。图画书是低幼儿童的主要阅读材料之一，是公共图书馆的特色馆藏。为低幼儿童服务的馆员要为幼儿选择适合其年龄段特点的优质图画书。除了对儿童文学奖、儿童阅读书目、优质童书出版社、著名绘本作家等了如指掌外，馆员还应对图画书理论有所了解。

松居直先生被称为"日本图画书之父"，《我的图画书论》《幸福的种子：亲子共读图画书》与《绘本之力》是他的代表作，全面反映了他的图画书观，是在图画书领域影响较深的理论著作。松居直的图画书观可以概括为三个方面。首先，辨析了文字和图画之间的关系。图画书 = 文 × 图，有插图的书 = 文 + 图，这就是松居直对图画书的"定义"。在图画书中，图画并不是去诠释、配合文字，它本身也"说话"。文字和图画通过各自的方式来表达信息，形成完美的合奏。图画书就好比一部"纸上电影"，通过图画的

---

① 李俊国，汪茜，等. 图书馆儿童阅读推广 [M]. 北京：朝华出版社，2015：8.

"推拉摇移"，制造出丰富的效果。所以，一本好的图画书，即使孩子不识字，仅是靠"读"画面，也应该可以读出个大意。其次，探讨了图画书与儿童语言发展的关系。松居直认为图画书不是用来识字或学习的材料，而是用来感受快乐的，与功利性教育的目标是截然不同的。图画书不是孩子自己读的书，而是由大人读给孩子听的书。耳朵里听着父母温柔的声音，眼睛里看着精美的图画，头脑中闪现出美好的故事画面，孩子的语言能力会随之逐渐获得发展。因此，幼儿的语言是以父母的语言为标准产生的，幼儿早期语言的发展基于成人的语言。最后，探讨了图画书与教育观念革新之间的联系。松居直反对把孩子交给电视，鼓励父母多花些时间来与孩子一起读书，让孩子把图画书当作重要玩伴，培养孩子对图书的亲近感，把图画书当成亲子之间情感沟通的桥梁。他认为，亲子关系可以通过共读图画书获得改善。念图画书给孩子听，是亲子之间最好的交流方式。父母应用温暖、轻柔的爱抚和充满感情的语言来养育孩子，而图画书则负责把词汇的种子一粒一粒地播入孩子的心灵土壤中。①

　　曾有日本留学经历的儿童文学作家及研究者彭懿，在图画书的译介推广、研究评论与创作方面做出了杰出的贡献，其《图画书应该这样读》《世界图画书阅读与经典》集中体现了他的图画书埋论。在《图画书应该这样读》中，他阐述了读懂图画书的七个步骤，即从图画书的封面和封底了解故事的大概、寻找藏在环衬里的"秘密"、看文字和图画怎样讲故事、思考是什么力量推动我们去翻页、反复多读几遍、欣赏版面设计、一起讨论。《世界图画书阅读与经典》从图画书的表现形式和内容入手，通过实例告诉读者如何从头至尾阅读一本图画书。该书上篇介绍什么是图画书及图画书的历史，并以 123 本图画书为实例，从开本、图画与文字的关系等诸多方面深入浅出地探讨图画书的各种形态和表现形式；下篇介绍和解读了 64 本具有重

---

① 松居直.幸福的种子：亲子共读图画书[M].刘涤昭，译.南昌：二十一世纪出版社，2013：18.

要影响的世界经典图画书,并对图画书的名称、文图作者、初版时间、出版单位、规格、页码和获奖情况进行了具体介绍。[①]彭懿在书中不仅介绍了图画书阅读的基本理论,而且给出了详细的阅读指导方法,因此他的两部著作成为我国图画书阅读理论的代表。

3.4.5 阅读学领域的相关理论对低幼儿童服务实践的指导

分享阅读理论可以运用到公共图书馆的讲故事活动中。馆员手持大册绘本或将绘本投屏,孩子在成人的陪伴下,看着图片和文字,在听故事与读故事中逐渐实现从口头阅读到书面阅读的转变,建立起字音、字义、字形之间的联系。为了让儿童与馆员之间彼此熟悉,充分互动,每次给幼儿讲故事的馆员最好能够固定。此外,馆员在讲故事前最好能够将故事的大概情节告诉孩子,这样在后期听故事的过程中,孩子就能建立起字形、字音、字义的联系,同时也便于馆员根据故事情节的发展进行提问和引导,让孩子充分融入故事中,从而调动他们阅读的积极性。在阅读资源的选择上,馆员可以选择具有重复情节、朗朗上口、富有趣味性的故事,通过不断反复,最后达到让孩子用自己的语言来复述故事的效果。

分级阅读理论在公共图书馆低幼儿童服务中的应用就是它能指导幼儿读物的选择。讲故事活动、亲子阅读活动中要选择适合某一年龄段儿童阅读水平的图书,阅览室内的图书应按照分级阅读标准分区展示,以便于家长帮助幼儿到相应区域选书。此外,根据不同年龄段儿童心理和认知发展的特点,图书馆可以推出分级阅读书目,作为家庭阅读的指导材料。图书馆作为分级阅读的积极倡导者和实践者,要结合儿童阅读与阅读推广的实践,为分级标准的建立、分级阅读体系与测评体系的构建贡献力量。

早期阅读理论总结了低幼儿童服务中的 5 种实践要素——唱、说、读、

---

① 彭懿.世界图画书阅读与经典 [M].南宁:接力出版社,2011.

写、玩，公共图书馆在对低幼儿童服务进行设计时，可以将这 5 种要素融入进去，不断丰富阅读的内容，增加阅读的趣味性，激发幼儿阅读的兴趣。公共图书馆应认识到父母在低幼儿童阅读中的重要性，将父母看作是与低幼儿童同等重要的服务对象，在服务资源、设备、布局、内容上相应地做出改变，通过父母和家庭，将公共图书馆的资源与服务延伸到低幼儿童身边。

图画书是低幼儿童阅读的主要资源类型，对图画书的定义、构成、特点等基本内容的了解以及对图画书中文与图、图画书与语言发展、图画书与教育观念革新之间关系的深层次理解，对于馆员来说有很大的帮助，能使其不断提升服务质量。对于家长而言，尽早认识到图画书在低幼儿童发展中的重要作用，掌握挑选图画书的方法，学会阅读图画书的技巧，将有助于亲子关系的发展，同时对低幼儿童早期读写能力的提升和心理、情感、社交、思维等方面的发展大有裨益。

3.5 其他领域的相关理论

阅读是一项复杂的活动，与阅读个体的心理与认知等内部因素关联紧密。低幼儿童的阅读更为复杂，因为这个年龄段的儿童始终处于快速的发展变化之中。因此，公共图书馆的低幼儿童服务（核心为低幼儿童阅读服务）不仅涉及心理学、认知行为学、脑科学等学科理论，还涉及儿童发展心理学、学前教育学、儿童文学、图书馆学等领域。除了本章详述的图书馆学、儿童心理学、学前教育学、阅读学理论外，儿童语言学、儿童文学及一些相关的理论也对图书馆低幼儿童服务的开展具有指导意义，限于篇幅，在此统一介绍。

儿童语言的获得与发展研究是心理语言学研究中最具挑战性的部分之一，学者需具有心理学与语言学方面的知识储备。儿童语言学的研究发现，所有生理发育正常的儿童都能在出生后 4—5 年内未经任何正式训练而顺利获得听、说母语的能力。0—6 岁幼儿语言的发展是儿童语言学关注的重点，因为这个阶段是儿童语言发展的关键期。这启发我们，儿童的早期阅读要抓好这个阶段，公共图书馆在开展低幼儿童服务时应结合儿童语言发展的特点，结合其语言表达能力的发展规律，从语言理解和认知基础等方面综合考虑。第二语言习得及自然拼读理论已经在英语学习中得到了充分运用，公共图书馆在开展英语阅读活动时要注意运用这些成熟的理论与方法。此外，还要注意对馆员与家长进行"儿向语"（儿童导向语言）的培训，让沟通交流以低幼儿童当前的语言水平和认知能力为基础，并以略高于其水平的语法和语言内容对其进行引导，逐步提升低幼儿童的语言水平。[1]

儿童文学是儿童读物中最重要、最核心、最具审美价值与人文内涵的一种类型。它文学性更强，能够将知识内容有机地融入作品整体的审美世界之中。儿童文学中与低幼儿童相关的一类是学前儿童文学，这是专门以 0—6 岁婴幼儿为主要对象的文学类型。稚拙美、纯真美、荒诞美是学前儿童文学区别于其他文学的美学特征。语言浅显易懂、情节生动有趣、结构条理清晰、主题具有教育性、内容具有知识性是学前儿童文学的特点。儿歌、幼儿诗、童话、幼儿故事、幼儿图画故事、幼儿戏剧是学前儿童文学的主要类型。对于学前儿童文学的美学特征、类型、语言特色的了解与掌握，有助于公共图书馆低幼儿童服务的开展。因为无论是读物的选择、购买还是阅读活动的举办和阅读书目的开列，都离不开这些知识。

除此之外，还有其他一些相关理论对低幼儿童服务的开展也有帮助，如颜色理论和音乐理论。研究证明，黄色能激发创造力，蓝色有助于沉思，绿色使人平静，紫色有助于保持记忆力，红色和耀眼的橙色易使人增强攻击欲。图书馆在设计低幼儿童阅览室的环境时，要以富有生机与活力的暖色系

---

[1] 王益明.国外关于成人的儿向言语的研究 [J].心理科学，1991（2）：43-48.

为主，给低幼儿童营造一个童话般的世界。在保障安全的基础上，室内装饰物及家具的颜色要柔和、明亮，尽量通过环境的作用提高图书馆服务的效率。[①]音乐对人的学习也会产生影响。研究证明，在音乐背景下，人们更容易回忆起其学过的单词并保留对言语的记忆，在音乐背景下的婴儿比没有在音乐背景下的婴儿学习得更快，这被称作莫扎特效应（Mozart Effect）。根据莫扎特效应，图书馆可以放一些舒缓的轻音乐，或是在给幼儿讲故事时选取一些打击乐器，如沙锤、三角铁或是小手鼓等配合活动的开展，从而使孩子学得更快、更好。英国学者卡斯 - 贝格斯（Barbara Cass-Beggs）创造的融合了音乐教学理念的"聆听、喜欢、学习法"（The Listen，Like，Learn Approach），强调在阅读过程中加入听音乐、唱歌、韵律摇摆等内容，这种方法被广泛应用于美国的婴幼儿阅读活动中。[②]

3.6　本章小结

以阅读推广为核心的公共图书馆低幼儿童服务与儿童心理学、认知行为学、脑科学、学前教育学、儿童文学、阅读学、语言学等多学科的理论相关。作为公共图书馆儿童服务的一个重要类型和组成部分，低幼儿童服务的理论基础首先来自图书馆学领域。

图书馆学领域对低幼儿童服务的开展具有影响与指导作用的理论主要有影响因素说、阅读推广理论与讲故事理论。影响因素说对影响图书馆儿童服务开展的因素进行归纳总结，帮助我们把握图书馆儿童服务的关键因

---

① Lynn Barrett, Jonathan Doughlas. The CILIP Guidelines for Secondary School Libraries [M]. London: Facet Publishing, 2004.
② Your baby needs music[EB/OL]. [2020-05-20]. https://mgol.net/about/your-baby-needs-music/.

素。低幼儿童是公共图书馆阅读推广的重点人群，阅读推广的目标之一是"使不会阅读的人学会阅读"。突破年龄限制、探索面向不同年龄段儿童的阅读推广策略是阅读推广理论需重点关注与突破的部分。讲故事理论是从讲故事实践中发展起来的，讲故事是公共图书馆为低幼儿童提供服务时普遍采用的一种方式。故事本身、讲故事的人和故事的听众是讲故事活动的三个基本要素，讲故事法、读故事法、演故事法和谈故事法是四种主要方法。公共图书馆要围绕三个基本要素和四种主要方法不断丰富讲故事的实践。

儿童心理学领域中与低幼儿童服务密切相关的有皮亚杰的认知发展理论、蒙台梭利的儿童发展观，认知行为方面主要有洛伦茨的印刻现象与关键期理论。皮亚杰认为发展是呈阶段性的，他将儿童的认知发展划分为感知运动阶段（0—2岁）、前运算阶段（2—7岁）、具体运算阶段（7—11岁）和形式运算阶段（11—15岁）四个阶段。蒙台梭利的儿童发展观认为儿童的发展是一个连续的、不断前进的过程，前一个阶段的充分发展是后一个阶段的基础，后一阶段的发展是此前各个阶段充分发展的积累和延续。洛伦茨的印刻现象与关键期理论认为，当儿童处于成长的关键期时，在适宜的环境影响下，行为习得特别容易，发展特别迅速。在关键期理论的指导下，人们发现了儿童在幼年的巨大潜力，开始重视早期教育和早期阅读。儿童心理学与认知行为的相关理论对低幼儿童服务实践最大的启示就是要区分不同阶段儿童的特点，提供有针对性的服务，抓住童年这个人生发展的关键时期。

学前教育与公共图书馆的低幼儿童服务有很多相似之处，成人用指引与教导的方式对幼儿的大脑发育进行刺激，从而使幼儿大脑各部位的功能逐渐完善。学前教育学领域对低幼儿童服务的开展具有影响与指导作用的理论主要有戈尔德什米的启发式玩耍理论、福禄培尔的学前儿童游戏论、蒙台梭利的儿童"工作"思想和维果茨基的最近发展区理论。启发式玩耍理论认为，3岁以下的幼童通过摆弄日常生活中各种熟悉的东西来刺激感官的发展，从而认识周围的世界，这一理论符合儿童早期认识世界、探索世界的规律。学前儿童游戏论认为游戏是儿童的天性，是其探索外部世界的最佳途径，是其他任何教育方式都不能取代的。蒙台梭利儿童"工作"思想中的"工作"是指儿童在有准备的环境中，通过与环境的相互作用来满足内心发展需要的自由、自主、自助的活动，是儿童喜欢并乐在其中的活动。维果茨基的最近发展区理论认为在成人的指导与帮助下，儿童可以在现有水平的基础上实现向潜在发展区的过渡。这些理论让我们意识到儿童在建构知识体系的过程中有很强的自主性，成人应鼓励儿童独立完成，让他们用自己的方式去认识和探索这个世界，只有在儿童遇到困难时才去提供帮助。公共图书馆应注意增强低幼儿童服务的趣味性，将游戏元素穿插其中。

公共图书馆低幼儿童服务的核心是阅读推广，阅读学领域中的分享阅读理论、分级阅读理论、早期阅读理论与图画书理论对公共图书馆低幼儿童服务实践具有很强的指导意义。分享阅读理论强调让儿童在共同的阅读活动中享受阅读的乐趣，从而激发阅读的兴趣。分享阅读理论认为，在早期以成人为儿童朗读为主，通过逐步提高儿童在阅读活动中的参与度，最终过渡到儿童独立自主阅读。分级阅读理论是指根据不同成长阶段儿童的身心发展和思维发展特征实施相应的阅读计划。分级实际上就是分年龄，从儿童的年龄（身心）特征、思维特征、社会化特征出发，选择、提供适合于不同年龄段儿童阅读需要的读物并指导他们如何阅读。与公共图书馆低幼儿童服务密切相关的早期阅读理论关注对早期阅读推广实践的探索，总结出唱、说、读、写、玩5种低幼儿童服务的实践要素并倡导积极将其融入低幼儿童服务中，不断丰富儿童阅读的内容，增加阅读的趣味性。对父母在早期读写发展中重要性的认识十分关键，公共图书馆应将父母作为与低幼儿童同等重要的服务主体，借助父母这一中介让幼儿更好地享受图书馆的服务，图书馆员应把幼儿阅读方面的专业知识教授给幼儿的父母。图画书是低幼儿童阅读的主要资源类型，图画书理论能够指导馆员与幼儿父母扮演好低幼儿童早期阅读旅途中的"开路人""引路人"与"同路人"角色。此外，儿童语言学、儿童文学领域也有与低幼儿童服务密切相关的理论，其他一些相关理论，如颜色理论、音乐理论等也都对低幼儿童服务的开展具有指导意义，比如读物选择、空间布局、设施设备、活动设计等。

4　公共图书馆低幼儿童服务的主体内容

公共图书馆面向低幼儿童的服务与面向成人的服务不同，因为低幼儿童尚不具备独自到馆的能力，需要家长（看护人）的陪伴。年龄越小，这种依赖性就越强。因此，公共图书馆的低幼儿童服务其实是包含面向儿童和面向家长两部分内容的，尤其是当其服务路线从"关注儿童"转变为"聚焦家庭"之后，这种趋势更加明显，低幼儿童与其家长成为公共图书馆低幼儿童服务的两大目标人群。其中，面向低幼儿童的服务围绕"听""说""读""写（画）""唱""玩"几大核心要素展开，以阅读推广为主，形式多样；面向家长的服务则以阅读指导为主，即馆员将阅读和讲故事的方法与技巧教授给家长，通过家长的中介作用，将阅读服务从图书馆延伸至幼儿家中。

4.1　公共图书馆低幼儿童服务的发展路径：
　　　从"关注儿童"到"聚焦家庭"

公共图书馆低幼儿童服务是其母体发展到特定阶段后的产物。即使在图书馆儿童服务起步较早、发展较成熟的美国，低幼儿童服务也是在儿童服务出现百年之后的 1976 年才逐步成为公共图书馆常规、普遍的特色服务项目之一的。[①] 在美国传统的公共图书馆低幼儿童服务中，馆员通过讲故事来培养儿童的阅读兴趣和阅读习惯，而家长是不允许参与其中的，因为以馆员为代表的人群普遍认为要培养儿童独立自主的阅读能力。[②] 1983 年，美国国家高质量教育委员会（National Commission on Excellence in Education）发表报告《处于危险中的国家：教育改革势在必行》（*A Nation at Risk: The Imperative for Educational Reform*），指出了家庭在早期教育中的重要性，间接推动了公共图书馆低幼儿童服务的转型，公共图书馆低幼儿童服务的路线逐步由过去的"关注儿童"转变为"聚焦家庭"，家长成为儿童早期阅读中不可或缺的人物。图书馆逐渐认识到家庭在低幼儿童早期读写活动中发挥的重要作用，开始将家长（看护人）纳入低幼儿童服务中，将其作为服务的重要对象。

4.1.1 "聚焦家庭"路线的确立——两个全国早期读写项目

公共图书馆低幼儿童服务路线从"关注儿童"到"聚焦家庭"的转变自 20 世纪八九十年代率先从美国开始，与美国对早期阅读的关注密不可分，公共图书馆低幼儿童服务最终通过两个全国早期读写项目确立起"聚焦家庭"路线。这两个项目一个是"图书馆里的每个孩子都做好了阅读准备"（Every Child Ready to Read @ your library，简称 ECRR），另一个是"图书馆里的家庭空间"（Family Place Libraries），两者均为家长教育计划，希望通过家长来帮助孩子做好阅读的准备。

ECRR 把对家长及看护者的教育看作低幼儿童早期读写教育的关键，家长能否帮助低幼儿童掌握早期读写所需的技能，将直接影响儿童后期读

---

① 潘兵，张丽，李燕博. 公共图书馆的未成年人服务研究 [M]. 北京：国家图书馆出版社，2011：24.

② Albright M., Delicki K. & Hinkle S. The Evolution of Early Literacy: A history of Best Practices in Storytimes [J].Children and Libraries: The Journal of the Association for Library Service to Children, 2009, 7(1):13-18.

写能力的发展。公共图书馆必须重视同低幼儿童的第一任"老师"——家长及看护者的合作，帮助家长扮演好孩子读写启蒙道路上首任老师的角色。这种转变的发生基于图书馆的一种认知，即儿童早期主要接触到的成人（家长及看护者）如果能够在儿童的低幼阶段认识到早期读写的重要性，并掌握在家中培养儿童早期读写技能的方法，公共图书馆的服务效率将提升很多倍。[①] ECRR 的服务理念包含：阅读是一项必备的生活技能；学习阅读需从出生开始；家长和看护者是孩子的第一任老师，也是最好的老师；让读者树立终身学习理念是公共图书馆的首要目标，公共图书馆需要帮助家长和看护者，因为他们在儿童从出生到 5 岁阶段的读写技能发展中发挥着重要的作用。[②]

"图书馆里的家庭空间"项目是建立在重新认识公共图书馆所应扮演的角色的基础上的，公共图书馆应成为幼儿识字、幼儿发展、父母教育、家庭支持与社区信息获取的中心。公共图书馆有义务为儿童及其家长打造一个有趣、舒适、友好的公共空间，让家庭成员之间及不同家庭之间能有美好的共处时光、充分的互动与交流。这个项目的核心是"父母—儿童工作坊"，这种新的服务方式打破了过去公共图书馆专注于低幼儿童的模式，转而聚焦于父母与孩子的互动，公共图书馆负责为亲子互动打造一个舒适的空间。在这个空间里，家长与孩子一起玩、一起学、一起成长，紧密地联系在一起。

4.1.2 "聚焦家庭"路线确立后低幼儿童服务的转变

两个全国早期读写项目推动美国公共图书馆低幼儿童服务路线实现了从"关注儿童"到"聚焦家庭"的转变。这个转变带来了公共图书馆资源、

---

① Every Child Ready to Read® @ your library® is a parent education initiative [EB/OL]. [2023-04-28]. http://everychildreadytoread.org/about/.

② Every Child Ready to Read 2nd Edition.[EB/OL]. [2020-08-05]. http://everychildreadytoread. org/building-on-success-every-child-ready-to-read-2nd-edition/.

空间、布局、角色、服务等的一系列变化：服务对象由儿童扩展到整个家庭，家长也被包含进来，作为一类重要人群；服务内容由儿童阅读推广转变为面向儿童的阅读推广和面向儿童家长的阅读指导两方面，在关注儿童阅读的同时也关注对家长的指导；服务空间由"阅读空间"转变为"家庭空间"，以儿童阅读为中心，服务外延不断扩展；服务氛围由"静"到"动"，亲子阅读活动使得少儿区成为图书馆中最热闹的地方。转变后的公共图书馆低幼儿童服务致力于推动儿童早期读写能力的发展和家长教育，成功地将公共资源与家庭教育结合了起来，在儿童早期成长与发展中发挥了重要作用。儿童图书馆员也相应地转变了自己的角色，他们普遍认识到自己的职责不再是社区或社会服务工作者，而是低幼儿童及其家长的教育者。

美国公共图书馆低幼儿童服务自出现后的很长一段时间内都是以讲故事为主，关注点在儿童与阅读两个方面，馆员的主要任务就是把阅读资源与儿童联系起来，培养他们的阅读兴趣，使其养成良好的阅读习惯。[1] 自 20 世纪八九十年代开始，公共图书馆作为家长教育的重要机构之一，开始认识到家长对儿童早期阅读的重要影响，认为家庭是早期阅读活动开展的重要场所。公共图书馆关注的焦点从儿童转变为整个家庭，馆员深刻认识到自身职责的转变，这个转变要求他们不仅要掌握儿童阅读的相关知识，还要不断总结归纳成人介入早期阅读的技巧，努力将低幼儿童的父母打造成为家庭早期读写教育的老师。"儿童 + 家长"的"聚焦家庭"路线确立后，低幼儿童服务的关键词由过去的"儿童""阅读"扩充为"家长""家庭""互动""参与""合作""教育共同体"，家长成为公共图书馆关注的一类重要人群，面向低幼儿童的服务因此包含了面向低幼儿童的服务与面向家长的服务两个部分。

---

[1] Annie Carroll Moore. A list of books recommended for a children's library [R/OL].[2023-03-14]. https://publications.iowa.gov/42591/1/List_of_Book_Childrens_Library.pdf.

4.2 面向低幼儿童的服务

公共图书馆面向低幼儿童的服务围绕阅读展开。这里所说的"阅读"是广义的，并不限于阅读文字，而是包含一切与阅读有关的活动。低幼儿童阅读的意义不在于通过阅读来学习（read to learn），而是学习如何去阅读（learn to read），主要目的是培养他们的阅读兴趣和阅读习惯，让他们拥有美妙的阅读体验。

4.2.1 低幼儿童服务的基本实践要素

围绕阅读开展的低幼儿童服务形式多样，但从根本上讲，离不开"听""说""读""写（画）""唱""玩"等基本实践要素。这些实践要素是由低幼儿童阅读的特点决定的。在人生的最初阶段，他们不仅用眼睛，而且调动一切感官来阅读。

由于低幼儿童不具备独立阅读的能力，他们的"读"更多的是通过"听"来完成的，"听"在阅读活动中发挥着重要作用。他们对于文字、词汇最初的接触来自父母、馆员等人，是用耳朵来"读"书的。"说"是指读书过程中低幼儿童与父母的互动，父母不要只顾着给孩子读书，要给孩子开口的机会，让他们或是用自己的话来复述故事，或是对书中的一些问题进行简单的提问，或是对主题进行探讨。通过"听"完成图书内容的输入之后，再通过"说"的方式实现一定程度上的输出，有助于孩子理解图书，对所掌握的词汇、语音、语调等进行练习，还有助于培养孩子的移情能力，让他们去感受书中人物的情绪变化。

这个时期的"读"还不是真正意义上的阅读，儿童的"阅读"大致分为翻书期、图片期、故事期和文字期4个时期，一般6岁左右的儿童才能进入读字阶段，且需要借助拼音的帮助或成人在旁的辅助与引导。① 儿童"阅读"的内容很丰富，包含读图、读表情、读动作、读姿势、读广告、读指示牌、读车站名等多种形式，不限于读书看报这种文字性阅读，这是低幼儿童"阅读"的一个特点。这个阶段的"写"是同"画"相类似的，也就是我们通常所说的涂鸦。涂鸦看似是孩子的胡写乱画，但其实是孩子探索和认识世界的方式，能反映他们的潜意识，它既是一种游戏方式，也是幼儿一种独特的表达方式。涂鸦是幼儿在语言功能尚未发育完善、无法熟练地用语言表达时，用来表达自我、让人理解自己的方式之一。他们用自己喜欢的方式，用看似杂乱无章、乱七八糟的线条来表达自己的内心，获得愉悦的感受。在孩子"听"完故事之后，成人可以鼓励他们通过"画"的方式来表达自己的思想和"读"书的感受。

"唱"是将美妙的音乐或旋律融入所"读"的词汇或句子中。馆员或父母在给婴幼儿讲故事时，可以选取一些打击乐器如沙锤、三角铁或是小手鼓等配合讲故事活动的开展，从而使孩子精力更加集中。另外，儿歌和童谣节奏明快、韵律悦耳，打着节拍给孩子唱儿歌和童谣，也是馆员或父母"读"书给孩子听的一种重要方式；如果手指脚趾也活动起来，就成为现在比较流行的手指脚趾谣。玩是孩子的天性，孩子都是爱玩的。阅读习惯的养成需要快乐的阅读体验，这是已经获得广泛认同的阅读习惯形成的规律。② 为了让孩子拥有愉快的阅读经历，应该将"玩"的因素渗透到阅读之中。在幼儿的眼里，书不但可以用来"读"，还可以用来"玩"。幼儿"读"书时通常喜欢咬书、拍书或把书扔着玩。这种充满游戏感的愉快的"玩"有助于幼儿快速融入阅读环境，获得良好的阅读体验，变被动阅读为主动阅读，有助于讲述

---

① Summer_ 亲子共修 . 儿童绘本阅读 4 个阶段——你真的会读绘本吗 [EB/OL].（2019-07-17）[2020-10-08]. https://www.jianshu.com/p/9e9abb49f124?from=singlemessage.

② 于良芝 . 图书馆情报学概论 [M]. 北京：国家图书馆出版社，2016：256.

者获得幼儿真实的反馈，从而让"读"的效果达到最佳。[①]

4.2.2 低幼儿童服务的代表性方式

公共图书馆围绕"听""说""读""写（画）""唱""玩"等基本实践要素组织与开展的低幼儿童服务是十分丰富的。其中，有代表性的低幼儿童服务方式有下列几种。

（1）讲故事。讲故事是公共图书馆提供的面向低幼儿童的最普遍的服务方式之一。它通常于固定的时间在图书馆特定的区域内举行，是馆员面对面地向孩子口头讲述童话、寓言等民间文学的一个即时交流和分享的过程。因为以绘本为故事素材，因此讲故事也称为"绘本阅读"，是公共图书馆进行阅读推广的重要方式之一。公共图书馆为了将讲故事活动打造成本馆的服务品牌，一般会给讲故事者起一个美丽的名字，在此基础上设计讲故事活动的名称，比较有代表性的如首都图书馆的"红红姐姐讲故事"[②]、张家港少年儿童图书馆的"彩虹姐姐读绘本"[③]、天津图书馆的"月亮姐姐讲故事"[④]、宁波市图书馆的"叶子姐姐讲故事"等。故事一般是成人讲、儿童听，可以由馆员一对多地讲述，也可以由家长一对一地讲给自己的宝宝听，后者即所谓的"大腿上的故事时光"。讲故事者可以手持绘本，也可以借助投影仪来讲述，甚至可以脱稿讲述。讲故事者通常经过专门的训练，掌握了讲故事的技巧。讲述方式有讲读、唱读和演读三种。讲读是最常见的一种方式，要注意讲述过程中语气、语调、姿态的变化。唱读是在讲故事的过程中配上音

---

① 陈力勤.公共图书馆0—6岁低幼儿童阅读服务中游戏元素的渗透[J].图书馆研究，2019，49（3）：80-84.

② 杨芳怀.从"红红姐姐"到"故事妈妈"——浅谈图书馆工作者对婴幼儿读者及家长的阅读指导工作[J].教育教学论坛，2013（28）：216-217+196.

③ 张丽，姜淑华."文化超市"：张家港市少儿图书馆阅读推广的新探索[J].图书馆杂志，2018，37（11）：56-62.

④ 李红.公共图书馆少儿阅读推广实践探索——以天津图书馆"月亮姐姐讲故事"为例[J].图书馆工作与研究，2018（S1）：185-187.

乐，以唱的形式来表现绘本内容。美国伊利诺伊大学厄巴纳－香槟分校的麦克道尔（Kate McDowell）副教授就是一个非常棒的故事唱读者，她将经典的儿童故事《国王的新衣》《小红帽》改编成歌曲演唱出来，深受孩子们的喜爱。演读则是借助手偶、服饰将绘本内容表演出来。[①]唱读后来衍生出了手指谣、韵律操，演读则衍生出了图画书故事衣、童话剧表演等形式。绘本延伸非常重要，在讲完故事后，讲故事者可以通过创意美术、趣味手工、提问等方式，与孩子就绘本进行讨论，从而加深孩子对绘本的理解，鼓励孩子用自己的话来复述故事。

（2）手指韵律操。手指韵律操即将朗朗上口的儿歌、童谣与手指操、韵律操结合起来，它是图书馆低幼儿童服务的一种方式。它通常作为听故事后的放松方式，让孩子通过动动手指、伸伸胳膊、踢踢腿等简单的动作，释放一下自己的能量，缓解一下听故事时较长时间坐着的"疲惫"，符合低幼儿童活泼好动的特点。特别小的孩子可由家长辅助来完成伸展与摇摆动作。苏联著名教育实践家和教育理论家苏霍姆林斯基（B. A. Cyxomjnhcknn）曾说过："儿童的智慧在他的手指尖上。"[②]对于婴幼儿来说，手指的活动便是大脑的体操。手的动作与人脑的发育有着极为密切的关系，对语言、视觉、听觉、触觉等的发展也有极大的助益。手指韵律操就是基于这个认识设计的。孩子通过肢体的活动带动大脑的活动，一方面增强了身体的灵活性与协调性，另一方面也加强了对大脑的训练，能有效提高学习能力与智力水平。

（3）"大腿上的故事时光"。"大腿上的故事时光"（Lapsit Storytime）是公共图书馆低幼儿童服务的方式之一，鼓励家长给孩子读书。从字面上来看，它非常形象，即家长将幼儿放在自己的大腿上，搂在怀中，一起阅读。这种阅读的方式既能带给孩子一种安全感，又能给孩子留下美好的阅读回

---

① 王冬梅.公共图书馆绘本阅读推广实践与思考——以淮安市图书馆为例 [J]. 图书情报研究，2020，13（1）：64-68.

② 郝丽琴.苏霍姆林斯基的课程资源观及其实践 [J]. 教学与管理，2007（24）：5-7.

忆，还能增进亲子之间的感情。美国女作家布赫瓦尔德曾说："孩子是在家长的腿上成长为读者的。"孩子早期的阅读都是从坐在父母大腿上听故事、看绘本开始的。公共图书馆可以在低幼儿童服务区放置一些休闲沙发、豆袋、地毯、装饰用的小帐篷等，给亲子阅读提供舒适、隐秘的空间，让家长与孩子能够充分地放松，享受"大腿上"的读书时光。

（4）图画书故事衣。图画书故事衣是一种将绘本故事画在故事衣上的儿童阅读推广服务新方式。故事衣从形状上看就像一个大围裙，最初在欧美被称作故事围裙（story apron）。台湾儿童文学作家方素珍率先提出并使用了"故事衣"这个名称，2017 年在广州少年儿童图书馆副馆长吴翠红及其团队的推广下，逐步在全国各地流行起来。故事衣的外形类似围裙，亦有类似连衣裙或者比较另类的，它源自欧美的幼儿教育，目的是帮助幼儿复述故事。故事衣的色彩一般比较鲜艳，围裙的裙摆要粘上或是缝上故事重要角色的纸偶、布偶及相关场景。围裙的两侧会各缝制一到两个口袋，用于存放手偶与玩具，方便讲故事者使用。后来故事衣变成一种创作，图书馆鼓励家长与孩子根据绘本故事的人物与情节自由发挥，通过画画的方式将自己的理解展示出来。[①] 图画书故事衣是绘本创作的一种方式，相比于纸质版或电子版绘本的创作，故事衣具有自己独特的优势。故事衣不仅可以在讲故事过程中当道具来使用，而且可以作为一种特殊的服装进行展示，能让活动取得较好的效果。

4.3 面向家长的服务

由于低幼儿童是共性阅读的主体，公共图书馆面向低幼儿童的服务是绕

---

① 程焕文 . 图画书故事衣：公共图书馆儿童阅读推广的新潮流 [J]. 图书馆建设，2020（2）：78-82.

不开家长这个重要群体的，尤其是在其服务路线由"关注儿童"转变为"聚焦家庭"后。家长成为联结公共图书馆服务与低幼儿童的中介与桥梁，这一角色的重要性在孩子越小时表现得越明显，因为孩子越小，对家长的依赖就越强。公共图书馆在为低幼儿童服务的同时，也必须为与之联系密切的家长服务。家长教育已成为公共图书馆低幼儿童服务的重要内容，图书馆员要同时服务于儿童与家长。其中，面向家长的服务以阅读指导为主。家长（看护人）是孩子成长历程中的第一任老师，在家庭阅读中起主导和推动作用。为了更好地将图书馆服务延伸至家庭中，达到更好的亲子阅读效果，图书馆必须加强对家长的阅读指导。面向家长的服务主要包括阅读资源的选择与阅读方法的指导两个方面。

4.3.1 阅读资源的选择

选书是阅读活动的开始。作为亲子阅读的基础与前提，阅读资源的选择非常重要，直接影响阅读的效果。作为干预式阅读的一种，亲子阅读过程中读什么书通常是由家长来替孩子选择与决定的（当然同时也要尊重孩子的意见）。为了避免选书的随意性，让亲子阅读更加科学、高效，图书馆员作为专业人士，应该为幼儿家长提供专业的指导。因此，图书馆面向家长服务的一个重要方面就是在阅读资源的选择上提供指导。为低幼儿童选择图书资源时必须抓住低幼儿童阅读的两个核心元素——图书和儿童。前者是阅读的客体，后者是阅读的主体，只有两者相匹配，才能达到较好的阅读效果。

从阅读客体——绘本的角度来看，在选择图书资源时，获取图书信息的渠道可以分为两类：正式渠道与非正式渠道。正式渠道包含阅读书目、童书大奖、图书排行榜、知名作家；非正式渠道包含面对面的交流，如朋友间的推介，还有跨时空的交流，如童书公众号上的绘本书单。

我们可以把影响阅读资源选择的因素图示如下（见图 4-1）：

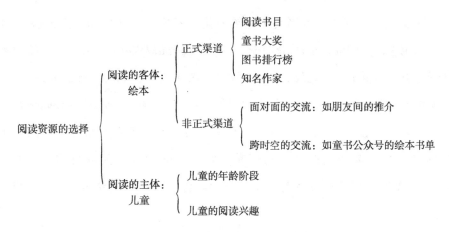

图 4-1　影响阅读资源选择的因素

　　中文儿童图书方面比较有权威性的阅读书目是国家图书馆少年儿童馆编制的一系列阅读书目。具有代表性的有《绘本 100——2014 全国少年儿童绘本阅读年指导书目》(简称《绘本 100》),该书目收录了 2004—2013 年在中国大陆地区出版的 100 种适合我国少年儿童阅读的经典优秀绘本,涵盖认知、亲情、友情、环境、人生、自然、文化、民间故事等多个主题,包括油画、版画、水彩画、水粉画、中国画、剪纸、摄影等多种绘本插画技法,没有区分年龄段;《原创 100——中国原创图画书核心书目》在《绘本 100》的基础上研制,收录了 2007—2015 年我国出版的 100 种适合少年儿童阅读的优秀原创图画书作品,涵盖认知、亲情、友情、自然、文化、战争等多种主题,涉及中国画、水彩画、油画、版画、剪纸、布艺等多种插画技法,没有严格的年龄分级;《绘本润童心——心理成长图画书导读》收录了 2007—2016 年在国内出版的 100 种国内外优秀绘本,内容涉及生命认知、自我认知、情绪管理、亲情友情、接纳差异、亲近自然和日常生活等主题。此外,爱阅公益基金会发布的《爱阅早期儿童阅读书目》为 0—6 岁幼儿及其家长、幼儿园或早期教育工作者提供了一份专业的儿童阅读书目,成为家长选择图书时的重要参考。

英文童书书目可以参考美国纽约公共图书馆《每个人都应该知道的 100 种图画书》(*100 Picture Books for Everyone Should Know*) 和《可供阅读和分享的 100 部童书》(*Children's Books 100 Titles for Reading and Sharing*)、美国《儿童文学》的《儿童文学推荐书目》(*The Children's Literature Choice List*) 等。此外，阅读推广人、绘本研究专家、绘本爱好者自发整理推出的各类书单也是家长选择阅读资源的依据，如著名阅读推广人杨政的《爸爸书单》、儿童文学理论研究者与儿童文学翻译者彭懿的《世界图画书阅读与经典》等。①

获奖童书是优质阅读资源的保障，是经过专家检验、获得大众认可的优秀读本，也是常常被选入推荐书目的作品。除了阅读书目外，童书奖获奖作品也是家长选择童书时的一个参考依据。美国加利福尼亚州立大学圣贝纳迪诺分校图书馆的参考咨询馆员巴特尔（Lisa Bartle）对美国、加拿大、澳大利亚、新西兰、英国、爱尔兰 6 个英语国家的 174 个童书奖项进行了汇总、整理，她制作的奖项一览表涵盖了凯特·格林纳威奖、国际安徒生奖、凯迪克大奖、纽伯瑞儿童文学奖等国际知名童书大奖，可以说是英语世界童书奖大全②（详见附录 4），家长挑选绘本时可以以此为依据。对于中国的家长来说，同时需要关注中国的童书大奖，代表性奖项如陈伯吹国际儿童文学奖、全国优秀儿童文学奖、冰心儿童文学奖、丰子恺儿童图画书奖、信谊图画书奖及儿童文学牧笛奖等。除了童书奖外，一些国际知名的图画书展也经常是选择优秀作品的参考，如意大利博洛尼亚国际儿童书展、布拉迪斯拉发国际插画双年展、波隆那国际儿童书展、加泰隆尼亚国际插画双年展等，家长在选书时可以关注书展的最新信息。

---

① 胡春波，邓咏秋，陆幸幸. 不能错过的亲子阅读：0—4 岁 [M]. 北京：国家图书馆出版社，2016：93.

② Database of Award-Winning Children's Literature. Calendar of Awards[EB/OL].（2023-2-25）[2023-2-27]. http://www.dawcl.com/calendar.asp.

　　图书排行榜一般是网上图书销售平台（如京东、当当、亚马逊等）或图书馆（绘本馆）根据图书销售量或读者借阅量列出的排行榜单。京东、当当、亚马逊等网站每个月或每个季度都会公布图书销量排行榜，作为消费者购买图书时的参考依据。相比于销售量来说，图书的借阅量更具说服力，因为销售好的书可能得益于首发时营销的加持，而持续保持高借阅率的图书才是经得起时间考验的好书。图书馆一般会以月份、季度、年度为单位，根据图书的借阅量公布排行榜。绘本馆是除图书馆外最具权威性的童书借阅量统计单位，给出的榜单具有较高的参考价值。老约翰绘本馆的创始人俞富良先生曾经说过："相比销售排行榜，来自绘本馆的借阅排行榜，能够更真实地反映一本书的'实力'。"[①]绘本馆中最具代表性的是老约翰绘本馆，该馆自 2011 年推出借阅排行榜，至今已经持续了十多年，该榜单是行业内最客观、最符合儿童审美的借阅排行榜之一。通常登上此榜单的绘本都是读者比较认可或是知名度比较高的，经过了大众的初步筛选，可以作为家长选择图书的参考依据之一。杂志社与民间组织、公益基金会、行业协会等推出的排行榜也是值得关注的，如《父母必读》杂志与红泥巴读书俱乐部每年推出的优秀童书 Top 10、中国图书馆学会阅读推广委员会评选的年度十大童书等。英语绘本排行榜中比较知名的有美国的彩虹阅读好书榜（Reading Rainbow Book，PBS Kids）、美国国会图书馆最佳童书（Best Book for Children，Library of Congress）、美国图书馆协会童书推荐（Notable Children's Book，American Library Association）、美国《AB 出版人周刊》20 世纪 100 本最佳读物（100 Best Book of the 20th Century，AB Bookman's Weekly）等。

　　绘本作家和儿童文学作家本身就是非常好的选书指引。绘本界大师如安东尼·布朗、李欧·李奥尼、宫西达也、林明子、大卫·香农、理查德·斯凯瑞，还有我国儿童文学家曹文轩和郑渊洁等，他们的作品拥有自己的风

① "史上最强绘本书单"——第一份孩子选出来的榜单 [EB/OL].（2018-09-02）[2020-10-30]. http://www.360doc.com/content/18/0902/07/35356007_783189192.shtml.

格，也经过了国内外市场的考验，已经成为好书的代名词。著名绘本编辑邢培建曾说："如果你在书店遇见'林明子'，一定要把它带回家！"①这是通过绘本作家选书的最好例子。宫西达也的"恐龙图书"、间濑直方的"开车出发系列"都是男孩子喜欢的绘本，林明子的系列图书故事动人、情感饱满、画面甜美，非常适合女孩子阅读，李欧·李奥尼绘本的主角因独特、与众不同而给人留下深刻印象，且图书主题富有哲理。美国杰出学前教育专家、幼儿园教师佩利在《共读绘本的一年》中，详细记录了孩子们阅读李奥尼作品的反应与感受，为幼儿园绘本阅读的开展提供了成功的样板。这本书详细记录和介绍了李奥尼的作品，从侧面反映出一位绘本家的影响力。②通常喜欢一位作家就会喜欢他的大部分作品，大师的绘本质量一般都有保证，因此通过绘本家尤其是知名绘本家来寻找、挑选绘本也是一个好途径。

除了阅读书目、童书大奖、图书排行榜、知名作家等正式渠道外，还可以通过朋友之间的推介或是家长之间面对面的交流来获取优秀绘本的信息。早期阅读的重要性逐渐在家长群体中得到了广泛认可，同龄家长彼此之间的分享与交流是获取图书信息的一个重要途径，图书馆组织的亲子读书会也为家长们的交流搭建了平台。此外，家长的私藏书单也值得与孩子共享，如扎克伯格就喜欢给女儿看《宝宝的量子物理学》，奥巴马则喜欢给孩子们讲《野兽国》，编辑贾森·布格喜欢与女儿奥利芙一起分享《晚安，月亮》《走开！别烦我！》和《熊侦探》等。根据孩子与家长的喜好，确定具有符合自己个性和喜好的书单，更有针对性。

互联网与计算机技术增加、扩大了交流的渠道与范围，在家长面对面交流之外，朋友圈及一些绘本公众号的推介也为家长选书提供了思路。一些图书馆或亲子类、阅读类公众号会定期发布一些有特定主题或与某一时间节点

① 林明子作品集锦 [EB/OL].（2017-07-14）[2020-10-30]. http://www.360doc.com/content/17/0714/10/45391964_671231749.shtml.
② 佩利.共读绘本的一年 [M].北京：北京联合出版公司，2018.

（如节假日或节气）有关的图书清单，如杭州图书馆的"杭图小小图书导航员"。一些公益性或营利性的以儿童教育为主题的微信公众号，如"绘本阅读屋""萌宝私人顾问""爱读童书妈妈小莉""绘本精选"等，不仅会按不同类别给出阅读书单，如儿童科普类、亲情友情类、游戏益智类、日常生活类、儿歌童谣类等，而且有的还会针对儿童成长过程中某一阶段的具体问题来策划推文内容，如分离焦虑缓解类、幼儿园入学类、情绪管理类、良好习惯类、死亡主题类等。这些公众号有的还有在线阅读链接，可以作为孩子阅读的一种补充方式（当然还是鼓励家长陪伴孩子阅读，机器永远代替不了家长的陪伴）。此外，这些公众号开出的主题类书单，可以为孩子提供相同主题的一类图书，既可以作为图书馆开展主题阅读活动的参考依据，也可以作为亲子阅读的书目。

从阅读主体——儿童的角度出发，家长在选择图书时需考虑两个方面的因素，即儿童所处的年龄阶段与阅读兴趣。不同年龄段儿童的语言、认知和理解能力各不相同，要分别选择合适的图书。著名图书馆学家刘国钧先生在《儿童图书馆和儿童文学》中就指出，儿童书籍的选购要顾及儿童发育各时期的心理状态。他将儿童分为前儿童期、后儿童期和前青年期，不同时期的儿童有不同的阅读偏好，喜欢不同类型的图书，如前儿童期的儿童喜欢歌谣、童话，后儿童期的儿童喜欢能激发勇气的、伟人的故事，前青年期的儿童则更喜欢情感类的图书，开始意识到自己与社会的关系。[1]这种阶段性在低幼儿童时期表现得更加突出，阶段的划分更加仔细。如1岁之前每3个月为一个阶段，1岁以后则每半岁为一个阶段。[2]低幼儿童图书一般都会在封面上标明适合的年龄段，供家长在选书时参考。一些阅

---

① 刘国钧.儿童图书馆和儿童文学[M]// 刘国钧.刘国钧图书馆学论文选集.北京：书目文献出版社，1983：4-10.

② 胡春波，邓咏秋，陆幸幸.不能错过的亲子阅读：0—4岁[M].北京：国家图书馆出版社，2016：22-68.

读参考书目也是分阶段的，最具代表性的有接力儿童分级阅读研究中心的《中国儿童分级阅读参考书目》（2019年版）。它按0—3岁、4—6岁、7—8岁、9—10岁、11—12岁五个年龄段划分，每个年龄段推荐40种，共200种优秀图书可供选择。[①] 亲近母语研究院于2022年推出的分级阅读书目（0—12岁）细分为0—3岁、3—4岁、4—5岁、5—6岁等阶段。[②] 2020年4月，亲近母语研究院先后修订并发布《中国小学生分级阅读书目》（2020年版）与《中国儿童分级阅读书目·幼儿版》（2020）。前者针对一至六年级的小学生，共选出图书600本，每个年级各100本，主要分为课程书目和自主阅读书目两大类别[③]；后者以0—6岁幼儿身心发展规律为依据，遵循儿童性、经典性与教育性三个基本原则，细分为0—3岁、3—4岁、4—5岁与5—6岁四个阶段，入选图书达280本，着重增加适于幼儿在3—6岁入园阶段阅读的图书及认知百科类图书[④]。新教育研究院新阅读研究所推出的《中国幼儿基础阅读书目》按0—3岁、3—4岁、4—5岁、5—7岁划分，分为《基础书目表》和《推荐书目表》两类。可见在阅读资源的选择上，孩子所处的年龄段是一个重要的参考因素。[⑤]

---

① 中国儿童分级阅读参考书目 [EB/OL].（2019-03-20）[2020-10-21].https://wenku.baidu.com/view/5a591494b3717fd5360cba1aa8114431b90d8e8d.html?_wkts_=1677467917292&bdQuery=%E4%B8%AD%E5%9B%BD%E5%84%BF%E7%AB%A5%E5%88%86%E7%BA%A7%E9%98%85%E8%AF%BB%E4%B9%A6%E7%9B%AE.

② Alice 爱丽丝育儿 . 亲近母语权威专家共同甄选，0—12岁分级阅读书目重磅发布 [EB/OL].（2022-04-06）[2022-10-21]. https://3g.163.com/dy/article/H484B5FM05468WWH.html.

③ 重磅! 中国小学生分级阅读书目（2020年版）发布 [EB/OL].（2020-04-03）[2021-01-05]. https://www.sohu.com/a/385287530_243614.

④ 超级早教专家 . 重磅｜中国儿童分级阅读书目·幼儿版（2020）发布! 建议收藏! [EB/OL].（2020-12-17）[2021-01-04]. https://mp.weixin.qq.com/s/3n7A_fOGSW7d4s_JYXN5AQ.

⑤ 新教育研究院新阅读研究所推荐必读书目及选读书目 [EB/OL].（2018-04-07）[2020-10-21]. http://www.doc88.com/p-5466418293607.html.

儿童的阅读兴趣也是选书时需特别注意的一个因素。阅读兴趣因人而异，极具个性化，家长可根据自己孩子的兴趣和特点选择某一类图书。阅读兴趣同一个人的喜好有关，而性别作为一个共性因素，具有一定的规律性。刘国钧先生曾指出性别对于儿童阅读喜好的影响："如同是动物书，男童爱的是野兽，女童爱的是家养的动物；男童读历史、科学、旅行的书多；女童读诗歌、小说的多；男童爱冒险，女童爱情感。"[①]家长对此一般都深有体会，男孩对于恐龙、汽车主题的图书特别喜欢，女孩则对于小动物、公主主题的图书比较喜爱，因此选书时可依据性别来选择，同性别的孩子在阅读喜好上有一定的共性。当然，现实中也存在一些特殊情况，因此家长在选择图书时也应结合孩子的特点做出决定，毕竟阅读是一项十分个性化的活动。

4.3.2　阅读方法的指导

公共图书馆低幼儿童服务路线从"关注儿童"转变到"聚焦家庭"后，家庭在早期阅读中的重要性越发凸显，孩子年龄越小，这种重要性就表现得越明显。早期阅读的效果与家长的水平密切相关，为了提升早期阅读的效果，充分发挥图书馆在早期阅读中的重要作用，必须抓住家长这类重要人群。图书馆员应将自己的专业知识教授给家长，让其更好地指导幼儿开展早期阅读。

馆员在教育儿童的同时也必须担负起指导家长的重任，这个转变要求他们不仅要掌握儿童阅读的相关知识，还要不断总结归纳成人介入早期阅读的技巧，努力将低幼儿童的家长打造成家庭早期读写教育的老师。除了在阅读资源的选择上提供指导外，馆员还应在阅读方式、阅读时间、阅读姿势等方面向家长提供一些科学方法与建议。

由于不同阶段的儿童在行为动作、认知、语言、注意力、沟通能力、情

---

① 刘国钧 . 儿童图书馆和儿童文学 [M]// 刘国钧 . 刘国钧图书馆学论文选集 . 北京：书目文献出版社，1983：4-10.

绪等方面呈现出不同的特点，因此针对每个年龄段孩子的阅读方法也大不相同。例如，对 2 岁以前的孩子常采用的亲子阅读姿势是把他们抱在怀里，让他们坐在家长的大腿上，一起读书。2 岁以后的孩子可能更喜欢跟家长并肩坐着。0—1 岁的宝宝选择性倾向听力还比较弱，所以最好给宝宝打造一个绝对安静的阅读环境，只有宝宝与家长两人在场。阅读的时候家长要通过音调、表情的变化，吸引宝宝的注意，调动宝宝的触觉、听觉、视觉等多种感觉，可以选择触摸与感知类图书。读书时使用的语言要简短，可以选择无字书或文字简短的图书。两句话之间要有短暂的停顿，以帮助宝宝理解句子。阅读时长从一两分钟开始，随着宝宝的成长逐渐加长。[①] 对于 2—3 岁的宝宝，不必再采用夸张的、较高的、时有变化的音调，而要尽量放慢语速，吐字清楚，使用规范语言。在宝宝感兴趣的情况下，可以慢慢引导宝宝复述图书的内容。在这个阶段，家长要帮助孩子建立起语音、语义与字形之间的联系，可以通过指读的方法，让宝宝认识到文字的阅读顺序是从左到右、从上到下的。阅读的时长没有硬性规定，可根据宝宝的兴趣与精力来决定。[②] 低幼儿童阶段性的发展特征决定了家长在指导其阅读时，一定要结合他们心理与生理发育的特点，有针对性地提供帮助。

还有一些通用的阅读指导方法，家长在帮助孩子开展早期阅读的过程中可以借鉴。

（1）互动式阅读。互动式阅读指的不是家长和孩子坐下来阅读一本书这种行为，而是指家长与孩子就图书展开对话的行为。[③] 这种方法源于美国教育部前教育科学研究院主任、儿童发展领域专家怀特赫斯特博士的对话式阅读项目。他通过实验证明了参与互动式阅读的孩子比单向阅读的孩子在语

---

① 金德政.悦读宝贝——0—3 岁亲子阅读手册 [M].北京：国家图书馆出版社，2014：6-9.
② 金德政.悦读宝贝——0—3 岁亲子阅读手册 [M].北京：国家图书馆出版社，2014：25-28.
③ 布格.阅读力：未来小公民的阅读培养计划 [M].肖琦，译.北京：中信出版社，2018：前言 XVIII.

言测试中所得分数要高。这个实验表明，重要的不仅是家长给孩子读书这个行为，也包括家长给他们读书的方法——合理的互动式阅读技巧是每个家长都应该掌握的。这种阅读方法的核心就是家长与孩子合作、分享。因此在读书时，家长一定要注重与孩子的互动，鼓励孩子去思考、去表达。

（2）重复阅读。家长可能都有过这样的经历：一本不起眼的小书受到了孩子的钟爱，书都翻得快散架了，孩子还要求自己去给他们读。孩子为什么对某一本书情有独钟？这就告诉我们重复在儿童早期学习中的重要性，宝宝是通过不断的重复来学习的。这种方法可以帮助孩子从学习简单的单词过渡到理解复杂的句子。不断重复的阅读可以帮助孩子逐步扩大词汇量。通过一遍又一遍的重复，儿童逐步实现图文匹配，理解文字的含义，积累早期阅读和书写的经验，这也是低幼儿童绘本中字句不断重复出现的原因。研究表明，3—5次重复阅读可明显提高儿童图画书的阅读效果。因此，家长在阅读过程中要适当注意重复。[①] 除了重复阅读外，家长可以和宝宝共同复述故事内容，在可能的情况下鼓励宝宝独立完成复述。

（3）融入式阅读。所谓融入式阅读，指的是家长和孩子以读本为材料，将读本中的人物、故事情节及主要内容以多种形式再现出来的过程。[②] 这种方法建立在家长与孩子对绘本已经比较熟悉的基础之上，家长和孩子由此更进一步地解读与演绎读本内容。在孩子年龄较小的阶段，融入式阅读多指家长的融入，即家长在讲故事过程中加入肢体动作、夸张的表情及声音，让故事变得更加生动。对故事稍加夸张地表演，可以让孩子的读书体验变得更加

---

① 韩映虹，康立超."重复阅读"对孩子有多重要？ [EB/OL].（2019-12-20)[2020-11-10]. https://mp.weixin.qq.com/s?__biz=MzA5OTEyMDg0MA==&mid=2650740307&idx=1&sn =253c825f8a7dbb2450a147daa2e7c36b&chksm=888c95f4bffb1ce29b09b0becd0f32b67be55 0a08d11987e952368108794b203259dcfaefdab&scene=27.

② 周燕.三种亲子阅读方式，让阅读更精彩 [EB/OL].（2018-03-15)[2020-11-10]. http:// www.fx361.com/page/2018/0315/3230809.shtml.

美妙。①孩子稍大之后，融入式阅读就可以通过家长与孩子之间的角色扮演实现，这是非常有效的亲子阅读策略。在角色扮演中，亲子之间的情感得到了升华。图书馆的童话剧表演、图画书故事衣就是基于绘本的加工与再创作，是融入式阅读的体现。除了角色扮演外，还可以通过绘画创作继续深化对绘本的阅读。既可以画书中角色，也可以给书中角色涂色。现在很多绘本都有配套的涂色书，如《花格子大象艾玛》《小小斯凯瑞——金色童年纸板书》等。尤其是《花格子大象艾玛》，它通过不同的小色块锻炼孩子的动手能力，加强孩子对绘本角色的理解。此外，还可以依据绘本中的角色创编新故事，图书馆里的"原创绘本""电子书制作"等活动就是对孩子创意的开发。在自制绘本的过程中，家长和孩子能感受到绘本的生命与灵性，拥有美好的阅读体验。

（4）阅读中的停顿。早期阅读最初是通过家长朗读、孩子倾听进行的。家长的声音通过孩子的耳朵输入他们的大脑，这个过程是需要孩子对语言进行一定的加工与处理的，而适当的停顿可以让孩子有一个消化的时间，这在孩子小的时候尤其重要。"牵着一只蜗牛散步"是对家长教育儿童最贴切的比喻，早期阅读也是如此，家长不是挥着鞭子让孩子跑步，而是和孩子一起放慢脚步，享受静待花开的美好。②给孩子读书，很像是在和他们散步，需要一路上多次停下脚步。加拿大童书作家吉林厄姆（Sara Gillingham）认为，要鼓励读书中的停顿，把这种停顿当作互动的好机会。③只有配合"蜗牛"们的步伐，一起欣赏成长之路上的风景，才能欣然享受孩子在成长中带来的独特的美，才能带来高质量的早期阅读。

---

① 布格.阅读力：未来小公民的阅读培养计划 [M].肖琦，译.北京：中信出版社，2018：74.

② 教育孩子就像牵着一只蜗牛去散步 [EB/OL].（2018-08-07）[2020-11-10]. https://wenku.baidu.com/view/0fe1454bdf80d4d8d15abe23482fb4daa58d1daa.html.

③ 布格.阅读力：未来小公民的阅读培养计划 [M].肖琦，译.北京：中信出版社，2018：70.

4.3.3 家长服务的具体方式

"聚焦家庭"的服务路线确立后，家长与儿童一起成为公共图书馆的服务对象。在低幼儿童的阅读活动中，家长既是参与者、陪伴者，也是教育者、引领者。公共图书馆面向家长服务的最终目的是更好地服务低幼儿童，图书馆希望通过家长这个媒介，借助家庭这个阵地，让儿童接触到图书馆丰富的资源与知识。基于这个目的，公共图书馆低幼儿童服务中的家长服务与图书馆一般的成人服务不同，家长不再是图书馆的目标读者群，而是在家庭中开展低幼儿童阅读服务的实施者。因此，这里所说的公共图书馆面向家长的服务以培训、指导为主，目的就是将家长打造成儿童的第一任同时也是最优秀的老师。

公共图书馆面向低幼儿童家长的服务以培训与指导为主，具体方式有以下四种。

（1）阅读指导。一是在发放给低幼儿童家庭的阅读礼包中加入家长阅读指导手册，如英国的"阅读起跑线"，美国的"图书馆里的每个孩子都做好了阅读准备"，德国的"起点阅读——阅读的三个里程碑"，我国苏州图书馆的"悦读宝贝计划"、浙江省宁波市鄞州区的"明州零岁宝贝悦读计划"等项目，都在阅读礼包中附有给家长的亲子阅读指导手册，上面有关于阅读资源选择和阅读方法的指导。阅读包中的亲子阅读手册一般有非常强的可操作性，家长可以通过自学的方式掌握亲子阅读的技巧与方法。二是现场的阅读指导，图书馆一般会邀请在亲子阅读教学方面经验丰富的老师，围绕绘本如何选择、如何阅读、亲子阅读方法等方面展开讲解，这种方式有效且具有针对性。

（2）志愿培训。低幼儿童对成人的依赖性决定了公共图书馆面向这类群体的服务需要成人的介入与帮助，如讲故事活动就是由成人讲给儿童听的。除馆员外，通常会有一些志愿者来为孩子们讲故事，她们被称为"故事姐姐"或"故事妈妈",她们中很多人的身份都是母亲。由于公共图书馆低幼儿童服务涉及儿童文学、心理学、教育和阅读等多个领域,因此"故事妈妈"们上岗前需要接受专业的培训。接受培训后,她们不仅可以更加科学地自己在家为宝宝读书,而且能在图书馆里服务更多的小朋友。苏州图书馆就开展了"悦读妈妈"志愿培训活动,培训课程分为故事妈妈课堂、营养妈妈课堂、保健妈妈课堂、智慧妈妈课堂、成长妈妈课堂五个模块。在课堂上,妈妈们不仅能学习到阅读的知识,还能学到儿童生理、心理及卫生、营养健康等方面的知识。通过培训,她们不仅能掌握阅读的方法与技巧,还能学会如何开展阅读的延伸游戏。培训合格的妈妈们会被分配到苏州图书馆的各个分馆、社区图书馆或书城中,为孩子们带去专业的讲故事服务。[①]

（3）专题讲座。为了提高亲子阅读的质量,指导家长科学育儿,图书馆经常会邀请儿童文学家、心理咨询师、营养健康师、阅读指导专家及经验丰富的幼儿园老师等来为家长们开展讲座。围绕亲子阅读举办的各类亲子讲座,在我国公共图书馆中比较普遍,如重庆图书馆、上海浦东图书馆、温州图书馆、苏州图书馆等都开设有此类讲座,通过邀请各领域名家,为家长提供面对面的指导。[②]通过讲座让家长意识到早期阅读的重要性,树立起亲子共读的意识,并教授家长开展亲子阅读的具体方法,如如何为孩子读绘本,阅读时的姿势、语气,阅读时长的把握,阅读方法的选择等。参加讲座的家长普遍反映受益良多,这种专题讲座对家庭中亲子阅读的开展提供了很大的帮助。

（4）家长沙龙。相比于讲座,沙龙的氛围更加轻松,它鼓励家长之间的分享与交流。沙龙更具针对性,每次会选择一个主题,如分离焦虑、人格发展、心理健康、营养卫生等,并邀请相关领域的专家介绍经验,鼓励家长

① 许晓霞,陈力勤,白帅敏,等.公共图书馆低幼儿童服务 [M].北京:国家图书馆出版社,2019:224-225.
② 许晓霞,陈力勤,白帅敏,等.公共图书馆低幼儿童服务 [M].北京:国家图书馆出版社,2019:158-159.

进行经验的分享。目前，借助互联网与计算机技术，除了线下面对面的探讨与交流外，图书馆还建立了家长微信群、QQ群等，这就突破了时空限制，让家长们能随时随地交流育儿心得，分享亲子阅读的材料。活动后，馆员会及时总结、归纳并整理相关课件做成回放资源，在图书馆的官方网站、微信公众号上发布，让更多的家长受益。只有儿童抚养人的综合素质提升了，公共图书馆的低幼儿童服务才能获得高质量的发展。

上述四种家长服务方式并不是相互排斥的，而是相互交叉、相互渗透的，比如志愿培训中会有专题讲座与具体阅读方法的指导，家长沙龙中也会安排专家讲座、志愿服务等。

4.4　本章小结

公共图书馆低幼儿童服务路线从"关注儿童"转变为"聚焦家庭"后，家长在低幼儿童早期阅读中的重要性逐步受到重视，成为低幼儿童之外公共图书馆关注的一类重要人群。为了提升早期阅读的质量，必须提高儿童家长的综合素养。因此，公共图书馆低幼儿童服务的主要内容就划分为面向低幼儿童的服务和面向家长的服务两部分。面向低幼儿童的服务围绕阅读推广展开，以阅读为核心，涵盖"听""说""读""写（画）""唱""玩"等基本实践要素。代表性的低幼儿童服务方式有讲故事、手指韵律操、"大腿上的故事时光"、图画书故事衣。面向家长的服务以培训与指导为主，主要包括阅读资源的选择与阅读方法的指导两个方面。为低幼儿童选择图书资源必须抓住低幼儿童阅读的两个核心元素——图书和儿童。前者是阅读的客体，后者是阅读的主体，只有两者相匹配，阅读效果才能达到最好。从阅读客体的角度来看，获取图书信息的渠道可以分为两类：正式渠道与非正式渠道。正式渠道包含阅读书目、童书大奖、图书排行榜、知名作家；非正式渠道包含面对面的交流，如朋友间的推介，此外还有跨时空的交流，如童书公众号上的绘本书单。从阅读主体的角度出发，在选择图书时需考虑两个方面的因素，即儿童的年龄阶段与阅读兴趣。家长服务的具体方式主要有四种，即阅读指导、志愿培训、专题讲座与家长沙龙。这四种方式并不是相互排斥的，而是相互交叉、相互渗透的。

5 公共图书馆低幼儿童服务模式的构建

低幼儿童自身的特殊性（成长发展的阶段性、对成人的依赖性、与相关群体的关联性）使得低幼儿童服务成为公共图书馆的特色服务之一。低幼儿童服务不仅对儿童自身成长有重要意义，而且与图书馆的可持续发展密切相关，甚至关乎国家和民族的未来，因此受到了图书馆、家庭及社会多方面的重视。低幼儿童服务虽然起步较晚，但发展迅速，已经成为公共图书馆服务中独具特色的部分。为低幼儿童提供高质量的图书馆服务，已经在国内外图书馆界达成了共识。在儿童本位、儿童优先等理念的推动下，许多国家在实践中积极摸索，推出了在全球有影响力的低幼儿童服务品牌，如英国的"阅读起跑线"、美国的"出生即阅读"、德国的"起点阅读——阅读的三个里程碑"等。我国公共图书馆的低幼儿童服务率先在经济发达、图书馆事业先进的东部地区起步，以学习、模仿欧美发达国家为主，涌现出了苏州图书馆的"悦读宝贝计划"、杭州少年儿童图书馆的"小可妈妈伴小时"、张家港市少年儿童图书馆的"手指谣亲子读书会"等服务品牌。本章试图对中外代表性案例进行深层次的剖析，在此基础上构建出公共图书馆低幼儿童服务的模式，希望能够总结出成功的实践经验供移植与复制，从而推动公共图书馆低幼儿童服务不断高质量发展。

5.1 公共图书馆低幼儿童服务模式构建的关键要素

在构建公共图书馆低幼儿童服务的模式时有一些无法绕开的关键要素，如服务对象、服务阵地、服务重心、服务内容、服务策略与服务渠道等。只有厘清这些关键点，低幼儿童服务模式的构建才能更加科学。因此，本章在构建公共图书馆低幼儿童服务的模式之前，先对其关键要素进行梳理，从而在构建时充分考虑、合理搭配。

5.1.1 服务对象：低幼儿童 + 家长

与图书馆的成人服务不同，面向低幼儿童的服务外延性非常强，它不仅服务低幼儿童这个群体，而且将与之密切相关的群体都包含在内，其中最为重要的就是作为看护人的家长。因为低幼儿童通常不具备独立到馆、独自阅读的能力，他们对家长的依赖性使得家长也同时成为公共图书馆低幼儿童服务面向的对象。尤其是在低幼儿童服务的路线经历了由"关注儿童"到"聚焦家庭"的转变后，图书馆愈加重视家长在服务中的重要地位。只有让家长意识到早期亲子阅读的重要性，掌握图书资源选择与亲子阅读的科学方法，才能从根本上提升亲子阅读的质量。因此，公共图书馆在设计面向低幼儿童的服务时应同时考虑低幼儿童与其家长两类人群，不论是在资源建设、空间设计，还是在活动策划上都应将两者涵盖在内。

5.1.2 服务阵地：图书馆 + 家庭

3 岁之前，低幼儿童生活与活动的主要场所是自己的家，早期的阅读启蒙是在家中发生的，阅读兴趣与阅读习惯也是在家中养成的。亲子阅读在孩子出生后就可以开始了，甚至更早，在胎儿期就可以开始了。随着家长逐渐认识到早期阅读的重要性，亲子阅读开始得越来越早，家庭逐渐成为早期阅读开始的地方。家长熟悉的声音就是对婴儿极好的安抚，年幼时听家长讲故事、读绘本，成为许多人童年的美好回忆。3 岁之后，随着生理与心理各项机能的发展，儿童的活动区域不断扩大，家长开始频繁地带领他们进入各种公共场所。此时，公共图书馆成为继家庭之后开展低幼儿童服务的另一重要阵地。

5.1.3 服务重心：阅读推广＋阅读指导

公共图书馆低幼儿童服务面向儿童与家长两类群体，面向前者的服务以阅读推广为主，面向后者的服务以阅读指导为主。公共图书馆低幼儿童服务的目的就是让儿童从小培养阅读的兴趣，养成良好的阅读习惯。所有的服务都围绕阅读展开，通过阅读推广，让家长意识到早期阅读的重要性，让儿童尽早开始自己的阅读之旅。无论是发放阅读包还是在馆内组织开展各项活动，目的都是希望通过积极干预的方式介入到儿童的早期阅读之中，辅助家长尽早开始亲子阅读。家长作为孩子成长旅程中的第一位老师，他们对早期阅读的认识与执行力直接关系到早期阅读的质量。公共图书馆凭借自身的资源与人员优势，通过对家长的阅读指导，间接影响儿童的早期阅读。公共图书馆希望通过家长这个纽带，将阅读服务由图书馆延伸至幼儿家中。为了让家长成为孩子早期阅读之路上合格的引导者，馆员要在阅读资源、阅读时间、阅读方法等方面对幼儿家长进行指导。

5.1.4 服务内容：阅读包＋故事会＋培训＋讲座

围绕两类服务对象（低幼儿童＋家长）和两个服务重心（阅读推广＋阅读指导），公共图书馆低幼儿童服务的内容主要分为四大类，即发放阅读包、举办故事会、开展培训与开设讲座。其中，阅读包与故事会主要是面向低幼儿童的。发放阅读包就是将与阅读相关的资料打包发放到低幼儿童家中，让家长来带动儿童阅读；故事会则是在图书馆内开展的以阅读服务为核心的活动，分为读故事、讲故事、演故事与谈故事等多种形式，由馆员与志愿者带动儿童阅读。[①]培训与讲座均是面向家长的，由馆员或相关领域（儿童文学、儿童教育学、心理学、保健科学等）的专家围绕某一具体主题（亲子阅读指导、儿童营养保健、分离焦虑等）对家长进行指导，或是围绕某一目标，如"故事妈妈"的培养，对家长进行系统的培训，目的就是帮助家长解决育儿及亲子阅读中遇到的问题，把父母打造成为低幼儿童早期阅读的高质量引导者与陪伴者。

5.1.5 服务策略："走出去" + "引进来"

低幼儿童的阶段性特征决定了他们活动的区域范围，孩子小的时候，主要活动区域是家中，父母是其最好的阅读启蒙老师。因此，公共图书馆介入儿童早期阅读时通常采取"走出去"的策略，将阅读服务延伸至社区或幼儿家中。目前比较通用的方法是发放阅读包，即将阅读资源、阅读指导手册、阅读工具等材料打包发放到低幼儿童家中。在儿童稍大一些、具备到馆能力后，图书馆则会面向不同年龄层儿童开展不同的阅读活动，如面向2—3岁儿童开展手指谣、韵律操活动，面向3—6岁儿童举办故事会。服务策略由最初的"走出去"转变为"引进来"，通过定期的阅读活动，将低幼儿童及其家长吸引到馆里来。当然，在"引进来"的同时，图书馆也会结合"走出去"策略，进行阅读推广与阅读资源的推介。很多图书馆会结合节假日或节庆日进行相关阅读活动的策划，此外还会定期派出流动图书大篷车，到幼儿园或社区进行现场的图书资源借阅与归还，将阅读资源和服务送到孩子身边。

5.1.6 服务渠道：线上 + 线下

借助互联网与计算机技术，除了在馆内开展各项阅读活动外，公共图书

---

① 张丽. 图书馆与儿童早期阅读的开展：理念、方法与技巧 [J]. 山东图书馆学刊，2016（3）：11-15.

馆还在自己的官方网站或微信公众号上进行阅读推广与阅读指导活动，常见的形式有新书推介、主题故事会、活动的预告与预约等。线上与线下已成为公共图书馆开展低幼儿童服务的两大渠道。尤其是 2019 年底新冠疫情暴发后，作为公共空间的图书馆纷纷将服务由线下转到线上，甚至把线上服务作为重心。新冠疫情的特殊时期，由于人们对手机的依赖性，微信公众号成为图书馆宣传与推广服务的重要渠道。低幼儿童服务的主要活动方式——讲故事，成功被移植到线上，突破了过去参与人数和时间、空间的局限。上海浦东图书馆微信公众号推出的"浦宝故事会"就是其中的代表。"浦宝故事会"每周推出一期，内容的安排如下：首先是对主题绘本及其内容的介绍，之后是由专业的播音老师录制的故事音频，接着是文字描述的故事梗概和专业指导老师给出的亲子阅读小贴士，最后是与本期主题相关（如数字认读、形状认知、动作、食物、情绪管理等）的绘本推介。家长既可以从中学习到亲子阅读的方法，又可以获取故事的音频资源，弥补因忙碌而无法给宝宝读故事的遗憾，而且配有舒缓音乐的小故事也是睡前阅读的好选择（当然，音频不能代替家长的声音，它只是家长陪伴孩子阅读的一种补充方式）。总之，从活动的预约到参与，线上服务打破了时空界限，拓宽了公共图书馆低幼儿童服务的范围。

5.2 公共图书馆低幼儿童服务的代表性案例剖析

虽然世界范围内公共图书馆低幼儿童服务起步较晚，但实践探索却十分丰富、活跃。针对低幼儿童的特点，各国纷纷推出了有特色的低幼儿童服务项目，具有代表性的有英国的"阅读起跑线"、美国的"出生即阅读""图书馆里的每个孩子都做好了阅读准备""轻松识字的鹅妈妈"、德国的"起点阅读——阅读的三个里程碑"、中国的"悦读宝贝计划"与"小可妈妈伴小时"

等。这些项目都是经过实践检验的、非常成功的项目，尤其是"阅读起跑线"，已成为公共图书馆低幼儿童服务的模板，迅速推广至全球，日本、韩国、泰国、澳大利亚、美国、智利、意大利、墨西哥、波兰、印度、中国等多个国家都已加入该项目。[①] 本节将对中外最具代表性的低幼儿童服务项目进行介绍，希望在带给读者更多具体认识的基础上，引发更深层次的思考，并从成功案例中总结出一些共性因素，构建出可复制、能移植、易操作的低幼儿童服务模式，更好地推动实践的发展。

5.2.1 "阅读起跑线"

"阅读起跑线"是英国图书信托基金会（Booktrust）、伯明翰图书馆服务部（Birmingham Library Service）和初级卫生保健信托机构（Primary Care Trusts）联合发起的全国性的图书赠送项目，是英国第一个全国性的低幼儿童阅读推广项目，也是世界上第一个专门为学龄前儿童提供阅读指导服务的全球性项目。"阅读起跑线"主要关注儿童入学前的两个关键阶段：婴幼儿阶段（0—1岁）与蹒跚学步阶段（1—3岁），通过为其发放图书包裹的形式，鼓励家长与孩子共同阅读。之后"阅读起跑线"还陆续推出了"童谣时间"（Bookstart Rhymetimes）、"故事时间"（Bookstart Storytimes）、"蓝熊俱乐部"（Bookstart Bear Club）、"全国活动周"（National Bookstart Week）等活动，努力让每一个儿童都能够在早期阅读中受益，享受到阅读的乐趣，提升读写能力。

"阅读起跑线"1992年在伯明翰发起时只针对国内的贫困地区，之后因为受到广泛欢迎，服务范围逐步扩大。截至2000年3月，英国92%的地方政府和图书馆都参与了这个项目。1998年，英国国家阅读年（National Year of Reading）确定，借助儿童千年学习项目确立的机会，"阅读起跑线"发展

---

① Kathy East, Ivanka Stricevic. Guidelines for Library Services to Babies and Toddlers [EB/OL]. [2020-01-10]. https://www.ifla.org/files/assets/hq/publications/professional-report/132.pdf.

成为全国性的阅读推广项目。之后由于它的成功经验，"阅读起跑线"迅速推广至全球。截至 2019 年，全球超过 50 个国家和地区加入该项目，数千家公共图书馆成为"阅读起跑线"计划的践行者，"阅读起跑线"也成为全球著名的针对学龄前儿童的阅读指导服务计划。①

"阅读起跑线"的主要服务就是图书包裹的发放。在英国，阅读包分为两大类：一类是面向普通儿童的，另一类是针对特殊儿童的。面向普通儿童的阅读包根据年龄划分，共有 5 种：面向新生儿的新生儿包（Bookstart Newborn Baby Pack）、为 0—12 个月的婴儿设计的婴儿包（Bookstart Baby Pack）、为 1 岁半到 2 岁半幼儿准备的高级包（Bookstart Plus Pack）、为 3—4 岁儿童设计的百宝箱（Bookstart Treasure Pack）、面向 0—4 岁儿童的双语包（Bookstart Dual Language Books）。针对特殊儿童的阅读包有 4 种：面向贫困家庭的阅读角（Bookstart Corner）、面向听力障碍儿童的发光包（Bookshine Pack，分 0—2 岁和 3—5 岁两个阶段）、面向视力障碍儿童的触摸包（Booktouch Pack，分 0—2 岁和 3—5 岁两个阶段）、面向动作技能发育迟缓孩子的星星包（Bookstart Star Pack）。

"阅读起跑线"的赠书与其他阅读活动对低幼儿童早期阅读的开展起到了积极的推动作用。"阅读起跑线"项目组通过调查发现，94% 的被调查者认为这个项目有效鼓励了家长与低幼儿童分享阅读行为的发生，90% 的人认为这个项目有助于家长与孩子共同阅读习惯的培养。② 参加"阅读起跑线"

① 杨文泓. 英国公共图书馆少儿分级阅读推广服务研究——以 10 家英国阅读起跑线计划成员馆为例 [J]. 图书馆工作与研究，2020（11）：103-109.
② Center for Education and Inclusion Research. Evaluation of Bookstart England: A Randomised Controlled Trial Evaluation of 'Bookstart Treasure Pack' [EB/OL].（2013-03）[2022-12-31]. https://www.booktrust.org.uk/globalassets/resources/research/bookstart-treasure-evaluation-2013.pdf.

活动的儿童，听说与读写成绩分别高出班级平均水平的 20% 和 12%。[1] 为了检验"阅读起跑线"的成效，早在 2010 年图书信托基金会就委托相关咨询公司对"阅读起跑线"进行了一项社会投资回报研究，旨在量化这一项目于 2009—2010 年所创造的社会 - 经济价值。研究发现，政府每投入 1 英镑，该项目就能为社会产生共计 25 英镑的经济价值[2]，可谓收益巨大。

5.2.2 "出生即阅读"

"出生即阅读"项目与英国的"阅读起跑线"类似，是美国全国性婴幼儿早期阅读推广的示范项目。1995 年，该项目由美国图书馆协会下属的儿童图书馆服务协会联合医疗健康机构、基金会、图书出版社志愿者协会等多家机构共同发起，旨在为低收入家庭、家长读写能力较差的家庭、偏远地区家庭及母语非英语的家庭提供新生儿阅读资源及培训服务，引导家长开展亲子阅读，培养新生儿阅读意识与兴趣，促进儿童的智力与健康发展。"出生即阅读"项目的口号是"阅读从出生开始，读书永远不嫌早"（Born to read, it's never too early to read）。可以看出，这个项目强调阅读要从 0 岁开始，并将服务一直延伸至医院里待产的孕妇。

"出生即阅读"的早期阅读观念是随着政府和教育界对婴幼儿早期教育和阅读的认识与研究不断深入而逐步形成的。1965 年美国政府推行"先行教育计划"（Head Start Project），为低收入家庭的儿童提供教育、医疗和社会福利等方面的帮助，使其接受合适的教育，促进其智力发展。随后出台的《儿童保育法》（Child Care Act）、《儿童早期教育法》（Early Childhood and Education Act）和《儿童保育与发展固定拨款法》（Child Care and

---

[1] Maggie Moore, Barrie Wade. Bookstart: A Qualitative Evaluation[J]. Educational Review, 2003(55)1:3-13.

[2] 王素芳. 国际图书馆界儿童阅读推广活动评估研究综述 [J]. 图书情报知识，2014（3）: 53-66.

Development Block Grant Act）均强调从婴幼儿出生开始就对其进行教育的重要性，将婴幼儿的阅读、学习和健康发展联系在一起，给予经费上的支持与保障。这一系列举措让图书馆界、教育界都意识到了早期阅读与教育的重要性，使美国婴幼儿早期阅读进入了快速发展的阶段。1994 年国际图联和联合国教科文组织在《公共图书馆宣言》中首次将"从小培养和加强儿童的阅读习惯，激发儿童的想象力和创造力"列为公共图书馆的核心使命之一，加速了美国公共图书馆参与早期教育的实践探索，"出生即阅读"项目顺势而生。

"出生即阅读"项目推行之初，共投入 3 万美元先后建立了 5 个示范点：北卡罗来纳州的亨德森·莱斯利佩里纪念图书馆、宾夕法尼亚州匹兹堡市的卡内基梅隆图书馆、犹他州的普罗沃市图书馆、加利福尼亚州的萨特县图书馆、田纳西州的孟菲斯公共图书馆与信息中心。各个示范图书馆在自己的网站上设立了"出生即阅读"项目专栏，并结合自身特点推出特色服务。该项目的目标有四个：（1）推动图书馆员与儿童健康护理者之间的协作；（2）帮助家长提升读写技能，让他们认识到与孩子进行亲子阅读的重要性；（3）推动公众充分利用公共图书馆的健康与儿童养育方面的资源；（4）鼓励准父母利用图书馆和医院诊所来获得婴儿出生之前的护理建议。①

"出生即阅读"的基本服务就是提供免费大礼包，里面有图书、婴幼儿早教信息、新生儿读者证、玩具、儿童用品等。不同图书馆发放的大礼包在内容与外观设计上并不完全相同，而是略有区别的。对于母语非英语的家庭，该项目会提供双语幼儿图书与指导材料。大礼包中的图书多选用质量好、耐磨损的纸质书。除了为低幼儿童提供图书外，该项目还提供指导家长开展亲子阅读及健康育儿的图书及培训课程，后者以授课、观看视频、举办

---

① 张慧丽.美国图书馆界儿童早期阅读推广项目管窥 [J].图书馆工作与研究，2012（11）：113-116.

研讨交流会等方式为主。① "出生即阅读"项目通过免费赠送图书、培训指导等方式，为家长开展亲子阅读提供了建议与方法，从而让新生儿家长，尤其是弱势群体家庭的家长，认识到早期阅读对孩子身心发展的重要性。据项目负责人博斯特罗姆（Linda Bostrom）介绍，5 个试点图书馆共让 3.5 万人受益。② 这个项目在保障 0 岁婴幼儿，尤其是来自非英语家庭、贫困家庭等弱势群体家庭婴幼儿的阅读权利上发挥了积极的作用，是美国全国范围内开展较早、较有影响力的婴幼儿早期阅读推广项目。

5.2.3 "图书馆里的每个孩子都做好了阅读准备"

"图书馆里的每个孩子都做好了阅读准备"（以下简称 ECRR）是由美国图书馆协会（以下简称 ALA）下属的公共图书馆分会（Public Library Association，以下简称 PLA）与美国国家健康研究中心（National Institutes of Health）下属的国家儿童健康与人类发展研究中心（National Institute of Child Health and Human Development）于 2000 年合作发起的家庭教育创新举措，起初是以公共图书馆为基地，对国家阅读研究小组（National Reading Panel）发布的名为《教孩子阅读：阅读科学研究文献循证评估及其对阅读教学的影响》（*Teaching Children to Read：An Evidence-Based Assessment of the Scientific Research Literature on Reading and Its Implications for Reading Instruction*）的报告进行宣传，发挥公共图书馆在儿童早期阅读方面的重要作用。从 2001 年开始，ALA 下属的图书馆儿童服务协会（以下简称 ALSC）加入宣传活动。同年 10 月，PLA 和 ALSC 在美国范围内选取 20 个公共图书馆作为示范点，次年 10 月又增加了 14 个示范点，并与两位早期读写专家——纽约州立大学心

---

① 黄耀东. 美国公共图书馆的婴幼儿早期阅读推广——对 Born to Read 项目的考察 [J]. 图书馆论坛，2018，38（1）：92-99.

② ALSC. Born to Read: How to Raise a Reader [EB/OL]. [2023-03-15]. http://www.libraryspot. com/features/borntoread.htm.

理学系教授怀特赫斯特和佛罗里达州立大学心理学副教授洛尼根合作，将
5 岁之前的幼儿进一步区分为预谈话者（Early Talkers）（0—2 岁）[①]、谈话者
(Talkers)（2—3 岁）[②] 和预读者（Pre-Readers）（4—5 岁）[③]，结合每个阶段的特
点推出指导家长开展早期读写训练的指导材料。[④]

2004 年"图书馆里的每个孩子都做好了阅读准备"工具包第一版推出，
内容涵盖早期识字、语音意识、书本印刷传统、字母知识、词汇和背景知识
等，主要通过唱歌、打节拍、玩押韵游戏等方法来培养幼儿的语音意识。[⑤]
2010 年工具包修订后推出第 2 版，为了让家庭早期阅读更易开展，该项目
总结出唱（sing）、说（talk）、读（read）、写（write）、玩（play）5 种方
法，帮助家长将儿童的早期阅读与后期发展联系起来，使家长意识到早期口
语启蒙对儿童后期语言与读写能力发展的基础性作用。[⑥]

ECRR 的一个重大改变就是把对家长（看护者）的教育视为低幼儿童
早期读写教育的关键，家长能否掌握促进低幼儿童早期读写发展所需的技
能，直接影响着儿童早期和后期读写能力的发展。公共图书馆必须重视同
低幼儿童的"第一任教师"——家长（看护者）的合作，帮助家长扮演好

---

① Every Child Ready to Read-Early Talkers [EB/OL]. [2020-08-05]. https://static1.squarespace.
com/static/531bd3f2e4b0a09d95833bfc/t/5489b658e4b067b9708c0e20/1418311256235/
chinese0-2brochure.pdf.

② Every Child Ready to Read-Talkers [EB/OL]. [2020-08-05]. https://static1.squarespace.com/
static/531bd3f2e4b0a09d95833bfc/t/5489b706e4b07e03654b4bdc/1418311430625/chinese2-
3brochure.pdf.

③ Every Child Ready to Read-Pre-Readers [EB/OL]. [2020-08-05]. http://www.earlylit.net/s/
chinese4-5brochure.pdf.

④ Background-Every Child Ready to Read® @ your library® is a parent education initiative
[EB/OL]. [2020-08-05]. http://everychildreadytoread.org/about/.

⑤ The Five Practices And The Early Literacy Components Support Each Other[EB/OL]. [2020-
08-05]. https://static1.squarespace.com/static/531bd3f2e4b0a09d95833bfc/t/568c4ba3bfe873
99730708f2/1452034979939/elcomppracchart.pdf.

⑥ Every Child Ready to Read 2nd Edition [EB/OL]. [2020-08-05]. http://everychildreadytoread.
org/building-on-success-every-child-ready-to-read-2nd-edition/.

孩子读写启蒙道路上首任老师的角色。这种转变的发生基于图书馆的一种认知，即儿童早期接触到的主要成人（家长或看护者）如果能认识到儿童早期读写的重要性，并掌握在家中培养儿童早期读写技能的方法，那么公共图书馆开展服务的效率将提升很多倍。①

5.2.4 "轻松识字的鹅妈妈"

"轻松识字的鹅妈妈"（Mother Goose on the Loose）是针对 0—3 岁婴幼儿的阅读推广项目，在美国一半以上的州的公共图书馆推行，是成功的早期阅读推广项目之一。② 这个项目由科恩（Betsy Diamant-Cohen）博士设计并发起，通过童谣、歌曲、手偶、图书、游戏等来推动儿童早期阅读的发展。"轻松识字的鹅妈妈"能够帮助低幼儿童通过童谣和音乐爱上学习；通过与他人的游戏和互动来学习社会交往技能；通过手指操、舞蹈和身体运动来掌握运动技巧；通过共同读书、翻阅图书来掌握基本的识字方法；通过听故事、唱童谣来学习词语的概念，发展语言技能；通过认识颜色、形状、实物来学习基本的常识。③ 这些活动的目的就是帮助低幼儿童培养语言、运动及与他人相处的技能，增强自信，做好识字与入学的准备。

"轻松识字的鹅妈妈"项目认为"常规、重复的学习能达到理想的学习效果"，因此该项目的活动由 10 个连续的部分组成，每周重复开展，希望通过不断的重复与强化来帮助低幼儿童达到良好的学习效果。④ 此外，活动中还用到了英国学者卡斯 - 贝格斯独创的"聆听、喜欢、学习法"（"Listen，Like，Learn" Approach），这种方法能给孩子学习音乐创造一个较好的环境。

---

① Background–Every Child Ready to Read® @ your library® is a parent education initiative [EB/OL]. [2020-08-02]. http://everychildreadytoread.org/about/.

② 冯佳 . 美国婴幼儿阅读推广活动理论初探 [J]. 中国图书馆学报，2019，45（6）：119-129.

③ Champaign Public Library. Mother Goose on the Loose [EB/OL]. [2020-07-01]. https://champaign.org/kids/mother-goose-on-the-loose.

④ About Mother Goose on the Loose [EB/OL]. [2020-07-01]. https://mgol.net/about/.

此方法同样适用于早期阅读活动，孩子首先必须喜欢听，才能喜欢学。由于低幼儿童的阅读常常借助视觉、听觉和触觉，为了吸引他们的注意，美国的婴幼儿阅读服务中常常融入音乐。"轻松识字的鹅妈妈"在活动中，尤其是在后半场的游戏时间中常播放音乐，让孩子们在优美的音乐中通过肢体运动进行语言的学习，从而逐渐掌握各项技能。

"轻松识字的鹅妈妈"以馆内活动为主，幼儿在成人的陪同下开启自己的图书馆之旅，这同时是吸引成人读者来馆的一种方式。活动时间为 50 分钟，通常分为两个部分：前 20 分钟为童谣时间，主要是讲故事、唱童谣；后 30 分钟为游戏时间，有手指操、韵律操、小游戏、手偶表演等。整个活动常在伴有音乐的环境中进行。[①]"鹅妈妈"有时也会走进社区或儿童保育中心，免费为低幼儿童送书、讲故事。2003 年 1 月开始，"轻松识字的鹅妈妈"还增加了"轻松育儿"的家长培训活动，由馆员对家长开展家庭阅读方面的指导。"轻松识字的鹅妈妈"已成为美国各州公共图书馆周期性开展的低幼儿童服务，受到周边低幼儿童家庭的欢迎。

5.2.5 "起点阅读——阅读的三个里程碑"

"起点阅读——阅读的三个里程碑"是德国在全国范围内开展的针对低幼儿童的阅读启蒙项目，这一全国性的阅读推广项目由联邦德国教育与研究部和德国促进阅读基金会联合发起，融合了图书馆、学校、出版商、社会组织等多方力量。[②]推动这一项目兴起的契机是 2004 年的 PISA 测试（全称为 Programme for International Student Assessment，即国际学生评估项目），结果显示，德国 15 周岁学生的阅读能力普遍低于国际平均水平。缺乏阅读兴

---

① Mother Goose on the Loose [EB/OL]. [2020-07-01]. https://www.hooplanow.com/things-to-do/100417-mother-goose-on-the-loose-ladd-library.

② 芦婷婷. 德国儿童阅读推广举措及对我国的启示 [J]. 图书馆工作与研究，2016（6）：116-120.

趣是阅读能力低下的重要原因，为了改变这种状况，必须培养青少年的阅读兴趣。兴趣的培养越早越有成效，这让德国政府将关注点放到了学龄前儿童身上，学龄前儿童的阅读问题成为国家关注的焦点问题。

以英国"阅读起跑线"项目为标杆，2006年1月德国将北威州的布里隆地区作为试点，迈出了实施"阅读起跑线"计划的第一步，项目名称为"童书宝宝——每个孩子的优质起点"。同年11月，以"阅读启航——和书籍共同成长"为名的项目在萨克森州试点，向1岁以下儿童的家长免费发放阅读启蒙大礼包，项目共历时三年。2008年，"阅读启航——德国阅读倡议"作为"2008年年度特选创意"开始在全国推广，以图书及资料发放为主。在这些项目的基础上，"起点阅读——阅读的三个里程碑"于2010年底正式"起锚"，2011年开始在全国推出。

"阅读的三个里程碑"指的是孩子阅读能力发展的三个关键阶段，即10—12个月、3岁左右、6岁左右。政府在这三个阶段为孩子们免费发放阅读大礼包。为了凸显这三个关键阶段的重要性，将其比喻为孩子早期阅读中的"三个里程碑"。该项目的实施共分为三个阶段：第一阶段是2011—2014年，由儿科医生向1岁左右儿童的父母发放阅读大礼包，内容包括1册绘本、6页阅读指南、1张海报、1册亲子阅读建议手册、含有3个案例短片的光盘及1本记录孩子阅读素养发展的日记本，主要是让家长认识到阅读在孩子人生最初阶段的重要性；第二阶段从2013年11月到2015年10月，面向3岁儿童及其家长展开，他们可从社区图书馆领取阅读包，内容包括彩色绘本、家长阅读指南，以及针对移民群体和双语或多语家庭的外语版本；第三阶段从2016年启动，面向6岁左右儿童，这个年龄段的儿童已经步入学校，因此小学校园成为阅读包发放点，阅读大礼包中包含3本图书，主要是为了培养学龄儿童的阅读兴趣，同时让家长重视孩子学习与成长的关键期。每个年龄段大礼包的内容虽然不同，但都是依据孩子在特定阶段的特性和需求而定制的，以指导父母开展家庭阅读为主。此外，"起点阅读——阅读的三个里程碑"还为视力障碍儿童和听力障碍儿童提供特殊的阅读礼包——
即：Booktouch（触摸包）与 Bookshine（发光包）。①

　　为了解项目实施的效果，柏林科研咨询公司 Interval 与科隆大学德国语
言文学院的加布（Christine Garbe）教授和汉堡大学艾本多夫医学院儿科的
巴克曼（Claus Barkmann）教授合作，对该项目展开跟踪研究。调查结果显
示，有 1/4 的被调查者表示这个项目给自身的教育观念和行动带来了变化。
几乎所有受访的家长都在领取阅读包的一个月内完成了阅览，2/3 的家庭完
成了精读。阅读大礼包中最受欢迎的材料是绘本和阅读指导手册，62% 的家
长表示采用了指南上的建议。②

　　除了通过"起点阅读——阅读的三个里程碑"项目向低幼儿童及其家
长发放图书之外，德国的公共图书馆还会定期推出多种阅读启蒙活动，如汉
堡州在州文化部发起的"读书启航——儿童热爱图书"项目的基础上，发起
了针对 3 岁以下儿童的"小家伙的诗歌"活动。该活动在图书馆和社区活动
中心等地方举行，每周一次，一次 45 分钟，通过儿歌培养儿童的阅读习惯。
针对半岁到 3 岁儿童及其家长开展的"图书宝贝"活动，定期在各个公共图
书馆内举行，活动通过图书、歌曲、手偶、朗读、游戏等促进儿童思维和
语言的发展。因为它面向低龄儿童，因此被形象地称为"地上爬"读者的活
动。此外，每个州结合自身特色设计了低幼儿童的常规服务项目，名字虽然
各异，但内容大体相似，均借助朗朗上口且韵律感强的儿歌和诗歌等，通过
看、听、摸、嗅、玩等方式，促进儿童语言与思维的发展。

5.2.6 "悦读宝贝计划"

　　苏州图书馆（以下简称"苏图"）的"悦读宝贝计划"于 2011 年 4 月

---

① 张庆，束漫.德国公共图书馆儿童阅读推广活动发展现状研究 [J].图书馆建设，2016
（11）：38-43.

② 廖圆圆.德国学龄前儿童阅读启蒙教育研究 [D].上海：上海师范大学，2018.

23 日世界读书日当天启动。此计划深受英国"阅读起跑线"的影响，苏图是中国大陆地区首家"阅读起跑线"的成员馆。"悦读宝贝计划"的名字一方面契合"阅读起跑线"之"阅读从 0 岁开始"和"快乐阅读"的理念，另一方面体现出阅读活动的计划性、持续性和目标性。"悦读宝贝计划"最初萌芽于 2009 年，当时由中国图书馆学会牵头的以"儿童阅读在德国"为主题的系列讲座在各省市巡回开展。德国歌德学院图书馆哈赫曼女士对德国实施"阅读起跑线"情况的介绍，激发了苏图为 0—3 岁婴幼儿提供阅读服务的想法。后来，苏图借助编写《亲子阅读：送给 0—12 岁孩子的父母》一书的机会，召集专家团队，策划并推出了"悦读宝贝计划"。

阅读大礼包的发放既是"悦读宝贝计划"启动时的标志性活动，也是该项目中最具代表性的活动之一。最初大礼包是限量赠送，仅有 1000 份，包含婴幼儿读物、亲子阅读指导书、阅读测量尺和阅读宣传册等，目的是鼓励家长尽早开始亲子阅读，从小培养孩子良好的阅读习惯。朱永新先生曾高度评价："这一千份大礼包，我们可以想象成一千轮喷薄的旭日；或者，又像一千把金钥匙，将打开我们城市未来的一千座绚丽多彩的宝库。"① 2013 年底"悦读宝贝计划"正式加入"阅读起跑线"后，财政专项拨款由原来的每年 10 万元增加至每年 80 万。自 2014 年开始，大礼包发放范围扩人，面向全市 0—3 岁婴幼儿家庭，凡是苏州户籍的婴幼儿家庭都可免费申领，由过去的"抢礼包"变为"领礼包"。除了通过报纸、网站、海报等渠道对阅读大礼包进行宣传外，苏图还利用微博、微信、QQ 群等新媒体，让更多人知晓大礼包。大礼包最初仅在苏州图书馆总馆发放，2013 年起也在新增的 5 家区级分馆内发放，后来在大型社区的工作站设立发放点，婴幼儿家长到社

---

① 朱永新 .（滴石斋闲话）苏图大礼包的寓意 [EB/OL].（2011-06-18）[2020-07-09]. http://blog.sina.com.cn/s/blog_4aeb7d9301017s1e.html.

区办理医保手续时即可登记领取，申领方式越来越方便。①

　　为了配合"悦读宝贝计划"活动在馆内的开展，苏图修建了0—3岁儿童的专门活动空间——"悦读园"。除了阅读大礼包的派送外，"悦读宝贝计划"还推出了一系列定期在"悦读园"举办的阅读推广活动，如"蹒跚起步来看书"。它借鉴了英国"阅读起跑线"阅读盖章活动的做法，精选50册经典绘本做成敲章册，并配套制作了50枚印章。"悦读园"每周推出一册绘本，小朋友到馆时可以在对应的绘本处敲上馆内专门为这个绘本设计的印章。听"故事姐姐"讲故事活动于每周日上午在"悦读园"举办，面向2—6岁儿童，由来自幼儿师范高等专科学校的志愿者担任"故事姐姐"，讲完故事之后是与之相关的延伸游戏。"悦悦姐姐教我念儿歌"活动通过韵律感强、朗朗上口的儿歌和童谣帮助孩子们熟悉与学习语言，活动面向0—3岁婴幼儿，每周六在"悦读园"举行。小朋友在念儿歌的同时还配合肢体运动，增加了语言学习的趣味性。除了针对低幼儿童开展阅读活动外，苏图还推出了"家长沙龙"和"家长课堂"，向儿童家长普及亲子阅读的理论与方法，帮助他们学习家庭亲子阅读技巧。②

　　2017年，"悦读宝贝计划"推出了"悦读宝贝大篷车"，它取代了之前的"苏州市未成年人流动图书大篷车"，于3月22日正式启动，搭建起了图书馆和幼儿园之间的桥梁。大篷车在把图书送到孩子和家长身边的同时，还为幼儿园的孩子们开展了讲故事、念儿歌的活动。上午是绘本阅读时间，下午是图书借阅时间，两周为一个周期。"悦读宝贝大篷车"还充当了阅读大礼包的"快递员"，幼儿家长只需在手机上申请，大篷车就会把阅读大礼包

① 许晓霞，陈力勤，白帅敏，等.公共图书馆低幼儿童服务[M].北京：国家图书馆出版社，2019：203.

② 陈力勤.从"阅读起跑线"（Bookstart）到"悦读宝贝计划"——苏州图书馆特色婴幼儿阅读服务实证研究[J].图书馆理论与实践，2018（5）：88-93.

送到家长手中。①

"悦读宝贝计划"先后获得江苏省第五届公共图书馆优秀服务成果三等奖，江苏省第六届公共图书馆优秀服务成果二等奖，第六届、第七届苏州阅读节优秀活动奖，第十一届江苏省五星工程奖服务项目奖等荣誉。"悦读宝贝计划"已成为我国代表性的公共图书馆低幼儿童服务品牌。

5.2.7 "小可妈妈伴小时"

"小可妈妈伴小时"是杭州少年儿童图书馆 2012 年 12 月改造后推出的低幼儿童服务品牌，综合了绘本阅读、手工剪纸、舞蹈、游戏等多种元素，专门面向 0—6 岁儿童及其家庭。"小可妈妈伴小时"中"伴"的含义为亲子阅读中家长的陪伴，同时也是"半小时"的"半"的谐音。由于低幼儿童天性好动，集中注意力的时间较短，因此活动时长控制在半小时左右为宜。②

"小可妈妈伴小时"的活动从亲子课堂开始，逐步形成了以亲子课堂为中心的四大服务板块。亲子课堂的前身是名为"我爱阅读"的绘本阅读活动，根据不同年龄段儿童的特点，亲子课堂把服务对象细分为 0—2 岁、3—4 岁、5—6 岁三个层次。0—2 岁的孩子主要以"阅读游戏"活动为主，重在接触阅读，对阅读有一个初步的认识；3—4 岁的孩子主要以"爱上阅读"活动为主，重在激发阅读兴趣；5—6 岁的孩子主要以"快乐阅读"活动为主，重在培养阅读技能。③针对低幼儿童好动、擅长模仿的特点，亲子课堂在阅读中融入了剪纸、舞蹈、绘画等元素，活动囊括了绘本阅读、快乐游戏、趣味手工、我爱跳舞、科普课堂、英语"say hello"等多种内容。亲子

---

① 许晓霞，陈力勤，白帅敏，等.公共图书馆低幼儿童服务 [M]. 北京：国家图书馆出版社，2019：218-221.

② 段宇锋，周子番，王灿昊.为孩子开启智慧之门——杭州少年儿童图书馆低幼服务 [J]. 图书馆杂志，2019，38（1）：36-42.

③ 朱峻薇，陆一鸣，吴白羽.图书馆学龄前儿童特色服务活动探析——以杭州少年儿童图书馆"小可妈妈伴小时"亲子课堂为例 [J]. 图书馆研究与工作，2014（2）：68-70.

课堂已成为杭州少年儿童图书馆的常态化活动，每周二到周五主要针对 0—3 岁儿童，双休日集中为 3—6 岁儿童服务。

节假日主题活动是亲子课堂的延伸，主要是在元旦、4 月 23 日世界读书日、儿童节、国庆节等特殊或重大的日子举办大型活动。图书馆通常会结合节假日特点设计相关的主题，如在 3 月春分时节推出"迎接春天"亲子 Party 广场活动；在世界读书日推出"阅读春天，亲近自然"户外阅读活动；在儿童节推出"悦读、体验、分享"活动；在暑假期间推出"关爱小候鸟""冰淇淋之旅"活动等。特定时间、特定主题的集中宣传，让"小可妈妈伴小时"这一服务品牌被更多读者知悉。

亲子交流会是亲子课堂的另一个延伸活动，目的是将幼儿家长纳入服务范围，使得图书馆不仅是学龄前儿童服务活动开展的阵地，而且成为家长聚会、交流与分享的空间。起初为了方便家长之间的沟通，杭州少年儿童图书馆只是建立了专门的家长微信群，随着交流的深入，家长们迫切需要一个面对面交流的机会，于是杭州少年儿童图书馆推出了亲子交流系列活动。交流会主要采取两种形式：一是家长志愿者根据各自的职业与特长，担任主讲人，分享育儿心得；二是定期邀请相关领域的专家进行育儿讨论，解答家长的困惑，传授科学育儿的经验。交流会的主题非常广泛，有儿童口腔护理、儿童营养与智力发展、儿童心理学与教育、儿童保健与护理、儿童美学教育、入园焦虑与分离焦虑的克服等。由于讨论的问题都是家长在养育孩子的过程中会遇到的，因此交流会深受欢迎。

"小可妈妈伴小时"的三种活动推出后，获得了超乎预期的社会关注，参与人数不断攀升。但由于地理位置的原因，距离图书馆较远的城区无法被覆盖到服务范围中。作为市里唯一一所少年儿童图书馆，杭州少年儿童图书馆肩负着为广大读者服务的责任，为了让更多的低幼儿童家庭受益，"小可妈妈伴小时"亲子课堂不断扩大服务半径与活动受众面，与杭州各城区联手，推出"亲子课堂走进社区"活动，让孩子们在家门口就能享受到图书馆的服务。

从最初的亲子课堂到大型节假日活动、亲子交流会、亲子课堂走进社区，从以图书馆为阵地创新服务到以读者为中心推出系列服务活动，杭州少年儿童图书馆极大丰富了"小可妈妈伴小时"这一品牌项目的内涵。作为杭州少年儿童图书馆以学龄前儿童群体为对象的低幼儿童服务品牌，"小可妈妈伴小时"荣获中国图书馆学会举办的第一届全国图书馆未成年人服务论坛案例征集活动二等奖、浙江省图书馆学会第十三次学术研讨会"图书馆建设与服务提升"案例展示大赛一等奖。"小可妈妈伴小时"推出的系列活动搭建了一个学习、交流、教育与展示的综合互动平台，填补了杭州地区公共图书馆0—6岁学龄前儿童服务的空白，成为我国公共图书馆学龄前儿童服务的先驱与典范。

5.2.8 案例分析

目前，国内外公共图书馆面向低幼儿童的服务虽然形式多样，但从本质上来讲，主要可分为两种：一种是以图书礼包派送为主的馆外阅读推广服务，如"阅读起跑线""出生即阅读""起点阅读——阅读的三个里程碑""悦读宝贝计划"等项目的阅读包派送活动；另一种是定期在馆内举办的阵地服务，如"阅读起跑线"的"童谣时间""故事时间""蓝熊俱乐部"等活动，"小可妈妈伴小时"的亲子课堂、亲子交流会等。第一种是以图书馆为基地的服务的延伸，将各类资源（面向儿童的绘本资源＋面向家长的阅读指导资源＋阅读测量工具／记录手册）打包送到低幼儿童的家中。它以家庭亲子阅读开展为主，以家长为重心，通过家长作用于幼儿，图书馆主要起支持与辅助作用，服务的开展以资源和知识的输送为主。第二种主要是将服务拉回到馆内，以图书馆为主要阵地，服务主要以活动的形式（讲故事、韵律操、绘本表演、家长培训与讲座等）开展。馆员、聘请的专家与志愿者是活动的发起者和组织者，家长作为活动的参与者，通过与幼儿的互动，对其加以引导。通常来讲，阅读包的发放是以年龄比较小的幼儿（0—3岁）为主，阵地服务则以具备到馆能力的幼儿（2—6岁）为主。

5.3 公共图书馆低幼儿童服务的两种主要模式

通过对国内外代表性实践案例的剖析可以发现，公共图书馆低幼儿童服务的主要模式有两种：一种是以发放阅读包为主，走进幼儿家庭的"走出去"模式；另一种是以举办故事会为主，吸引幼儿及其家长入馆的"引进来"模式。两种模式之间并不是相互割裂的，而是彼此重合、相互联系的。它们都是公共图书馆开展低幼儿童服务的策略与手段，两者的目标是一致的，即采取有效的方式将低幼儿童与图书资源联系起来，诱发早期阅读行为的发生，从而培养幼儿的阅读兴趣与阅读习惯，为其自主学习和终身学习打下良好的基础，让其为入学做好准备（见图 5-1）。

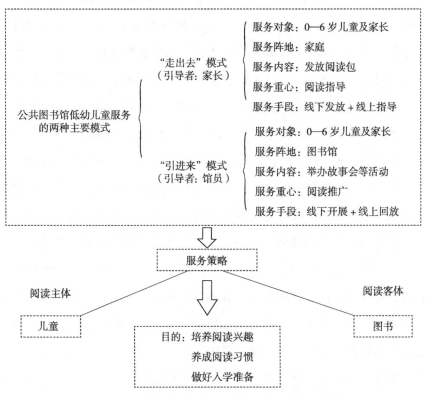

图 5-1 公共图书馆低幼儿童服务的两种主要模式

5.3.1 "走出去"模式——发放阅读包，以家为主阵地

通过发放阅读包来开展低幼儿童早期阅读服务的模式是风靡全球的"阅读起跑线"开创的，随着这个项目在全球影响力的增强，发放阅读包成为公共图书馆开展低幼儿童服务时普遍采取的手段，是公共图书馆低幼儿童服务"走出去"模式的代表性做法。所谓阅读包发放，就是将与亲子阅读有关的各类资源（面向儿童的绘本资源＋面向家长的阅读指导资源＋阅读测量工具／记录手册）打包放在帆布袋内，在儿童成长的几个关键性节点（0岁、1岁、3岁、6岁等）发放。发放地点不局限于图书馆，而是低幼儿童经常活动的地方（社区诊所、保健医院、牙科诊所、幼儿园、社区活动中心等）。"阅读包"的发放通常是先试点，成功后再逐步普及。英、美、德等国家可以达到全面覆盖，且开发出了针对有视力障碍、听力障碍儿童的阅读包。受经费限制，我国的一些公共图书馆，如苏州图书馆、杭州图书馆、上海浦东图书馆等，在发放阅读包时通常采取限量领取的方式，领取者要符合特定条件（如是否属于周边社区、本地户籍或居住达多少年以上等），通过网上实名注册申请领取。随着对低幼儿童早期阅读重要性认识的不断提高，国家逐步加大了对公共图书馆的投资，今后阅读包将会不断普及，惠及全体低幼儿童家庭。此外，公共图书馆也应该积极寻求各方支持与援助，多方合作，推进阅读包的发放。

"走出去"模式的核心是阅读包的发放，阅读包里应放些什么？它的内容十分关键。通常，阅读包的内容可以分为三类：一类是面向儿童的绘本资源，一类是面向家长的阅读指导资源，一类是对阅读效果进行描述与记录的阅读测量工具、记录手册等。面向儿童的绘本资源，按照不同年龄阶段的认知特点，可分为黑白卡、触摸书、翻翻书、洞洞书、纸板书等类型，图书馆通常选取一到两种代表性作品，供家长带领孩子一起阅读时使用。面向家长的阅读指导资源是阅读指导手册，其内容包括各个年龄段儿童心理与生理的特点、阅读方法指导及阅读书目推荐，家长可以参考。为了让阅读指导更具

操作性，有时会附视频二维码，供家长扫描观看。除此之外，阅读包中配套的绘本本身也可能配有导读页，可供家长在阅读前学习。对阅读效果进行描述、记录的阅读测量工具有"阅读尺"、婴幼儿阅读能力发展测评标准对照表，以及阅读成长记录手册或阅读护照等，可帮助家长了解孩子阅读能力发展的阶段与水平，记录孩子在阅读上的成长轨迹。下面详细介绍一下"阅读尺"与阅读能力测评标准。

"阅读尺"全称"阅读测量尺"，是由德国布里隆市图书馆馆长哈赫曼女士根据教育认知理论设计出来的，在全球产生了深远影响。它将儿童生理上的变化与阅读能力的发展结合起来，让阅读能力测量变得直观且易于操作。"阅读尺"会随着阅读包一起派发给各个家庭，自投入使用以来就受到广泛好评，在很多国家普及开来。阅读测量尺分为赤橙黄绿青蓝紫以及粉红、桃红、橘红 10 段，分别对应 0 到 10 岁的孩子。每个色段都会根据该阶段儿童的心理状况和发展特征提供相应的阅读玩具、阅读书籍建议和育儿知识。

根据"阅读尺"的内容，0—6 岁低幼儿童的身高、阅读能力和阅读行为的对照情况如表 5-1 所示：

表 5–1　0—6 岁低幼儿童身高、阅读能力和阅读行为对照 [①]

年龄	身高	阅读能力	阅读行为
12 个月以下	60 厘米	通过触觉来认识图书	以书为玩具
1 岁	70 厘米	将图书与实物对应起来	能独立翻页
1 岁半	80 厘米	能够识别书中的图片	喜欢听故事
2 岁	90 厘米	能理解书中两到三个小情景	喜欢简短的故事
3 岁	100 厘米	通过图书开始书面语言的学习	有自己喜爱的故事主题
4 岁	110 厘米	向自主阅读过渡	喜欢绘本故事和童话故事
5—6 岁	120 厘米	开始对简单文字及数字感兴趣	喜欢连贯的、有情节的绘本、故事书和简单的科普类图书

① 《综合篇》德国孩子阅读测量尺的详细内容 [EB/OL]. [2020-07-08]. http://blog.sina.com.cn/s/blog_5a3616730100gvo2.html.

"阅读尺"通常左侧是身高测量尺，右侧是与身高相对应的儿童年龄，以及这个年龄段儿童应具备的阅读能力和给家长的阅读指导。家长只需持尺测量孩子身高，相应的阅读启蒙指南便一览无余。在"阅读尺"的帮助下，阅读的阶段性变得像测量身高一样直观、清晰。正是因为它简单、易操作，才成为了各个阶段儿童阅读的"利器"。

在"阅读尺"的基础上，我国张家港市少儿图书馆与南京师范大学全民阅读研究中心组成课题组，编制了《0—3岁婴幼儿阅读能力发展测评标准》，它是全国首个低幼儿童阅读能力测评标准。[①] 该标准综合阅读学、心理学、教育学、生理学等多学科理论，将阅读能力发展与语言能力发展、认知能力发展、表达能力发展等相结合，分为6个月、12个月、24个月和36个月宝宝阅读能力测评标准，从阅读兴趣、阅读习惯、阅读能力三个维度进行考量（见表5-2）。家长等非专业人群可结合此标准，根据婴幼儿日常生活行为，评价婴幼儿阅读能力发展水平，并找到对应的阅读建议。测评标准有助于家长正确认识0—3岁婴幼儿阅读能力及其发展规律，科学指导家长培养婴幼儿早期的阅读兴趣和阅读习惯，推进亲子阅读和家庭阅读。

表5-2　6个月、12个月、24个月、36个月宝宝阅读能力测评标准 [②]

6个月宝宝阅读能力测评标准		
维度	目标	评价（打√）
阅读兴趣	对宝宝讲故事，他会很高兴。	
阅读习惯	看见书上的彩色图画，会注视几秒。	
阅读能力	会对家长常给予其看的熟悉的书说话，发出"a、o、e"单音节的音。	

---

① 重磅 | 张家港发布全国首个0—3岁婴幼儿阅读能力发展测评标准 [EB/OL].（2016-01-01）[2020-11-30]. https://www.sohu.com/a/79228266_349719.
② 张家港市少年儿童图书馆提供。

续表

测试结果评价	0 个√：宝宝还没有形成阅读的基本行为，需要进一步培养。
	1—2 个√：宝宝有了基本的阅读行为，仍有发展潜力。建议家长从宝宝的兴趣出发，更多地培养他们对阅读的兴趣。
	3 个√：宝宝已经有了相应的阅读行为，家长可以在此基础之上更多地培养他们对书面语言的兴趣。

12 个月宝宝阅读能力测评标准

维度	目标	评价（打√）
阅读兴趣	会追视在眼前移动的书。	
	对着书给他讲故事，会表现得很兴奋。	
阅读习惯	会模仿或假装看书的样子，还会翻书。	
	想让大人给念故事书时，会将书递给大人。	
阅读能力	听见熟悉的书名或看到常看的图书画面时会有反应，如咿咿呀呀开心地发声。	
	能完整听完一个简短的绘本故事。	
测试结果评价	0 个√：宝宝还没有形成阅读的基本行为，还需要进一步培养。	
	1—3 个√：宝宝有了基本的阅读行为，但与同龄人相比，仍有发展的潜力。建议家长从宝宝兴趣出发，更多地培养他们对阅读的兴趣。	
	4—5 个√：宝宝已经有了比较好的阅读行为，建议家长多和宝宝一起分享阅读的快乐，更多地培养他们的阅读兴趣。	
	6 个√：宝宝已经具备了阅读的准备性能力。建议家长从宝宝感兴趣的主题入手，引导他们多阅读，会有意想不到的收获。	

24 个月宝宝阅读能力测评标准

维度	目标	评价（打√）
阅读兴趣	喜欢一页一页连续翻书。	
	有兴趣地听 5—10 分钟音乐和故事。	
	给宝宝读书时，宝宝会问"这是什么""那是什么""里面有什么""有哪些不同""它有什么用"等等。	

阅读习惯	知道书该怎么拿。	
	大人吩咐看书，宝宝会拿起书，像模像样地看上5分钟。	
阅读能力	能迅速说出自己熟悉的书名。	
	能听懂短小的儿歌或故事。	
	对重复阅读的图书，能记住内容，简单复述。	
	能够指认或说出书本上的常见物体，并能在实际生活中找到书中的相关内容和物品。	
测试结果评价	3个√以下：宝宝还没有具备阅读的准备性能力，还需要进一步培养。	
	4—5个√：宝宝具备了一定的阅读准备性能力，但与同龄人相比，仍有发展的潜力。建议家长从宝宝兴趣出发，更多地培养他们对阅读的兴趣。	
	6—7个√：宝宝已经有了相应的阅读准备性能力，建议家长多和宝宝一起分享阅读的快乐，更多地培养他们的阅读兴趣。	
	8个√以上：宝宝已经具备了阅读的基本能力，建议家长从他们感兴趣的主题入手，引导他们多阅读，会收到意想不到的效果。	

36个月宝宝阅读能力测评标准

维度	目标	评价（0—5分）
阅读兴趣	主动要求大人讲故事、读图书。	
	集中注意力的时间较2岁前有明显的增长，能耐心听完一本文字较多的故事书。	
	喜欢跟读韵律感强的儿歌、童谣等。	
	反复看自己喜欢的图书。	
阅读习惯	开始建立与家长共读图书的好习惯，有时会自己选书，要求大人给他们阅读。	
	在共读时会纠正父母漏掉和说错的部分。	
	爱护图书，不乱撕、乱扔。	

续表

阅读能力	能独立阅读图书，能区分图书的封面、封底。	
	能通过封面认识不同的图书。	
	会看画面，能根据画面说出图中有什么、发生了什么事等。	
	能把书上的图画与现实生活中的某件事物联系起来。	
	阅读图书上的图并且意识到图片是真实物体的一种反映，能够指认书本上的物体。	
	能够背诵出熟悉的图书的内容。	
	能对书中的角色做一些评论。	
	能理解图书上的文字是和画面对应的，是用来表达画面意义的。	
	有时候似乎能够区分图形和文字的差异。	
	可能开始关注某些特定的印刷字词，自然地能认一些常见的字。	
	能通过发声游戏感受语言节奏带来的快乐和语言游戏的趣味等。	
	逐渐有目的地涂涂画画，并表达一定的意思。	
测试结果评价	0—30分：宝宝还没有具备阅读的基本能力，在阅读习惯及口语理解能力等方面还需要进一步培养。	
	31—55分：宝宝已经具备了基本的阅读能力，但其阅读能力与同龄人相比，仍有发展的潜力。建议家长多和宝宝一起分享阅读的快乐，培养他们的阅读兴趣。	
	56—75分：宝宝已经具备了3岁儿童应有的阅读能力，对文字也有了一定的认识和了解。家长可以在此基础之上，更多地培养他们对书面语言的兴趣。	
	76—100分：宝宝的阅读能力比较强，对语言、文字的好奇心很强。在这求知若渴的阶段，家长可以从他们感兴趣的主题入手，引导他们多阅读，会收到意想不到的效果。	

　　图书馆可以根据自身情况，按照三类内容来安排阅读包中的具体物品，使用与阅读活动统一的名称、统一的标志。以阅读包发放为主的"走出去"模式，主要阵地在幼儿的家，图书馆的专业性是通过家长间接体现出来的。在此模式中，家长发挥主要作用，引领早期阅读的开展，图书馆提供资源与专业技术上的支持。

5.3.2　"引进来"模式——举办故事会，以馆为主阵地

"引进来"模式基于公共图书馆定期开展的低幼儿童服务活动，以故事会为主要形式，这也是公共图书馆低幼儿童阅读服务中普遍采取的方式。早在文字发明之前，讲故事的活动就已经出现。据文字记载，早在公元前2000年讲故事活动就已经存在，1907年斯梯尔（Richard Steele）提出了讲故事（story telling）这个专业术语，后来被人们广泛使用。[①]讲故事在20世纪初被引入图书馆内，成为低幼儿童服务的主要方式。发展至今，讲故事的内涵不断丰富，在其基础上衍生出了演故事、谈故事、唱故事等多种形式。图书馆通常会结合低幼儿童的特点，在讲故事之后增加韵律操、手指操、亲子游戏、手工制作、拼插游戏等，形成一个以故事会为主体的活动单元。这些活动使用固定的名字，定期举办，有些会逐步成为图书馆的服务品牌。"引进来"模式中的一些阅读活动是作为"走出去"模式的配套活动出现的，如"阅读起跑线"推出的"童谣时间""故事时间""蓝熊俱乐部"等就是与阅读包发放相配套的后续活动，目的就是借助"走出去"模式所打造的品牌效应，将阅读活动延续下去。

"引进来"模式将阅读活动的阵地由家庭转移到了图书馆，由图书馆员、领域专家或志愿者发挥主导作用。从前期的活动策划到中期的活动组织，再到后期的活动总结，都是由馆员来推动、完成的。家长作为低幼儿童的陪同人员共同参与活动。在传统的讲故事时期，家长是不允许参与的，因为以馆员为代表的人群普遍认为要培养儿童独立自主的阅读能力。[②]随着"聚焦家庭"服务路线的确立，家长在早期阅读中的重要性被发觉，因此家长作为阅读共同体被鼓励参与到活动中来，通过与幼儿互动共同开展阅读，发展亲子关系。故事会

① 潘兵，张丽，李燕博.公共图书馆的未成年人服务研究[M].北京：国家图书馆出版社，2011：54.

② Albright M., Delicki K. & Hinkle S. The Evolution of Early Literacy: A History of Best Practices in Storytimes [J]. Children and Libraries 2009, 7 (1):13-18.

不是单纯讲故事，而是系列活动的结合。在面向低幼儿童的服务中，阅读已不再只局限于传统意义上的读书，而是加入了"听""说""写（画）""唱""玩"各个要素，能充分调动各个感官。这种阅读尤其重视"玩"的要素，突出阅读的趣味性，能激发孩子阅读的兴趣，为他们创造愉快的阅读体验。

"引进来"模式的核心是将阵地由家庭转移到图书馆，因此图书馆应发挥自身的资源与人员优势，不仅要为阅读活动的开展提供图书资料，精心策划各项活动，为亲子阅读的开展提供指导，还要积极为亲子互动打造一个舒适的空间。在这个空间里，家长能够与他们的孩子一起玩、一起学、一起成长，紧密联系在一起。这个空间应该成为家庭活动空间的扩展，在这里，家长与孩子都能得到充分的放松，在愉悦、轻松的环境中享受阅读的美好。传统印象中"安静"的图书馆变得"热闹"起来，低幼儿童阅读区与图书馆其他区域按照"动静分离"的原则区分开来，鼓励低幼儿童充分释放自己的天性。儿童区的读者姿势万千：坐、爬、趴、跑，还有被抱在怀里的，阅读成为一件快乐的事情。

对于低幼儿童而言，家始终是其阅读的主要场所，家长是其阅读启蒙的老师，图书馆与馆员主要起辅助作用。"引进来"模式通过丰富的活动将低幼儿童和家长吸引入馆，发挥图书馆的资源与空间优势，发挥馆员自身的专业优势，为亲子阅读做好示范。因此，图书馆在此过程中更多扮演的是阅读"加油站"的角色，目的是让阅读活动延伸至家庭。

5.4 本章小结

本章在已有实践探索的基础上，尝试构建可移植、可复制的公共图书馆低幼儿童服务模式，从而推动公共图书馆低幼儿童服务不断高质量地发展。服务对象、服务阵地、服务重心、服务内容、服务策略与服务渠道是构建公共图书馆低幼儿童服务模式时无法绕开的关键要素。只有厘清这些关键点，低幼儿童服务模式的构建才能更加科学。低幼儿童自身的特色决定了面向这类群体的服务是与众不同的，它的服务对象为低幼儿童和家长两类群体，服务阵地为家庭与图书馆，服务重心为阅读推广和阅读指导，服务内容为阅读包的发放和故事会等活动的开展，服务策略为"走出去"和"引进来"，服务渠道为线上和线下。

目前，国内外公共图书馆开展的低幼儿童服务中，具有代表性的有英国的"阅读起跑线"及其后续活动、美国的"出生即阅读""图书馆里的每个孩子都做好了阅读准备""轻松识字的鹅妈妈"、德国的"起点阅读——阅读的三个里程碑"、中国的"悦读宝贝计划"与"小可妈妈伴小时"等。本章对其进行深入剖析，发现公共图书馆低幼儿童服务方式大体上有两种：一种是以图书礼包派送为主的馆外阅读推广服务，如"阅读起跑线""出生即阅读""起点阅读——阅读的三个里程碑""悦读宝贝计划"等都会发放阅读包；另一种是定期在馆内举办的阵地服务，如"阅读起跑线"的后续活动"童谣时间""故事时间""蓝熊俱乐部"等。在此基础上，本章构建出公共图书馆低幼儿童服务的两种主要模式：一种是以发放阅读包为主，走进幼儿家庭的"走出去"模式；另一种是以举办故事会为主，吸引幼儿及其家长入馆的"引进来"模式。前者以家庭为阵地，以家长为主要组织者，后者以图书馆为主要阵地，以馆员、相关领域的专家和志愿者为主要推动者。虽然两种模式的内容有所区别，策略与手段有所不同，但最终的目标是一致的，即将低幼儿童与图书资源联系起来，诱发早期阅读行为的发生，从而培养幼儿的阅读兴趣与阅读习惯，为其自主学习和终身学习打下良好的基础，让其为入学做好准备。

6 公共图书馆低幼儿童服务的
保障要素与保障体系

公共图书馆低幼儿童服务要持续开展并不断走向高质量发展之路，必须建立完善的保障体系，从人、财、物、制度、评估等多角度提供支持与保障。本章首先对影响公共图书馆低幼儿童服务开展的因素进行梳理，从中提取出保障要素。其次按照服务开展的流程，将其区分为服务前期保障要素、服务中期保障要素和服务后期保障要素三类。服务前期通过政策和法律法规等来规范低幼儿童服务；服务中期对影响低幼儿童服务开展的四类基本要素——馆员、馆藏、空间、服务进行完善，为低幼儿童服务的顺利开展提供支撑；服务后期通过评估追踪来检验低幼儿童服务的效果，改进不足之处；宣传推广贯穿于服务的全过程，前期大力宣传，提高服务的知晓度，后期积极推广，扩大服务的覆盖面。

6.1 服务保障的基本要素

要为公共图书馆低幼儿童服务的开展提供保障，首先要知道影响服务开展与服务质量的因素都有哪些。低幼儿童自身的因素（阅读兴趣、阅读能力和阅读经历等）固然会影响服务的开展，但这些因素比较主观，个体差异较大，因此本节仅对影响低幼儿童服务的客观因素进行分析。国内外学者的学术研究成果与国际图联"四部指南"是笔者对保障要素进行提取的参考依据。

6.1.1　国内外学者研究成果中的论述

国外学者对公共图书馆儿童服务影响因素的研究中，最具代表性的研究成果是美国学者托马斯在其博士论文《美国公共图书馆儿童服务的起源：1875—1906》(*The Genesis of Children's Services in the American Public Library: 1875-1906*) 中提出的"五因素"说（专门馆藏、专门空间、专业人员、针对少年儿童的专业活动与服务、与其他少儿服务组织或机构形成的合作网络）。五因素说对美国图书馆未成年人服务的理论和实践都产生了重大影响，直到今天仍是美国学者衡量一个少儿图书馆是否专业化的参考依据之一。[①]同时，这五个因素也成为学者研究图书馆未成年人服务时无法绕开的几个关键点。伊利诺伊大学厄巴纳-香槟分校的詹金斯（Christine A. Jenkins）教授在《图书馆未成年人服务的历史：对研究文献的回顾与总结》(*The History of Youth Services Librarianship: A Review of the Research Literature*) 一文中指出，托马斯提出的这五个因素已经成为其他学者进行图书馆儿童服务研究时采用的框架。[②]

国内关于图书馆儿童服务影响因素方面的研究，最具代表性的是刘国钧先生的相关研究成果。在 20 世纪 20 年代撰写的《儿童图书馆和儿童文学》一文中他就提出："完善的儿童图书馆必须具备三大要素，即合法的设

---

① Kate McDowell. Guiding Children's Reading: Surveys of Youth Service Methods and Emerging Professional Specialization Before 1990 [EB/OL]. [2020-09-11]. http://www.katemcdowell.com/mcdowell-guiding-childrens-reading.pdf.

② Christine A. Jenkins. The History of Youth Services Librarianship: A Review of the Research Literature [J]. Libraries & Culture, 2000(35)1:103-140.

备、适宜的管理员和正当的书籍。"①设备、馆员和书籍是刘先生认为的一个儿童图书馆必备的三大要素。1957年，刘先生在论文《什么是图书馆学》中指出，"图书馆学所研究的对象就是图书馆事业及其各个组成要素"，"图书、读者、领导和干部、建筑与设备、工作方法是图书馆事业的五项组成要素"②。刘先生提取、概括图书馆事业的组成要素，他也成了"图书馆事业说"的代表人物。刘先生从整体上梳理图书馆事业发展的基本要素，从侧面展示了影响图书馆儿童服务开展的因素。

6.1.2 国际图联"四部指南"中的规定

《婴幼儿图书馆服务指南》(*Guidelines for Library Services to Babies and Toddlers*)、《儿童图书馆服务指南》(*Guidelines for Children's Library Services*)、《青少年图书馆服务指南》(*Guidelines for Library Services For Young Adults*) 和《0—18岁儿童图书馆服务指南》(*Guidelines for Library Services to Children aged 0-18*) 是国际图书馆协会联合会（简称"国际图联"）制定的四部面向儿童与青少年群体的服务指南。从严格意义上来说，是三部指南加其中一部指南的修订版（《0—18岁儿童图书馆服务指南》是《儿童图书馆服务指南》的修订版），简称"四部指南"。这四部指南是世界范围内通用的图书馆儿童服务规范与指导性文件，也是最具专指性的国际性图书馆儿童服务文件，凝聚了全球图书馆界在儿童服务上的共识，汇集了世界范围内图书馆儿童服务的最佳模式，具有普遍指导意义，为图书馆儿童服务的开展提供了有力的保障和可供参考的规范。③同时，"四部指南"搭建了图书馆儿童服务的框架体系。笔者依据"四部指南"所提供的框架体系，归纳出影响图书馆儿童服务

---

① 刘国钧. 儿童图书馆和儿童文学 [M]// 刘国钧. 刘国钧图书馆学论文选集. 北京：书目文献出版社，1983：4-10.

② 刘国钧. 什么是图书馆学 [J]. 中国科学院图书馆通讯，1957（1）：1-5.

③ 秦东方，张丽. 图书馆未成年人服务的政策规范与法律保障——图书馆未成年人服务国际性政策与文件的解读与研究 [J]. 图书馆工作与研究，2017（9）：64-70.

的 9 项因素，详见表 6-1。

表 6-1　国际图联"四部指南"框架体系中涉及的图书馆儿童服务影响因素[①]

指南名称（简称）	馆员	馆藏	空间设施	服务	宣传推广	合作网络	经费	技术	影响评估
婴幼儿指南	★	★	★	★	★	★	★		★
儿童指南	★	★	★	★	★	★	★		★
青少年指南	★	★		★	★	★			★
0—18 岁儿童指南	★	★	★	★	★				★

馆员、馆藏、空间设施、服务、宣传推广、合作网络、经费、技术、影响评估是"四部指南"中涉及的对图书馆儿童服务具有影响的 9 项因素。其中，有些是"四部指南"中共同提到的，有些则是个别指南中提及的。这些因素是构建公共图书馆低幼儿童服务保障体系的基本要素，从这些基本要素入手，可以为低幼儿童服务的开展提供保障。

6.1.3　服务保障要素的提取

国际图联"四部指南"作为世界范围内专门对图书馆儿童服务进行规范的文件，确立了图书馆儿童服务应遵循的基本规范，搭建了图书馆儿童服务的框架体系，奠定了图书馆儿童服务应恪守的核心理念。"四部指南"并不是彼此替代的关系，而是相互补充、相互完善的。《青少年图书馆服务指

[①]　Kathy East, Ivanka Stricevic. Guidelines for Library Services to Babies and Toddlers [EB/OL]. [2020-12-06]. https://www.ifla.org/files/assets/hq/publications/professional-report/132.pdf.

IFLA. Guidelines for Children's Library Services [EB/OL]. [2020-12-06]. https://www.ifla.org/files/assets/libraries-for-children-and-ya/publications/guidelines-for-childrens-libraries-services-zh.pdf.

IFLA. Guidelines for Library Services to Children aged 0-18[EB /OL]. [2020-12-06]. https://www.ifla.org/files/assets/libraries-for-children-and-ya/publications/ifla-guidelines-for-library-services-to-children_aged-0-18-zh.pdf.

IFLA. Guidelines for Library Services for Young Adults [EB /OL]. [2020-12-06]. https://www.ifla.org/files/assets/libraries-for-children-and-ya/publications/ya-guidelines2-en.pdf.

南》可以看作是对《儿童图书馆服务指南》的补充,《婴幼儿图书馆服务指南》可以看作是对《儿童图书馆服务指南》的深化。《0—18 岁儿童图书馆服务指南》(简称"2018 年版指南")虽然是 2003 年版《儿童图书馆服务指南》的修订版,但却可以间接看作是对另外两部指南的完善,因为它一定程度上也涵盖了婴幼儿和青少年两个年龄段。

作为《儿童图书馆服务指南》的修订版,2018 年版指南的框架体系可谓代表了最新的影响因素划分思路。它共分为使命与目的、馆员、馆藏、活动、空间、营销和推广、评估和影响七个部分。相比于 2003 年版的变动如下:将之前单独罗列的"经费"与"合作网络"归入"馆员"部分,"技术"归入"资源建设"部分。这样的变动是因为馆员的薪酬与培训费用占据经费的大部分,预算计划与申请也是由馆员来完成的,因此将"经费"移入"馆员"部分更加顺理成章。"合作网络"的构建主要指的是图书馆与其他关注儿童需求的非营利组织建立伙伴关系。机构之间的合作归根结底是人员之间的合作,即图书馆员之间及图书馆员与其他行业人员的合作,因此将"合作网络"归到了"馆员"的大类之下。数字资源是馆藏资源的重要组成部分,物理馆藏与数字馆藏成为馆藏资源的两类主要形式。在数字时代,图书馆应是儿童使用技术、获取资源和信息以及学习如何批判性地评估信息的场所。技术对于资源的获取、传递和使用都产生了影响,将之归入"资源"下更加合理。除此之外,图书馆空间环境中设施设备的配备、服务的开展和宣传推广中都融入了技术的要素,因此不再单独提及"技术"。[①]

结合 2018 年版指南中划分影响因素的思路、国内外学者的研究成果及"四部指南"的框架体系,笔者将公共图书馆低幼儿童服务的保障要素分为馆员、馆藏、空间、服务、宣传推广和影响评估。此外,再加上制度规范,共七大要素。

---

① 张丽. 国际图联儿童图书馆服务指南的坚守与创新 [J/OL]. 图书馆论坛:1-10 [2020-12-07]. http://kns.cnki.net/kcms/detail/44.1306.g2.20201009.1728.008.html.

6.2 服务保障体系的构建

提取出影响图书馆低幼儿童服务的保障要素后，可以按照一定的思路对这些要素进行组合，构建起服务保障体系，为图书馆儿童服务的开展与高质量发展提供充分的保障。

6.2.1 服务保障体系的构建思路

笔者将基于国内外研究成果与政策性文件提取出的七个服务保障要素纳入服务保障体系之中，摒弃传统的"人、财、物"的简单划分方法，采取动态的方法，以服务开展的流程为主要依据，将七个要素分别归入服务前期、服务中期与服务后期三个阶段中。服务前期主要由制度规范提供保障，对服务的开展提出基本要求以及说明各个方面可以达到的理想状态；服务中期由馆员、馆藏、空间、服务等要素提供基本支撑；服务后期从评估追踪方面为服务的开展提供反馈，使其不断改进。宣传推广贯穿于服务的整个流程，前期宣传，提高服务的知晓度；后期推广，扩大服务的覆盖面。服务前期、中期与后期是一个闭环，相互联系，相互推动，从而让服务的开展处于良性循环之中（见图 6-1）。

6.2.2 服务保障体系的主要内容

按照服务开展的流程（服务前期——服务中期——服务后期），围绕七大保障因素，构建起公共图书馆低幼儿童服务的保障体系。服务前期由制度规范提供保障，首先对国内外已有的政策、法律、法规等文件进行梳理，厘清公共图书馆低幼儿童服务的专门文件及相关文件都有哪些，然后分析这些文件是如何为服务开展提供保障的，主要在哪些方面做出了怎样的规定。服务中期围绕影响低幼儿童服务开展的支撑要素展开，分别从馆员、馆藏、空间、服务四个方面规定。其中，馆员是保障低幼儿童服务顺利开展的灵魂要素，馆藏是低幼儿童服务顺利开展的基础要素，空间是低幼儿童服务顺利开展的前提要素，服务是低幼儿童服务顺利开展的关键要素。以这四个要素为中心，将对其产生影响的方面考虑在内，从而有针对性地为服务的开展提供保障。服务后期依靠影响评估对服务进行测评，提供反馈，查找不足，提出改进方向。宣传推广贯穿于服务的全过程，前期大力宣传，提高服务的知晓度；后期积极推广，扩大服务的覆盖面。

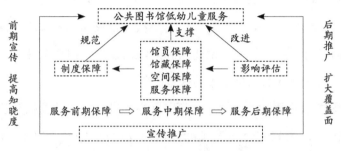

图 6-1 公共图书馆低幼儿童服务保障体系的构建

6.3 服务前期保障——制度规范

图书馆低幼儿童服务的开展离不开相关法律、法规等规范性制度文件的监督和约束。图书馆领域的公约、声明、宣言、标准、指南等，作为全球图书馆界的行动纲领，为世界范围内图书馆儿童服务的开展提供了参考依据和准绳。除了行业领域的整体性文件，为了更好地规范图书馆儿童服务的开展，国际图联先后出台了四个具有专指性的图书馆儿童服务国际性文件，即"四部指南"，为图书馆儿童服务的开展提供了有针对性的规范与指导。

国际范围内的行业领域文件和国际图联关于图书馆儿童服务的专门文件是世界范围内通用的图书馆儿童服务规范与指导性文件，具有普适性，是每个国家的图书馆开展儿童服务的参考依据，也为图书馆儿童服务的开展提供了政策和制度依据。而国内出台的政策与文件，更具有本地适应性。本节对国际性文件进行梳理后，再对国内出台的相关文件进行梳理，以厘清国内外是如何对公共图书馆低幼儿童服务进行规范及提供制度保障的。

6.3.1　国际文件

按照文件适用范围由大到小的顺序，我们先列出与图书馆儿童服务开展相关的整体性文件，如《儿童权利公约》《公共图书馆宣言》《图书馆权利宣言》及其解释性文件等，这些文件主要从儿童权利与公共图书馆服务精神理念等层面进行规定；然后再论述国际图联出台的专门性文件——"四部指南"对图书馆开展低幼儿童服务的规范。[①]

（1）图书馆儿童服务遵循的首部国际性准则——《儿童权利公约》

联合国《儿童权利公约》（*Convention on the Rights of the Child*，以下简称《公约》）是第一部全面对儿童权利进行保障且具有法律约束力的国际性约定，1989 年 11 月 20 日第 44 届联合国大会第 25 号决议通过，1990 年 9 月 2 日正式生效。《公约》是世界法制史上首部保护儿童权益的国际法律义书，也是目前为止被世界上绝大多数国家所认可的国际法。从出台到现在的 30 多年内，已经有超过 100 个国家将《公约》的有关规定纳入了本国的法律之中。它已经成为目前国际上认可度最高、应用最广泛的对儿童权益进行保护的准则，在它的规范下，保护儿童的意识和实际情况得到了显著提高和改善。

《公约》共有 54 项条款，实质性条款 41 项，涵盖了所有人权范围，保障儿童在经济、政治、文化和社会等方面的权利。《公约》规定，凡 18 周岁以下者均为儿童（除非有些国家或地区的法律对此有不同的定义），均享

---

① 秦东方，张丽.图书馆未成年人服务的政策规范与法律保障——图书馆未成年人服务国际性政策与文件的解读与研究 [J]. 图书馆工作与研究，2017（9）：64-70.

有该文件中所规定的数十种权利，如姓名权、国籍权、生存权、受教育权、参与文化生活和社会生活的权利等。其中最基本的权利为四种：生存权、受保护权、发展权和参与权。《公约》还确立了四项基本原则：不歧视原则（每一个儿童都平等地享有公约所规定的全部权利，儿童不应因其本人及其父母的种族、肤色、性别、语言、宗教、政治观点、民族、财产状况和身体状况等受到任何歧视）；儿童的最大利益原则（涉及儿童的一切行为必须首先考虑儿童的最大利益）；确保儿童的生命权、生存权和发展权的完整原则（所有儿童都享有生存和发展的权利，应最大限度地确保儿童的生存与发展）；尊重儿童的意见原则（任何涉及儿童的事情，均应听取儿童的意见，所有儿童必须享有发言权，他们的声音必须被倾听）。《公约》中的所有条款都是建立在这四项基本原则之上的。《公约》通过保健、教育的标准以及法律、公民权和社会等方面的规定来保护儿童的上述权利，明确了国际社会在儿童工作领域的目标和努力方向。

（2）图书馆儿童服务的纲领性文件——《公共图书馆宣言》

联合国教科文组织颁布的《公共图书馆宣言》（*Public Library Manifesto*，以下简称《宣言》）是公共图书馆界的一条准绳，是各国图书馆事业都必须遵循的准则，也是公共图书馆发展过程中非常重要的一个文件，带有图书馆界"根本大法"的意味。它确立了公共图书馆服务的基本理念，取消了图书馆用户年龄的限制，把儿童纳入公共图书馆的服务对象中。之后的三个修订版本（1949年版、1972年版和1994年版）中对儿童年龄限制的取消，体现了国际图书馆界儿童服务立场的变化。《宣言》是指导图书馆儿童服务开展的纲领性文件，其基本原则就是对所有人提供平等的、无偿的服务，对图书馆儿童服务的开展具有深远影响和重大意义。

（3）图书馆儿童服务开展的原则性文件——《图书馆权利宣言》及其解释性文件

美国图书馆协会制定的《图书馆权利宣言》（*Library Bill of Rights*，以下简称《权利宣言》）及其解释性文件是图书馆儿童服务开展的原则性文件，确定了图书馆儿童服务的基本准则，致力于保障儿童同成人一样平等地享有图书馆服务的权益，不因年龄的限制在信息的获取和言论的表达上受到任何制约。虽然《权利宣言》是由美国图书馆协会制定而不是由图书馆的国际性组织颁布的，但却在国际图书馆界产生了深远影响，确立了西方现代"图书馆自由"精神的基本内涵。

《权利宣言》由美国图书馆协会于 1939 年 6 月 19 日制定，之后分别于 1944 年的 10 月 4 日、1948 年的 6 月 18 日、1967 年的 6 月 27 日、1980 年的 1 月 23 日和 1996 年的 1 月 23 日修订。《权利宣言》中提出了六项基本条款来指导图书馆的服务。作为一份指导图书馆服务的基本原则声明，文本十分简明扼要，提纲挈领，但无法穷尽一切问题。针对图书馆在实际工作中应用这些原则时出现的问题，经美国图书馆协会知识自由委员会起草、美国图书馆协会理事会批准，美国图书馆协会相继发布了 28 个与《权利宣言》配套的解释性文件。[①] 其中，保障儿童和青少年使用图书馆服务的有 4 个，分别是：《无论性别、性别认同、性别表达或性取向如何都能获得图书馆资源和服务》(*Access to Library Resources and Services Regardless of Sex, Gender Identity, Gender Expression, or Sexual Orientation*)、《学校图书馆资源与服务的利用》(*Access to Resources and Services in the School Library*)、《未成年人获取图书馆的资源与服务》(*Access to Library Resources and Services for Minors*) 和《未成年人与网络活动》(*Minors and Online Activity*)。[②]

《未成年人获取图书馆的资源与服务》是专门针对图书馆年龄限制问题所做的进一步解释，是对《权利宣言》第五条内容的阐释，它确保未成

---

① ALA. Interpretations of the Library Bill of Rights [EB/OL]. [2020-12-15]. http://www.ala. org/advocacy/intfreedom/librarybill/interpretations.

② 程焕文. 图书馆权利的界定 [J]. 中国图书馆学报 2010，36（2）：38-45.

年人能与成人一样平等使用图书馆的资源与设施。①《无论性别、性别认
同、性别表达或性取向如何都能获得图书馆资源和服务》也是对《权利宣
言》第五条内容的进一步深化，确保全体公民不因年龄、性别、性取向等
被剥夺使用图书馆资源的权利。②《学校图书馆资源与服务的利用》同样是
对《权利宣言》第五条内容的强化，因为《权利宣言》适用于一切图书馆，
因此学校图书馆也被包含在内。该文件认为馆员需要积极营造一种知识自
由的氛围，确保所有的学生都能够平等使用学校图书馆的设施设备和资源，
享受各种服务。③《未成年人与网络活动》从网络环境下信息资源的自由使
用方面进行了更深入的阐述，未成年人拥有在学校和图书馆检索、创建信
息和与互联网上的信息发布者进行互动的权利，这是《权利宣言》中未成
年人权利的延伸。④

（4）涵盖各个年龄段的图书馆儿童服务专门指南——国际图联"四部
指南"

从 1991 年第一版《儿童图书馆服务指南》的面世到 2018 年修订版的
出台，国际图联共推出了四部专门面向儿童与青少年群体的服务指南，分
别是《婴幼儿图书馆服务指南》《儿童图书馆服务指南》《青少年图书馆服
务指南》《0—18 岁儿童图书馆服务指南》（简称"四部指南"）。从严格意

---

① Access to Library Resources and Services for Minors: An Interpretation of the Library Bill
of Rights [EB/OL]. [2020-12-15]. http://www.ala.org/advocacy/intfreedom/librarybill/
interpretations/minors.

② Access to Library Resources and Services Regardless of Sex Gender Identity Gender
Expression or Sexual Orientation [EB/OL]. [2020-12-15]. http://www.ala.org/advocacy/
intfreedom/librarybill/interpretations/accesslgbt.

③ Access to Resources and Services in the School Library: An Interpretation of the Library
Bill of Rights [EB/OL]. [2020-12-15]. http://www.ala.org/advocacy/intfreedom/librarybill/
interpretations/accessresources.

④ Minors and Online Activity: An Interpretation of the Library Bill of Rights [EB/OL]. [2020-
12-15]. http://www.ala.org/advocacy/intfreedom/librarybill/interpretations/minorsonlineactivity.

义上来说，是三部专门指南加其中一部指南的修订版（详见表 6-2），这是国际图联出台的专门面向儿童与青少年群体的国际性系列文件，它们是相互关联的整体。

表 6-2 "四部指南"的基本情况[①]

指南名称	发布时间	修订时间	面向的年龄段
《婴幼儿图书馆服务指南》	2011 年	未修订	婴儿（出生至 12 个月） 蹒跚学步儿童（12 个月至 3 岁）
《儿童图书馆服务指南》	1991 年	2003 年 2018 年	儿童（13 岁以下）
《青少年图书馆服务指南》	1996 年	2006 年	青少年（12—18 岁）
《0—18 岁儿童图书馆服务指南》	2018 年	/	0—18 岁儿童

《婴幼儿图书馆服务指南》是三部"分阶段"指南中最后出版的，面向的对象是出生至 3 岁的儿童，包含婴儿（出生到 12 个月）和蹒跚学步儿童（12 个月到 3 岁）。[②]《儿童图书馆服务指南》于 1991 年首次出台，是"四部指南"中颁布最早的一部，也是面向儿童的图书馆指南从总体的图书馆指南中分离出来、独立发布的首次尝试。指南中的"儿童"指的是 13 岁以下的

---

① Kathy East, Ivanka Stricevic. Guidelines for Library Services to Babies and Toddlers [EB/OL]. [2020-12-06]. https://www.ifla.org/files/assets/hq/publications/professional-report/132.pdf.
IFLA. Guidelines for Children's Library Services [EB/OL]. [2020-12-06]. https://www.ifla. org/files/assets/libraries-for-children-and-ya/publications/guidelines-for-childrens-libraries-services-zh.pdf.
IFLA. Guidelines for Library Services to Children aged 0-18[EB /OL]. [2020-12-06]. https:// www.ifla.org/files/assets/libraries-for-children-and-ya/publications/ifla-guidelines-for-library-services-to-children_aged-0-18-zh.pdf.
IFLA. Guidelines for Library Services for Young Adults [EB /OL]. [2020-12-06]. https://www. ifla.org/files/assets/libraries-for-children-and-ya/publications/ya-guidelines2-en.pdf.
② Kathy East, Ivanka Stricevic. Guidelines for Library Services to Babies and Toddlers [EB/OL]. [2020-11-10]. https://www.ifla.org/files/assets/hq/publications/professional-report/132.pdf.

群体，包括婴幼儿、蹒跚学步儿童、学龄前儿童和学龄儿童。1991 年颁布后，于 2003 年进行了首次修订，修订后的指南被翻译成 15 种语言。[①]《0—18 岁儿童图书馆服务指南》由国际图联儿童与青少年图书馆部于 2018 年发布，是《儿童图书馆服务指南》的最新修订版。这部指南以 2018 年 9 月发布的《全球愿景》（*Global Vision*）为基础，年龄跨度为 0 岁到 18 岁，在原先的基础上增设 14—18 岁的青少年群体，第一次涵盖了儿童群体的全部年龄段。[②]《青少年图书馆服务指南》于 1996 年由国际图联儿童和青少年图书馆部制定，是"四部指南"中第二个颁布出台的，弥补了《儿童图书馆服务指南》中青少年群体缺失的不足。这部指南中的"青少年"指的是处于从儿童期向成人期过渡阶段的群体，年龄范围与《儿童图书馆服务指南》衔接，定为 12—18 岁。[③]可以说，国际图联的"四部指南"是目前图书馆儿童服务领域连续性最强、最成体系的专门文件，它们围绕图书馆未成年人服务开展的基本要素展开，详细规定了各方面应符合的要求。

6.3.2 国内文件

国际范围内出台的公约、声明、宣言、标准、指南为我国图书馆儿童服务提供了基本的依据。结合本国国情，我国先后制定并推出了一系列文件，用以规范与指导图书馆儿童服务的开展。目前出台的文件大体分为三类：儿童权利保护与儿童发展的纲领性文件、公共文化服务与公共图书馆领域的相关文件、图书馆儿童服务的专门文件。

---

① IFLA. Guidelines for Children's Library Services [EB/OL]. [2020-11-10]. https://www.ifla. org/files/assets/libraries-for-children-and-ya/publications/guidelines-for-childrens-libraries-services-zh.pdf.

② IFLA. Guidelines for Library Services to Children aged 0-18 [EB /OL]. [2020-11-10]. https:// www.ifla.org/files/assets/libraries-for-children-and-ya/publications/ifla-guidelines-for-library-services-to-children_aged-0-18-zh.pdf.

③ IFLA. Guidelines for Library Services for Young Adults [EB /OL]. [2020-11-10]. https:// www.ifla.org/files/assets/libraries-for-children-and-ya/publications/ya-guidelines2-en.pdf.

（1）儿童权利保护与儿童发展的纲领性文件

《公约》作为第一部有关保障儿童权利且具有法律约束力的国际性约定于 1990 年 9 月 2 日生效，1991 年 12 月 29 日第七届全国人民代表大会常务委员会第 23 次会议决定批准我国加入《公约》，同年出台了《中华人民共和国未成年人保护法》（以下简称《未成年人保护法》）。[①]《未成年人保护法》依据《宪法》制定，指导思想是：保护未成年人的身心健康，保障未成年人的合法权益，优化未成年人成长的社会环境，促进未成年人在品德、智力、体质等方面全面发展，使他们成为有理想、有道德、有文化、有纪律的社会主义现代化建设者。[②]自 1991 年出台后，先后于 2006 年、2012 年和 2020 年修订。《未成年人保护法》的保护对象为 18 周岁以下的未成年人，包含 6 岁以下婴幼儿，该法保障未成年人的生存权、发展权、受保护权、参与权等权利，确保未成年人依法平等地享有各项权利，不因本人及其父母或者其他监护人的民族、种族、性别、户籍、职业、宗教信仰、教育程度、家庭状况、身心健康状况等受到歧视。

1992 年，我国参考世界儿童问题首脑会议提出的全球目标和《儿童权利公约》，从中国国情出发，发布了《九十年代中国儿童发展规划纲要》（以下简称《九十年代发展纲要》）。这是我国第一部以儿童为主体、促进儿童发展的国家行动计划。《九十年代发展纲要》明确了那个时期儿童生存、保护和发展的主要目标以及实现这些目标的策略和措施。[③]纲要制定后，各级政府和有关部门积极采取措施，基本实现了纲要中提出的主要目标，使我国儿童

---

① 陈滨生，郑素一. 儿童权利的国际保护与我国的具体实施 [J]. 哈尔滨学院学报，2009，30（1）：46-49.

② 中华人民共和国未成年人保护法（2012 修正）[EB/OL].（2012-10-26）[2020-12-16]. https://www.pkulaw.com/chl/5b242b5a062cc53bbdfb.html?keyword=%E4%B8%AD%E5%8D%8E%E4%BA%BA%E6%B0%91%E5%85%B1%E5%92%8C%E5%9B%BD%E6%9C%AA%E6%88%90%E5%B9%B4%E4%BA%BA%E4%BF%9D%E6%8A%A4%E6%B3%95.

③ 宋岚芹.《九十年代中国儿童发展规划纲要》实施情况 [J]. 中华儿科杂志，2000（5）：13-15.

的生存、保护和发展取得了历史性的进步。2001 年，按照《中华人民共和国国民经济和社会发展第十个五年计划纲要》的总体要求，根据我国儿童发展的实际情况，以促进儿童发展为主题，以提高儿童身心素质为重点，以培养和造就 21 世纪社会主义现代化建设人才为目标，国务院颁布《中国儿童发展纲要（2001—2010 年）》，从儿童健康、教育、法律保护和环境四个领域提出了儿童发展的主要目标和策略措施，确立了儿童优先的原则。[①]《中国儿童发展纲要（2011—2020 年）》也延续了这一原则，指出要不断完善公共图书馆儿童服务体系，增加社区图书馆和农村流动图书馆数量，公共图书馆设儿童阅览室或读书角，有条件的县（市、区）建儿童图书馆。[②]

为深入贯彻《国家中长期教育改革和发展规划纲要（2010—2020 年）》和《国务院关于当前发展学前教育的若干意见》（2010 年），指导幼儿园和家庭实施科学的保育和教育，促进幼儿身心全面和谐发展，教育部于 2012 年 10 月 9 日颁布了《3—6 岁儿童学习与发展指南》（以下简称《发展指南》），为防止和克服学前教育"小学化"现象提供了具体方法和建议。《发展指南》以"领域—子领域—目标—各年龄段典型表现"为逻辑框架，从健康、语言、社会、科学、艺术等五个领域说明幼儿的学习与发展，分别对 3 至 4 岁、4 至 5 岁、5 至 6 岁三个年龄段末期幼儿应该知道什么、能做什么、大致可以达到什么发展水平提出了合理期望，指明了幼儿学习与发展的具体方向。[③]其中，语言领域的要求与图书馆儿童服务的关系最为密切，下分两个子领域：一个是"听与说"，指明幼儿期是语言发展的重要时期，要为幼

① 中国儿童发展纲要（2011—2020 年）[EB/OL].（2001-05-30)[2020-12-17]. https://baike. baidu.com/item/%E4%B8%AD%E5%9B%BD%E5%84%BF%E7%AB%A5%E5%8F%91% E5%B1%95%E7%BA%B2%E8%A6%81%EF%BC%882011-2020%E5%B9%B4%EF%BC %89/652802?fr=aladdin.
② 刘兹恒，武娇. 公共图书馆未成年人服务的指导文件——学习《中国儿童发展纲要（2011— 2020 年）》[J]. 图书与情报，2012（1）：1-3+66.
③ 鄢超云，魏婷.《3—6 岁儿童学习与发展指南》中的学习品质解读 [J]. 幼儿教育，2013（18）：1-5.

儿提供倾听与交谈的机会，如一起看图画书、讲故事；另一个是"阅读与书写准备"，指出要为幼儿提供良好的阅读环境与条件，激发幼儿的阅读兴趣，培养其阅读习惯。这些是社会各界对 3—6 岁儿童学习与发展的目标达成的共识，同样适用于公共图书馆儿童服务领域，可以对其进行指导与规范。

（2）公共文化服务与公共图书馆领域的相关文件

我国图书馆相关文件中最早提及少年儿童且对我国少儿图书馆事业发展产生重要影响的是 20 世纪 80 年代颁布的两个文件：一个是 1980 年 5 月 26 日中共中央书记处第 23 次会议通过的《图书馆工作汇报提纲》，① 另一个是 1981 年 7 月 24 日国务院办公厅转发的文化部、教育部和共青团中央《关于全国少年儿童图书馆工作座谈会的情况报告》。② 两个文件都明确指出要在中等以上的城市和大城市建立少年儿童图书馆，凡新建公共图书馆要考虑儿童阅读设施的安排。两个文件的出台为图书馆未成年人服务空间的设置提供了保障，带来了我国少儿图书馆事业发展的一个高潮。

由文化部主编、住房和城乡建设部与国家发展和改革委员会批准发布的《公共图书馆建设标准》（以下简称《建设标准》）于 2008 年 11 月 1 日起正式实施，其配套文件《公共图书馆建设用地指标》同年颁布实施。③ 这两个公共图书馆建设的全国统一标准是我国公共图书馆设施建设开始步入规范化、法制化轨道的标志，作为政府的规范性文件，为我国公共图书馆的建设提供了决策标准、行为依据和监督检查尺度。④《建设标准》第二十二条规

---

① 文化部图书馆事业管理局. 图书馆工作汇报提纲 [G]// 河北大学图书馆学系. 图书馆法规文件汇编. 保定：河北大学图书馆学系，1985：222.

② 国务院办公厅转发文化部等单位关于全国少年儿童图书馆工作座谈会的情况报告的通知 [G]// 河北大学图书馆学系. 图书馆法规文件汇编. 保定：河北大学图书馆学系，1985：252.

③ 李慧敏.《公共图书馆建设标准》和《公共图书馆建设用地指标》述评 [J]. 图书馆论坛，2010，30（2）：132-135.

④ 李国新. 公共图书馆"用地"与"建设"标准的性质、作用和特点 [J]. 中国图书馆学报，2009，35（1）：4-10.

定："少年儿童图书馆的建筑面积指标包括在各级公共图书馆总建筑面积指标之内，可以独立建设，也可以合并建设。独立建设的少年儿童图书馆，其建筑面积应依据服务的少年儿童人口数量确定；合并建设的公共图书馆，专门用于少年儿童的藏书与借阅区面积之和应控制在藏书和借阅区总面积的10%~20%。"① 这是我国首次对少儿阅览空间面积进行量化，规定应根据服务人口的数量来确定阅览空间面积的大小。

2015 年上半年，中共中央办公厅、国务院办公厅印发了《关于加快构建现代公共文化服务体系的意见》（以下简称《意见》）。该《意见》分总体要求、统筹推进公共文化服务均衡发展、增强公共文化服务发展动力、加强公共文化产品和服务供给、推进公共文化服务与科技融合发展、创新公共文化管理体制和运行机制、加大公共文化服务保障力度 7 部分共 26 条。②《意见》中说明了两件关于全民阅读的重要工作：第一，开展学龄前儿童基础阅读促进工作；第二，开展向中小学生推荐优秀出版物、影片、戏曲工作。这两条出现在"统筹推进公共文化服务均衡发展"下的"保障特殊群体基本文化权益"的规定中，与图书馆儿童服务的开展密切相关。公共图书馆要创造出有特色的阅读推广方式，如加强对亲子阅读、绘本阅读、活动式阅读等阅读方式基本规律和实践的研究与探索。③

2016 年 12 月 25 日，《中华人民共和国公共文化服务保障法》（以下简称《保障法》）表决通过。《保障法》共 6 章 65 条，内容包括我国公共文化服务建设和发展的基本原则、公共文化设施建设和管理、公共文化服务提供等方面，以强化政府保障责任为重点，为推进我国现代公共文化服务体系建

---

① 公共图书馆建设标准（建标108-2008）[EB/OL].（2011-03-15）[2012-12-17]. http://www.360doc.com/content/11/0315/21/6393723_101465936.shtml.

② 中办、国办印发《关于加快构建现代公共文化服务体系的意见》[EB/OL].（2015-01-14）[2020-12-17]. http://www.gov.cn/xinwen/2015-01/14/content_2804240.htm.

③ 李国新.现代公共文化服务体系建设与公共图书馆发展——《关于加快构建现代公共文化服务体系的意见》解析[J].中国图书馆学报 2015，41（3）：4-12.

设提供了根本遵循。① 未成年人作为公共文化服务面向的特殊人群在总则第九条被提及，即"各级人民政府应当根据未成年人、老年人、残疾人和流动人口等群体的特点与需求，提供相应的公共文化服务"。②

2018 年 1 月 1 日颁布实施的《中华人民共和国公共图书馆法》（以下简称《公共图书馆法》）是我国在图书馆领域的首次立法，对公共图书馆的设立、运行、服务及相关法律责任等分别做了详细规定，为我国公共图书馆事业的发展提供了根本保障，具有里程碑意义。③《公共图书馆法》着力解决文化需求保障不平衡不充分的问题，未成年人与老年人、残疾人等作为特殊群体被提及，为解决公共图书馆服务人群不平衡问题指明了方向。④《公共图书馆法》与未成年人相关的条款集中在第三十四条："政府设立的公共图书馆应当设置少年儿童阅览区域，根据少年儿童的特点配备相应的专业人员，开展面向少年儿童的阅读指导和社会教育活动，并为学校开展有关课外活动提供支持。有条件的地区可以单独设立少年儿童图书馆。"⑤ 该条款位列第四章"服务"的第一条总则之后，显示出未成年人服务在公共图书馆服务中的重要地位。该条款主要对专门空间、专业人员、专业指导等方面加以规

① 李国新 . 指引事业发展方向，构建基本制度体系 [N]. 新华书目报，2017-01-13（2）.

② 中华人民共和国公共文化服务保障法（2016 年 12 月 25 日第十二届全国人民代表大会常务委员会第二十五次会议通过）[EB/OL].（2016-12-25）[2020-12-17]. https://www.pkulaw.com/chl/0faf95721e1a7d9cbdfb.html?keyword=%E4%B8%AD%E5%8D%8E%E4%BA%BA%E6%B0%91%E5%85%B1%E5%92%8C%E5%9B%BD%E5%85%AC%E5%85%B1%E6%96%87%E5%8C%96%E6%9C%8D%E5%8A%A1%E4%BF%9D%E9%9A%9C%E6%B3%95.

③ 文化和旅游部公共文化司 .《中华人民共和国公共图书馆法》为我国公共图书馆事业发展提供根本保障 [J]. 国家图书馆学刊，2018，27（2）：3-7+13.

④ 李国新 .《中华人民共和国公共图书馆法》的历史贡献 [J]. 中国图书馆学报，2017，43（6）：4-15.

⑤ 中华人民共和国公共图书馆法（2017 年 11 月 4 日第十二届全国人民代表大会常务委员会第三十次会议通过）[EB/OL].（2017-11-04)[2020-12-17]. http://www.npc.gov.cn/npc/c30834/201711/86402870d45a4b2388e6b5a86a187bb8.shtml.

定。"政府设立的公共图书馆应当设置少年儿童阅览区域"表明公共图书馆要为未成年人开辟专门的空间;"根据少年儿童的特点配备相应的专业人员"表明公共图书馆要为未成年人配置专业人员;"开展面向少年儿童的阅读指导和社会教育活动"表明公共图书馆要为未成年人提供专业指导;"有条件的地区可以单独设立少年儿童图书馆"可以看作是在公共图书馆少儿阅览室之外的一种空间设置的补充。《公共图书馆法》中与未成年人相关的其他条款分别是第三十七条、第四十八条和第五十条。其中,第三十七条和第五十条是相互呼应的,是从公共图书馆应该为未成年人提供专门馆藏的角度提出的。第四十八条强调了公共图书馆要与学校图书馆开展联合服务,加强合作,与第三十四条中"为学校开展有关课外活动提供支持"一样,都是从开展专业合作的角度论述的。[①]

（3）图书馆儿童服务的专门文件

2010 年 12 月文化部公布了《关于进一步加强少年儿童图书馆建设工作的意见》（以下简称《意见》），指出"少年儿童图书馆是我国图书馆事业的重要组成部分,是以广大未成年人为对象的重要的社会教育机构,是未成年人的第二课堂。加强少年儿童图书馆建设,是保护广大未成年人的文化权益,建立健全公共文化服务体系的重要举措",并针对少年儿童图书馆的建设和发展,提出要在政策、经费投入、人才培养等方面予以重点支持,促进少年儿童图书馆事业的快速发展。[②] 这是我国出台的专门针对少年儿童图书馆建设的文件,目的是进一步加强少年儿童图书馆的建设。

《公共图书馆服务规范》（以下简称《规范》）由国家质量监督检验检疫总局和国家标准化管理委员会于 2011 年批准发布,是我国第一个国家级的

① 张丽.公共图书馆法未成年人服务条款:基于托马斯"五因素"理论的阐释 [J]. 图书馆 2018（4）: 12-17.

② 文化部关于进一步加强少年儿童图书馆建设工作的意见（文社文发〔2010〕42 号）[EB/OL].（2010-12-14)[2020-12-17]. http://www.gov.cn/zwgk/2010/12/14/content_1765361.htm.

公共文化服务规范，也是我国图书馆规范体系中的首个服务类标准，向社会表明了国家关于公共图书馆服务的政策。《规范》共分为前言、引言和八个方面，包括范围、规范性引用文件、术语和定义、总则、服务资源、服务效能、服务宣传、服务监督与反馈等，对公共图书馆服务进行了全面而具体的规定。① 《规范》中共有三处提到"儿童"：一是在"总则"中提出"应当注重培养少年儿童的阅读习惯"；二是在"建筑功能总体布局"中提出"少年儿童阅览区应与成人阅览区分开，宜设置单独的出入口，有条件的可设室外少年儿童活动场地"；三是在"服务时间"中提出"各级独立建制的少年儿童图书馆每周开放时间不少于 40 小时"。② 对于儿童这一公共图书馆的特殊服务群体，《规范》在服务目标、服务空间、服务时间上都有专门的规定。

2019 年 4 月实施的《公共图书馆少年儿童服务规范》（以下简称《少儿规范》）是我国第一部公共图书馆少年儿童服务标准，它是《规范》的进一步细化，专门针对少年儿童这个群体，在推动我国公共图书馆少年儿童服务标准化、规范化，保障少年儿童权利等方面具有现实价值。③ 《少儿规范》由湖南省少年儿童图书馆牵头，它联合国家图书馆少年儿童馆和天津市少年儿童图书馆，在充分调研国内公共图书馆少年儿童服务现状和《公共图书馆服务规范》的基础上，参考了国际图联"四部指南"和英国图书馆协会《公共图书馆儿童和青少年服务指南》。④ 《少儿规范》从服务资源、服务政策、服务内容和要求、服务宣传、合作共享、服务绩效评价六个方面进行了规定，采取定性与定量相结合的方法，一些具体指标成为衡量图书馆少年儿童服务

① 王世伟.《公共图书馆服务规范》的编制及其特点论略 [J]. 国家图书馆学刊，2012，21（2）：6-11.

② 中华人民共和国国家标准 GB/T 28220—2011 公共图书馆服务规范 [EB/OL].（2015-07-29）[2020-12-17]. https://www.doc88.com/p-3465370201231.html.

③ 徐阳泰，毛太田，秦顺. 儿童阅读权利保障的体系化与标准化——《公共图书馆少年儿童服务规范》解读与启示 [J]. 图书馆建设，2020（3）：50-59.

④ 杨柳. GB/T 36720-2018《公共图书馆少年儿童服务规范》[J]. 标准生活，2019（3）：42-45.

工作的硬性标准且已量化。《少儿规范》对改善公共图书馆少年儿童服务条件、提升少年儿童服务质量、保护少年儿童基本阅读权利具有重要意义。①我国公共图书馆少年儿童服务从顶层法律到底层实施细则的金字塔状保障体系已日趋完备。

6.3.3　国内外文件中的规定

无论是国际还是国内出台的文件，都能自下而上地大体分为三个层次，呈金字塔状，为图书馆儿童服务的开展提供保障。其中，位于最底层的是最基本、最宽泛的，是图书馆儿童服务开展的纲领性文件，主要是从儿童权利与儿童发展的宏观方面来进行约束，比如对未成年人生存权、发展权、受保护权、参与权、受教育权等权利的保护，强调儿童不能因为年龄问题受到不平等的待遇，他们与成人一样享有各项权利，应在德、智、体、美、劳等方面面获得全面发展。中间层面聚焦图书馆，通常是图书馆事业发展必须遵循的准则与精神。信息自由获取与平等获取是图书馆信息服务的准则，是图书馆服务开展的基本前提。②年龄作为一个重要的因素，与种族、性别、宗教、国籍、语言或社会地位一起被列举出来，公共图书馆不能以其中任何一个因素为由来提供区别性服务。儿童是公共图书馆服务面向的一类重要而特殊的群体，对这类人群的关注与服务保障，是解决公共文化服务不充分、不平衡问题中人群不平衡问题的关键，因此在有关公共图书馆服务的整体文件中常有单独的条款专门提及对儿童的服务。为保障儿童能够享有高水平的服务，有关公共图书馆服务的政策文件中特别强调儿童图书馆的设立，规定其既可作为公共图书馆内的一个独立空间，也可独立建制，对其功能空间的设置及面积大小也都有明确的规定（如《建设标准》中对空间面积及功能空间

① 徐阳泰，毛太田，秦顺.儿童阅读权利保障的体系化与标准化——《公共图书馆少年儿童服务规范》解读与启示 [J].图书馆建设，2020（3）：50-59.
② 于良芝.图书馆情报学概论 [M].北京：国家图书馆出版社，2016：223-224.

设置的规定）。处于金字塔上层的是专门针对图书馆儿童服务的文件，围绕图书馆儿童服务开展的各项基本要素，如馆员、馆藏、空间设施、服务、宣传推广、合作、经费、技术和影响评估等展开，给出详细而具体的规定。这些文件具有很强的针对性和指导性，是图书馆儿童服务开展的参考与依据。

6.4 服务中期保障——基本要素支撑

馆员、馆藏、空间、服务是公共图书馆低幼儿童服务开展的基本要素，也是必备要素，是服务顺利进行的基本保障。本节主要围绕这四个要素展开，参考国内外已出台的低幼儿童服务专门文件中的规定，谈谈如何从这四个方面入手，为公共图书馆低幼儿童服务的开展提供保障。

6.4.1 馆员保障——低幼儿童服务顺利开展的灵魂

馆员是图书馆儿童服务开展的灵魂，是联结读者和馆藏资源的纽带。美国著名图书馆学家达纳（John Cotton Dana）早在 1899 年就说过，一个图书馆的馆藏，即使质量再好、储藏再佳、排列再优，如果没有好的馆员，也是没有什么价值的，"好的馆员是好的图书馆的一半"[①]。图书馆服务质量的高低与馆员有着密切的联系，图书馆儿童服务相比于其他类型的服务对于馆员的要求更高。根据国际图联"四部指南"，馆员除了要具备图书情报学的基本常识，还要全方位学习与儿童有关的知识（如儿童文学、儿童心理学、儿童教育学、语言学等）。

根据美国图书馆协会分支机构图书馆儿童服务协会出台的《图书馆儿童服务馆员资质要求》（*Competencies for Librarians Serving Children in*

---

① 郑永田. 美国国会图书馆馆长斯波德福思想初探 [J]. 中国图书馆学报，2011（5）：120-126.

Libraries）[①]、美国图书馆协会分支机构青少年图书馆服务协会（Young Adult Library Services Association，简称 YALSA）出台的《图书馆青少年服务馆员资质要求》（*Teen Services Competencies for Library Staff*）[②]和英国图书馆与情报专家学会（Chartered Institute of Library and Information Professionals，简称 CILIP）出台的《儿童和青少年工作》（*Working with Children and Young People*）[③]中的规定，结合国内外图书馆员招聘信息中的具体要求，可总结得出：一名合格的儿童图书馆员从个人品质上来讲，要喜爱孩子，懂得孩子，亲近孩子；热情、有活力；保持一颗童心。从专业背景上来看，要拥有儿童图书馆学、心理学、教育学、儿童文学、儿童成长和发展、行为管理等方面的专业理论知识；懂得如何促进孩子读写能力和语言能力的发展，从而为他们日后的学习打下基础；懂得如何培养孩子阅读的习惯，使他们成为终身读者；教给他们查找信息、运用信息的能力，使他们成为独立的学习者和思考者；懂得如何将图书和孩子联系在一起，在合适的时间将合适的图书介绍给合适的孩子。从管理角度来讲，要具备规划、评估、做预算等能力，能够积极进行服务的宣传与推广，拓展同其他相关机构的合作，扮演好决策者、参与者、活动策划者、合作发展联络者的多重角色。提供低幼儿童服务的图书馆员还应具备多种活动技巧，如讲故事和大声朗读的技巧；手工制作、画画、乐器演奏、木偶剧表演等方面的技能；同时还应具备基本的网络操作技术，能进行网络资源的选择，对读者进行相关的使用指导，了解最新的技术发展趋势；除此之外，还要具备一定的文字功底，能够在做出决策和发展规划、年度报告、宣传手册的设计和撰写等方面贡献力量。简而言之，儿童图

---

① Competencies for Librarians Serving Children in Libraries [EB/OL]. [2020-12-21]. http://www.ala.org/alsc/edcareeers/alsccorecomps.

② Teen Services Competencies for Library Staff [EB/OL]. [2020-12-21]. http://www.ala.org/yalsa/guidelines/yacompetencies.

③ Working with Children and Young People [EB/OL]. [2020-12-21]. http://www.cilip.org.uk/jobs-careers/careers-gateway/starting-out/pages/workinginchildrensandyouthlibraries.aspx.

书馆员不仅要有与图书馆相关的基础知识与技能，还要具备与服务对象（各个年龄段的儿童）相关的知识（儿童文学、儿童心理学、图书馆儿童服务、早期教育与阅读等），低幼儿童图书馆员还应接受婴幼儿心理发展的专业培训。除了具备专业知识与专业技能外，儿童图书馆员还需具备良好的职业道德品质，这大致与三个方面相关：未成年人信息公平与平等获取、未成年人信息素养教育及未成年人隐私保护（尤其是对孤独症儿童、有读写障碍的儿童和残障儿童等特殊儿童群体的隐私保护）。[1]

一名合格的儿童图书馆员应具备扎实的专业知识与技能、良好的职业素养，这些都需要经过系统、正规的学习与训练才能获得。因此，要为图书馆低幼儿童服务提供人员保障，必须加强对从业人员的专业教育及工作后的在职培训与继续教育。

正如医学里的儿科、哲学中的儿童哲学、心理学中的儿童心理学和文学中的儿童文学一样，儿童图书馆学的产生也远远晚于图书馆学。1807 年德国的施雷廷格（Martin Schrettinger）就提出了"图书馆学"这个专门名词，但直到 1886 年杜威（Melvil Dewey）设立哥伦比亚大学图书馆管理学院，图书馆学才真正作为一门学科确立起来。[2] 美国儿童图书馆学直到 1901 年匹兹堡卡耐基图书馆儿童部开设儿童图书馆员培训学院后才真正出现，比图书馆学的出现晚了十多年。[3] 不过在此之前，美国的儿童图书馆领域就已经逐渐朝着专业化方向发展，主要集中于儿童和青少年阅读方面，其发展过程如图 6-2 中的时间树所示。

[1] 张靖，吴翠红. 未成年人图书馆与信息服务专业性研究 [M]. 北京：社会科学文献出版社，2019：230.
[2] 吴慰慈，董焱. 图书馆学概论 [M]. 北京：北京图书馆出版社，2002.
[3] John V., Richardson Jr. Library Science in the United States: Early History[M]//Marcia J. Bates, Mary Niles Maack. Encyclopedia of Library and Information Sciences New York: CRC Press, 2010:34-45.

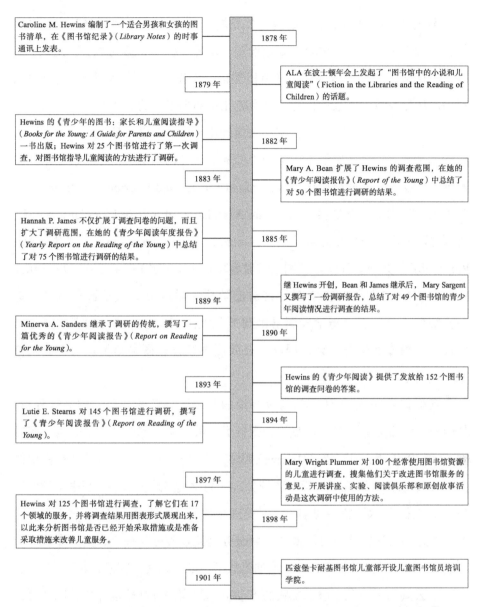

图 6-2 美国图书馆儿童服务（儿童和青少年阅读方面）专业化发展时间树 [①]

---

① 资料来源：Kate McDowell. Before There Were Children's Librarians: Surveys of Youth Services Methods and Emerging Professional Specialization Before 1900 [EB/OL]. [2020-12-21]. http://www.katemcdowell.com/mcdowell-alise-poster.pdf.

美国儿童图书馆学教育起步早（发端于 19 世纪末 20 世纪初）、体系完善，在教育主体、教育内容、专业设置、培养目标等具体问题上已经有了逾百年的探索，最具代表性。下文将以美国儿童图书馆学课程为例进行分析，看如何从专业教育体系的构建上来保障儿童图书馆员的专业性。

美国儿童图书馆学分为公共图书馆和学校图书馆两个研究方向，有两大认证体系，分别是美国图书馆协会（ALA）认证的图书馆情报学硕士学位教育项目（Accredited Master's Programs in Library and Information Studies）以及美国学校图书馆员协会（American Association of School Librarian，AASL）与美国师资培养认证委员会（Council for the Accreditation of Educator Preparation）共同认证的学校图书馆教育项目（School Librarianship Education Programs）。前者是对整个图书馆情报学硕士学位教育项目进行认证，进一步细分为少儿服务与学校图书馆两类儿童图书馆学专业，后者主要是对学校图书馆专业进行认证。因此，公共图书馆儿童图书馆员认证主要来自ALA 体系。

我们以获得 ALA 认证的高校开设的儿童图书馆学课程为例进行分析，其内容上大致分为六类：文献类、服务类、管理类、职业类、研究类、实习类。文献类课程占比约为 1/3，服务类课程占比约为 1/4，实习类课程占比约为 1/6，管理类和研究类课程占比较少，这两类更多地融入一般图书馆学课程中，没有按服务对象进一步区分。[①] 美国儿童图书馆员素质较高，这很大程度上与教育的发达密不可分。低幼儿童服务是儿童服务的一个分支，高校应针对这个年龄段儿童的特点，开设诸如讲故事、婴幼儿文学等相关课程。

在公共图书馆儿童服务实践的推动下，我国部分高校也开始尝试开设儿童图书馆学专业。目前还处于尝试阶段，仅有中山大学、华中师范大学、华南师范大学、河北大学等少数高校开设了相关课程，还不成体系。参考美国

---

① 李芙蓉，高萌妤. 美国高校儿童图书馆学课程研究 [J]. 中国图书馆学报，2020，46（3）：113-127.

的经验，我国的儿童图书馆学教育可先从建立综合性、前沿性或专题性的课程开始，把与儿童图书馆相关的各类话题先包含进来，再考虑建立更多的、更专业的文献类课程，探讨少儿文献资源的分类、编目等问题，最后再逐步建立起比较完善的儿童图书馆学课程体系。① 只有不断完善儿童图书馆学专业教育，才能为图书馆儿童服务提供坚实的人员保障。

在正规的专业教育之外，在职培训是有助于儿童图书馆员更新知识结构、更好地顺应各种因素导致的变化的一种方式。在职培训（In-Service Training）又称"工作现场培训"，是人力资本投资的重要形式，是对已具有一定教育背景并已在工作岗位上从事有酬劳动的各类人员进行的再教育活动，旨在提高在职劳动者的技术技能水平，由用人单位直接或委托其他培训机构对劳动者开展。在英美通常是由图书馆协会负责馆员的在职培训工作，美国 ALA 下属的 ALSC 和 YALSA 为儿童图书馆员提供了一系列的职业发展机会，从在线课程到在线研讨会，再到专业会议，从不同方面为儿童图书馆员提供帮助。英国 CILIP 下属的青少年图书馆组（Youth Libraries Group）、学校图书馆组（School Libraries Group）和教育图书馆员小组（Education Librarian Group）是专门针对儿童图书馆员的在职培训机构。他们为馆员提供了课程学习、在线讨论、本地培训、合作网络等多种形式的在职培训。通过对英美等国儿童图书馆员在职教育的梳理，笔者发现儿童图书馆员在职培训的主要形式有：在线课程学习、在线研讨会、参加专业协会举办的会议、申请成为专业协会会员、阅读专业期刊与杂志、与同行进行专业交流等。

除了上述几种方式外，馆员还可以借助现代发达的网络技术，通过微信群、讨论组、邮件等即时通信工具相互交流，分享经验。除了专业技能的培训外，馆员还要注重对自身能力的提升，如公开演讲能力、读写能力、

---

① 李芙蓉，高萌妤. 美国高校儿童图书馆学课程研究 [J]. 中国图书馆学报，2020，46（3）：113-127.

倾听能力、活动策划能力、宣传推广能力、协作能力等，掌握与未成年人
及其看护人沟通的技巧，积极参与图书馆发展规划的制订，能够撰写年度
总结报告，对图书馆服务的开展进行评估和统计。总之，馆员应充分利用
各种机会和各种资源、不断提升自己的专业水平。

　　儿童图书馆员是图书馆开展儿童服务的主力，要通过专业教育与在职
培训不断提升馆员的专业能力。除此之外，由于图书馆儿童服务涉及多个
领域、多种人群，可以寻求与教师、家长、阅读推广人、各领域专家学者
的合作，发挥社会资源的优势。同龄人的影响力是巨大的，孩子更加了解
孩子，对于儿童图书馆来说，应该更多地吸引孩子的参与，招募学生馆员
或青少年志愿者。张家港市少儿图书馆的"文化小义工"就是深入学校招
募的，现已成为馆内一道靓丽的风景线。年轻妈妈是重点发展的一类人群，
经过培训，很多学员已成为"故事妈妈"的主力军，担负起为幼儿讲故事
的工作。儿童教育、儿童健康、儿童文学各领域的专家和从业人员凭借各
自的专业知识，成为图书馆员之外的一种有力补充。图书馆应构建起以馆
员为主、各类合作参与主体（家长、教师、阅读推广人、相关领域专家）
为辅的综合性人员保障体系。

6.4.2　馆藏保障——低幼儿童服务顺利开展的基础

　　馆藏资源是图书馆开展服务所凭借的知识内容及表现形式，是图书馆开
展服务的基础，是评价图书馆服务质量高低最直接也最重要的因素。[①]适龄
出版物质量的好坏直接影响着低幼儿童的阅读兴趣。因此，在进行藏书建设
和提供服务的过程中，图书馆员应该选择质量高、适合低幼儿童年龄阶段并
且安全的读物。以国际图联"四部指南"中对馆藏部分的规定为参照，图书
馆为低幼儿童提供的馆藏资源应大致满足以下 9 条要求：1. 馆藏资源质量要

---

① 韩毅，杨晓琼，李健. 图书馆服务质量影响因素的权重测定及模糊评价分析 [J]. 中国图
　书馆学报，2007（5）：79-82.

高；2. 适合儿童所处的年龄阶段；3. 反映不同的价值观和观点；4. 尊重文化的多样性；5. 没有偏见和性别歧视；6. 使用上要安全；7. 具有时效性、趣味性、准确性；8. 满足不同需求（教育、娱乐、文化、语言等）；9. 能反映社区文化和全球文化。简而言之，以上 9 条可概括为：多样性、包容性、阶段性、安全性和趣味性。

多样性体现在种类与载体两个方面。与成人图书不同，低幼儿童的图书特色明显，种类丰富。除了占主体的图画书（即绘本）外，还有黑白卡、彩色卡片、拉拉书、洞洞书、布书、塑胶书、立体书、纸板书、认读挂图、闪卡等多种类型。对于低幼儿童来说，图画书是他们的入门书，在图书馆的低幼儿童区，图画书占据了馆藏资源的大部分，是馆员和家长开展讲故事和亲子阅读活动的重要辅助工具。图画书以鲜艳的颜色表现各种具体的事物，在带给孩子视觉冲击的同时，能加深他们的感性认识，使他们对阅读产生浓厚的兴趣，是低幼儿童重要的阅读资源类型。

图画书中的概念书（concept book）①是孩子认识字母、形状、数字、颜色、地点、动物等日常事物，掌握词汇，发展早期读写能力的重要工具。概念书主要分为以下几种类型：颜色书、字母书、形状书、数字书和数数书、识别大小书以及其他各式各样教孩子识别事物的图书。概念书多配有具体的图画，便于儿童通过识图来认识文字及其他各种概念。

纸板书也叫硬板书，是低幼儿童使用的另一种重要的图书资源，这类书一般选用比较耐磨、结实、卫生的材料，因为婴幼儿的阅读常常伴随着舔舐、撕扯等行为。立体书是近年来出现的一种广受孩子喜爱的图书类型，也被称为玩具书，属于图画书中的"搞怪类"。这类书既可以读，也可以当成玩具玩，通过收合、开、关、碰、翻转、推、拉，可以具备多种样式，具体如表 6-3 所示：

---

① 所谓概念书，是指一种旨在引导 5 岁以下儿童认识颜色、形状、大小、数字和字母的图书类型。

表 6-3　各种形式的立体书 [①]

类型	种类			
玩玩书	1.绳子书	2.玩偶书	3.玩艺书	4.接龙书
	5.玩具配套书	6.摸摸书	7.打洞书	8.玩具书（附玩具配件）
玩具书	1.折叠书	2.长条书	3.剧场书	4.魔术方块书
	5.蔬菜造型书	6.车子造型书	7.最大的书	8.拉拉书
	9.可爱动物造型书	10.布书	11.塑料书	12.拼图书
	13.拇指袖珍书	14.透明书	15.盒子书	16.磁铁书
立体书	1.艺术立体书	2.音乐立体书	3.建筑立体书	4.数学立体书
	5.歌谣立体书	6.恐怖昆虫立体书	7.叠罗汉书	
翻翻书	1.翻翻书	2.拉翻页书	3.翻片书	4.翻页书
	5.分段翻翻书			
其他	1.虚拟立体书	2.3D 立体透视书	3.影视书	4.沙画书
	5.IC 有声立体书	6.吱吱书、闻闻书	7.CD-ROM 书	8.胶水画书
	9.电子书			

　　低幼儿童能使用的不局限于上述这些具有图书形态的资源，这里介绍两种特殊的形式。一种是"故事口袋"（如图 6-3 所示），另一种是"宝贝篮子"（如图 6-4 所示）。

　　故事口袋最初是由格里菲斯（Neil Griffith）设计的，也就是在一个大的口袋内装上一本儿童图书及相关的阅读活动辅助材料，包括以书中主人公为造型的玩具、故事的录音磁带、DVD、小游戏、文字识别等与图书内容密切相关的资源。因此简单来说，故事口袋 = 布袋 + 图书 + 玩具 + 活动，它是围绕着某一阅读主题的各类资源的集合。故事盒子、故事箱子与故事口

---

① 玩具、立体书的意义、特质、用途、魅力 [EB/OL].（2020-12-24）[2020-12-24]. https://wenku.baidu.com/view/357c9d5e312b3169a451a4a9.html.

袋有异曲同工之妙，虽然形态各异，但实质相同，都是将同一主题的各种资源打包集中在一起。

图 6-3　各种类型的故事口袋

图片来源：Netmums. StorySight Story Sacks [EB/OL]. [2023-04-28]. https://www.netmums.com/local/l/storysight-story-sacks#picture3.

图 6-4　宝贝篮子

图片来源：Giraffe. A parent's guide to heuristic play and treasure baskets [EB/OL]. [2023-04-28]. https://www.giraffe.ie/blog/parents-guide-heuristic-play-treasure-baskets/.

宝贝篮子是根据英国儿童早期心理学专家戈尔德什米的启发式玩耍（Heuristic Play）理论而设计出来的。她通过长期对孩子的观察发现，摆弄日常生活中各种熟悉的东西能够刺激孩子感官的发展，帮助他们认识周围的世界，于是她设计发明了宝贝篮子。其实就是把多种物品（不同外观、触感、重量和味道）放入篮子，让孩子自己探索。宝贝篮子里的东西并不是什么值钱的东西，而是我们非常熟悉的日常生活中的物品，如小石子、贝壳、勺子、钥匙链等，大致分类见表6-4：

表6-4 宝贝篮子里所装的东西[①]

一、自然物品	二、皮革、纺织物、橡胶、毛皮
冷杉球	小狗骨头
大块鹅卵石	皮革钱包
贝壳	彩色皮包
大栗子	紫色粉扑
大羽毛	毛线球
浮石	一截橡皮管
较大的软木	网球
小块的天然海绵	高尔夫球
柠檬	小泰迪熊
苹果	豆子袋
	装了薰衣草、迷迭香、百里香和丁香等各种香料的小布袋
三、木质物品	四、金属物品
小盒子（有紫色的内衬）	勺子（各种形状）
拨浪鼓、嘎嘎器	小型打蛋器
竹哨	一串钥匙
响板	柠檬榨汁机
衣夹	砸蒜器
卷线筒	洗瓶刷
套餐巾用的小环	三角铁

[①] Carolynn Rankin, Avril Brock. Delivering the Best Start: A Guide to Early Years Libraries [M]. London: Facet Publishing, 2009.

续表

勺子	金属蛋杯
蛋杯（分蛋器）	滤茶器
五、刷具	**六、纸张、硬板子**
木质指甲刷	有螺旋圈的小笔记本
牙刷	防油纸
修容刷	锡纸
房屋油漆刷	小的纸板盒
	厨房纸巾卷轴

在成人看来，篮子里的东西是生活中常见的物品，但对于婴幼儿来说却是宝贝。这个阶段的孩子大脑开始发育，他们通过摸、嗅、舔、听、看等不同方式了解和认识周围的事物，通过宝贝篮子里的东西学会拿起、放下、敲击等动作。宝贝篮子成为婴儿与蹒跚学步儿童一类重要的"阅读资源"。为了保持新鲜感，篮子里的东西可以时常更换。图书馆可以准备以下几种篮子：混合了各种东西的篮子（mixed basket）、厨具篮子（kitchen basket）、自然物品篮（nature basket）、食品篮（food basket）、玩具篮（play basket）、吵闹篮（noisy basket）、色彩篮（colorful basket）等，馆员应定期检查篮子中的东西，做好消毒工作，检查是否存在安全隐患。在幼儿使用宝贝篮子的过程中，理想状态是家长在旁陪同并不时与之互动，一方面可以确保幼儿的安全，另一方面可以增进亲子感情。

除了类型多样，在载体形式上，随着计算机技术和互联网技术的发展，数字资源成为儿童图书馆馆藏的一类重要形式。在传统印刷版纸质图书、期刊、报纸和音像制品等资源的基础上，图书馆增加了有声读物、在线故事、电子书、各类教育资源数据库等。幼儿可以通过听儿歌和故事来"磨耳朵"，也可以使用点读笔，自己边看边读边学。张家港市少儿图书馆设立的趣读馆

（见图6-5）就是专门提供儿童电子绘本点读服务的，儿童通过点读播放故事、自主阅读。此外，公共图书馆面向低幼儿童的服务可以延伸至准妈妈群体，相应地为这类群体提供胎教音乐光盘等资源。

图6-5　可以点读的趣读馆[①]

包容性主要是指资源要体现性别认同，尊重文化的多样性，反映不同的价值观，不带有任何偏见与歧视，要满足不同社会背景、不同家庭出身、不同语言、不同发展阶段的儿童的需要。馆员在选择资源时不能带有主观偏见，选取的图书要能够反映多元观点，要照顾到母语不是本地语言的读者。

阶段性是儿童图书馆馆藏建设的一个重要特征，应重点考虑，这也是儿童阅读不同于成人的一个重要表现。比如0—3岁婴幼儿喜欢一些简单的图片与鲜艳的颜色，形状和色彩对其具有强烈的吸引力。这个阶段的儿童会动用一切感官（眼、口、耳、舌等）来"阅读"，可以为其选择黑白卡、纸板书、洞洞书、布书、撕不烂的认知图书等。当儿童的语言能力开始发展，可以为其选择一些韵律感比较强的儿歌、童谣、唐诗等。4—6岁是发育的黄

---

① 　图片由张家港市少儿图书馆提供。

金时期，是孩子一生中词汇量增长最快的时期，也是语言飞速发展的时期。这个阶段的儿童喜欢有故事情节的图书，开始将在书中读到的内容与生活中的情况联系起来，展开丰富的想象，可以为其选择民间故事、科幻故事、诗歌及有关动物的童话等。图书馆应确保馆内的图书能满足各个年龄段儿童的需求，能够针对每个阶段儿童的特点安排图书。

安全性是图书馆在为低幼儿童提供阅读资源时应特别重视与强调的。低幼儿童的安全意识普遍较差，自我保护能力较弱，因此要特别注意馆藏资源的安全性。图书馆可选择无毒无味的环保材质的图书，最好是用绿色环保的可回收纸张印制的，护眼功能更好。图书不要有锋利的棱角和毛刺，要选择边角圆润的，以避免对低幼儿童娇嫩的皮肤造成伤害。对于在公共领域内流通的图书，要做到定期消毒，因为婴幼儿看书时常会舔舐、啃咬图书，一定要保证卫生。

为儿童提供的馆藏资源一定要有趣味性，这样才能激发他们的阅读兴趣。游戏的因素要融入低幼儿童阅读的过程中，使其做到在学中玩、在玩中学。在传统图书形式上发展起来的各种形式的玩具书，就是秉持了让图书好玩的原则。通过增加配套产品，如毛绒玩具、涂色绘本与手工拼插玩具等，图书可以更具有趣味性（见图 6-6）。

除了多样性、包容性、阶段性、安全性和趣味性，图书馆还必须注意馆藏的质量。通常来说，已经获得童书大奖的图书（参见 4.3.1 部分）是图书馆的首选，因为能够获得大奖的图书都是经过专家认可且受到读者普遍欢迎的，不论在内容上还是质量上都有保障。除了获奖童书外，书评期刊也是馆员选书时的参考依据。有统计显示，美国 45.1% 的儿童图书馆员在采购新书时会参考书评。美国主要的童书书评杂志有 1924 年创刊的《号角杂志》（*Horn Book Magazine*）、1945 年创刊的《童书中心之刊》（*Bulletin of the Center for Children's Books*）、1948 年开始刊登童书书评的《书单》（*Booklists*）、1954 年创刊的《学校图书馆杂志》（*School Library Journal*）

和 1978 年创刊的《青少年倡导之声》(*Voice of Youth Advocates*)。书评文章大多由儿童图书馆员与教师撰写。书评撰稿人通常会给出图书的大概情节介绍、对图书质量的评价、适合的年龄范围、对图书馆员和教师使用方式的建议等。①

图 6-6　绘本中的配套玩具 ②

在购买时，图书的复本问题也是图书馆员应该考虑的，比较畅销、流通和借阅次数较多的图书要配备一定数量的复本。根据经验，通常配备 3—4 本就能满足需求，如果是用于班级集体借阅的教材、教辅类图书或其他教学活动类图书，复本量则要保持在 6 本以上。选择、购买图书后，馆员还应定期对图书进行维护和剔旧，发现缺页、污损严重的图书要及时剔除，一些畅

① 　Primary School's Order form 2011-2012 [EB/OL]. [2020-11-11]. http://www.leics.gov.uk/order_form_11_12_primary_schools3-2.pdf.

② 　左图：宫西达也小卡车系列绘本中的卡车拼插模型；右图：《不一样的卡梅拉》典藏礼盒中的毛绒玩偶。

销书或借阅需求较大的图书要及时增加复本，一些内容陈旧、无人借阅或是有最新版本的图书要及时下架。通常图书被剔除的标准有二：一是图书外部形态比较陈旧，缺页、少页或污损现象严重；二是图书内容陈旧，如书中的知识点过时、新的替代品已经出现或是长期没有人借阅。

6.4.3 空间保障——低幼儿童服务顺利开展的前提

美国学者艾米利亚（Reggio Emilia）认为，环境是除家长（看护人）和老师以外孩子成长过程中的第三位老师，良好的环境能够激发孩子的潜能。[①] 实验证明，在一个优雅、舒适的环境中，孩子的各项能力能够得到更加充分的发展。环境已成为与馆藏同等重要的资源。国际图联《0—18 岁儿童图书馆服务指南》中已明确引入空间资源观，并在"空间"部分明确指出，"和馆藏、工作人员及经费一样，空间也是一种资源"，所以应将公共图书馆从一个被动的、以收藏为基础的空间，转变为一个更活跃的、用于体验和激励读者的空间。《0—18 岁儿童图书馆服务指南》将图书馆划分为四个不同但有所重叠的空间——灵感空间、学习空间、会议空间和表演空间（见图 6-7）。[②] 空间资源观将空间看成一种可以动态组合、满足不同需求的资源。通过空间布局的变化，图书馆可以满足不同年龄段群体的需求和不同类型活动的需要。由于儿童在心理和生理上具有的独特性，图书馆儿童服务的空间往往区别于成人空间，不论是在内部的装饰、空间的布局还是在设施设备的安排上都更加符合儿童发展的需要。[③]

---

① 紫荆教育.世界三大幼儿教育体系之——瑞吉欧 [EB/OL].（2022-12-26）. https://zhuanlan. zhihu.com/p/400159564?ivk_sa=1024320u.

② IFLA. Guidelines for Library Services to Children Aged 0-18 [EB/OL]. [2020-12-28]. https:// www.ifla.org/files/assets/libraries-for-children-and-ya/publications/ifla-guidelines-for-library- services-to-children_aged-0-18-zh.pdf.

③ 张丽.国际图联儿童图书馆服务指南的坚守与创新 [J/OL]. 图书馆论坛：1-10 [2020-12- 28]. http://kns.cnki.net/kcms/detail/44.1306.g2.20201009.1728.008.html.

国际图联出台的"四部指南"中对空间 / 环境（含设施设备）都有明确的规定。其中，《儿童图书馆服务指南》规定："儿童的活动空间应该是开放的、吸引人的、有魅力的、带有一点挑战性但又不存在危险的地方。理想状态下，图书馆儿童服务应有专门空间，它应非常容易被识别，有特殊的家具、装饰和颜色，非常明显地区别于馆内的其他空间。图书馆不仅为孩子们提供了一个互相交流、聚会的公共空间，同时通过网络为他们搭建了一个虚拟空间。"[①]

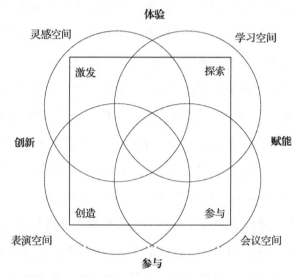

图 6-7 《0—18 岁儿童图书馆服务指南》中的"丹麦模型"[②]

《婴幼儿图书馆服务指南》中规定："面向婴幼儿、蹒跚学步儿童和他们父母的图书馆应该易接近、吸引人、安全、使用起来没有障碍、不存在使用

---

① IFLA. Guidelines for Children's Library Services. [EB/OL]. [2020-12-28]. https://www.ifla.org/files/assets/libraries-for-children-and-ya/publications/guidelines-for-childrens-libraries-services-zh.pdf.

② IFLA. Guidelines for Library Services to Children Aged 0-18 [EB/OL]. [2020-12-28]. https://www.ifla.org/files/assets/libraries-for-children-and-ya/publications/ifla-guidelines-for-library-services-to-children_aged-0-18-zh.pdf.

的危险。为了做到以上几点，图书馆应该安装直梯，门最好设计成自动向两边滑动开启的，进口处设计无障碍通道，从而消除推着婴儿车来馆的家长的顾虑。室内对于蹒跚学步或是在地上爬行的幼儿有危险的地方都应该加以注意，如书架、桌椅和其他家具不能有锋利的边缘，插座要有能够关上的保护盖，馆内的地毯和玩具等要做到定期消毒，确保它们的清洁，避免病毒的传播。馆内设施设备要依据婴幼儿体型的大小进行设计，卫生间的马桶也要适合低幼儿童，最好在图书馆内或是附近提供尿布换洗设备，为家长提供母乳哺育或奶粉哺育的场所。室内光线明亮，能够充分接受自然光，馆内采用对比强烈的颜色，以确保色弱的孩子或家长能够准确辨别他们的方位。"① 归纳起来，面向儿童的图书馆服务空间的具体要求包括以下 6 个方面：1. 易接近、无障碍；2. 安全、友好、无威胁；3. 吸引人、有魅力；4. 室内设施、设备应适合各年龄段儿童的发展特点，满足不同的使用需求；5. 有开放、独立的专门空间；6. 室内温度、光线、抗噪指数等多项指标合格。国际图联与美国出台的有关图书馆空间规划的文件中提到，图书馆在空间设计与规划时应考虑的因素有（包含但不限于）：选址、入口、通道、照明、家具、距离、颜色、声音、技术、地板、室内装饰、安全性、地图和标识等。②

　　儿童空间规划首先要考虑的就是如何设置与空间大小的问题，英美等国没有独立建制的少儿图书馆，他们的少儿服务区通常以馆中馆的形式设置在公共图书馆内，与成人区相分离，拥有自己独立的空间。CILIP 1997 年出台的《儿童和青少年：图书馆协会公共图书馆服务指南》（*Children and Young People: Library Association Guidelines for Public Library Service*）提出，儿童图书馆的面积依据所服务的儿童数量决定，通常占到图书馆总面积

---

① Kathy East, Ivanka Stricevic. Guidelines for Library Services to Babies and Toddlers [EB/OL]. [2020-12-28]. https://www.ifla.org/files/assets/hq/publications/professional-report/132.pdf.

② 洪芳林，束漫. 国际图联和美国有关图书馆空间规划指南及启示 [J]. 图书情报工作，2020，64（16）：114-121.

的 20%。① 美国纽约州标准规定，图书馆儿童及青少年服务空间应占业务功能性空间的 20%—40%。瑞士 1981 年出版的《公共图书馆建筑》对公共图书馆面积进行了规定，其中也规定了儿童图书馆的面积，即 15000、25000、50000 人口相对应的面积分别为 245、315、405 平方米。我国 2008 年 11 月 1 日实施的《公共图书馆建设标准》中明确规定："少年儿童图书馆的建筑面积指标包括在各级公共图书馆总建筑面积指标之内，可以独立建设，也可以合并建设。独立建设的少年儿童图书馆，其建筑面积应依据服务的少年儿童人口数量确定；合并建设的公共图书馆，专门用于少年儿童的藏书与借阅区面积之和应控制在藏书和借阅区总面积的 10%—20%。"《公共图书馆少年儿童服务规范》中规定："合并建设的公共图书馆少年儿童服务面积应不低于总服务面积的 10%。"②

参考国际和国内标准来说，儿童及青少年服务区在整个公共图书馆空间中所占比重大概在 10%—20% 左右，个别地方的比例可高达 40%—50%，独立建制的少儿馆的面积则根据服务人口的数量而定。

常见的功能分区包括藏书区、借阅区、咨询服务区、活动开展区、电子阅览区、办公区、后勤保障区等。由于少儿馆多设立在公共图书馆内，因此所有的功能区集中在一个独立的空间内。有时受空间面积的局限，少儿馆并不具有全部的功能区，但作为主体的藏书区和借阅区一般都会有。此外，因为少儿馆经常开展各种活动，所以活动区也是其必不可少的部分。独立建制的少儿馆中，各个功能区的面积参考公共图书馆建设标准，比例如表 6-5 所示：

---

① Youth Libraries Committee of the Library Association. Children and Young People: Library Association Guidelines for Public Library Service [M]. London: Library Association Publishing, 1997.

② 公共图书馆少年儿童服务规范 [EB/OL]. （2018-10-13）[2020-12-28]. https://max.book118. com/html/2018/1013/8106076122001126.shtm.

表 6-5　我国独立建制的少儿馆各功能区的面积比例 [①]

序号	功能区	比例（%）		
		大型	中型	小型
1	藏书区	30—35	55—56	55
2	借阅区	30		
3	咨询服务区	2—3	3—5	5
4	公共活动与辅助服务区	10—13	13—15	15
5	业务区	9	9—10	10
6	行政办公区	5	5	5
7	技术设备区	3—4	4	4
8	后勤保障区	6	6	6

从中可以看出，作为主体的藏书区和借阅区最高可占到总面积的 65%，占据图书馆一半以上的空间；其次就是活动区，最高可占到总面积的 15%。在英美等国，低幼儿童的活动区是儿童阅览室的主要部分。

面向低幼儿童的功能分区还应注意两个方面：一方面是与成人阅读区实现动静分离，既能满足成人安静读书的需求，又能满足儿童趣味性阅读活动的需求；另一方面就是要注重家庭空间的打造。随着低幼儿童服务路线从"关注儿童"到"聚焦家庭"的转变，家长与儿童同时成为公共图书馆服务的对象，公共图书馆有义务为儿童与家长打造一个有趣、舒适、友好的公共空间，让家庭成员之间及不同家庭之间能够有美好的共处时光，充分地互动与交流。借助公共图书馆的阵地积极打造家庭空间，为家长和儿童互动提供友好的公共环境，"图书馆里的家庭空间"项目就是基于这个思想产生的。

---

① 李国新，冯守仁，鹿勤.公共图书馆规划与建设标准解析 [M].北京：北京图书馆出版社，2009：97.

低幼儿童功能区的转变带来了资源、设备和布局的相应变化。资源方面，除了图书之外，儿童区还摆放着玩具、手偶、拼图、模型等各种可以让幼儿动手又动脑的资源，让他们在学中玩、在玩中学。设备上减少了书架的摆放，增加了沙发、地垫、地毯等，营造一种如家般的轻松氛围。尤其是婴幼儿和蹒跚学步儿童，更喜欢在地上趴着或爬行，柔软的地毯既可以降低噪音，也能确保儿童的安全，而且更加舒适。家长与孩子可以席地而坐，做互动游戏，也可以依偎在沙发中，共同阅读。相比于成人区的桌椅与书架，低幼儿童区颜色鲜艳的设备更易让儿童放松，熟悉环境，尽快进入一种阅读与学习的状态。布局上则区分了不同的功能角落，有阅读角、游戏角、活动角、科学角等，方便不同活动的开展。

在空间环境的设计上，低幼儿童自身的特点决定了面向这个群体的空间也独具特色：色彩鲜艳，造型奇特，能带给孩子视觉上的冲击，激发他们来馆的兴趣。除此之外，还要重点强调环境的安全性。书架、桌椅等家具的边角要圆滑，避免有锋利的尖角，电源线、电源开关等要内隐起来或是有安全帽保护。由于婴幼儿年龄较小，大多还不会行走，喜欢在地板上爬行或是坐着，所以最好在活动区域的中央摆放一块地毯，供孩子在上面自由爬行和玩耍。地毯通常也有划分功能区的作用，国外图书馆面向低幼儿童开展活动时常用地毯作为活动空间的标记。地毯要定期清理、消毒，保证干净、卫生。婴幼儿自控能力较差，情绪波动较大，有时会大喊大叫，甚至大声啼哭，所以屋顶、墙壁最好选择降噪材料，尽量避免对图书馆内其他人群的影响。还应适当放置一些玩具、手偶等，供家长或馆员在讲故事时使用。室内光线要好，应多采用玻璃式建筑样式，增加自然采光。应注意室内空气的流通，冬天还要注意保暖，为孩子提供一个良好的环境。

在选址上，为了减少儿童到馆的障碍，儿童活动空间最好安排在一层，这样也能消除低幼儿童家长的顾虑。低幼儿童的家长大多时候是推着婴儿车到馆的，如果儿童区所在楼层过高，恐怕会打消他们到馆的念头。在国外，儿童区通常都是以馆中馆的形式设置在主馆之内，因此除了与主馆相连的入口外，儿童区往往还有一个独立的入口，直接与外面的街道相连，从而保证图书馆能够便于人们出入。为了便于轮椅、婴儿推车等出入，儿童区的大门最好选择自动门，宽度也要足够大。在标志的选择上要以醒目为主，让人能够清晰地看到。有的图书馆还对入口进行了特别的设计，如美国密苏里州圣路易斯公共图书馆的巴赫分馆就选用了孩子们都非常熟悉的《龟兔赛跑》故事中的兔子与乌龟作为入口标志，充满童趣，深受孩子们喜爱（图 6-8）。

图 6-8 密苏里州圣路易斯公共图书馆巴赫分馆的入口[①]

馆内的指示标志要多使用一些形象化的图片，少用文字，使用文字时应选择孩子们能够识别的简单文字。馆内的设备要符合孩子生理和心理发展的需要，书架高度要考虑到孩子的身高。低幼儿童区的书架可以采用卡通造型的。通常图书馆在挑选家具时要考虑以下因素：经久耐磨、便于清洗和维

① Adele M. Fasick, Leslie E. Holt. Managing Children's Services in the Public Library. 3rd ed. [M]. United States of America: Westport, Connecticut, 2008.

护、组配灵活、具有一定的美感、安全、稳固、符合人类工效学 ① 要求。美国图书馆协会曾委托亚利桑那州凤凰公共图书馆对图书馆儿童服务所需要的家具进行调查。调查发现，儿童喜欢如下家具：

·柔软的、舒服的物品；

·软垫式的东西；

·长椅（特别是大的、带有许多枕头的长椅）；

·可变形的椅子；

·带枕头的；

·坐着像按摩椅一样的椅子；

·舒服的椅子；

·进深很深的扶手椅；

·皮家具；

·旋转椅；

·带有软垫的躺椅；

·天鹅绒椅子；

·带有油彩画的椅子。

为了增加童趣，儿童空间内可以悬挂一些摆件及幼儿的手工作品，增加绿植，让室内空气更清新。绿植要选择无毒无害、适宜在室内种植的品种。室内照明、保暖、采光、通风等要符合国家标准。家具选择环保材质，确保使用的安全。除此之外，还要考虑残疾人的特殊需求，设置无障碍通道及相

---

① 人类工效学又称为人机工程学、人类因素（human factors）、人类工程（human engineering）或人类因素工程（human factors engineering）。国际人类工效学会（IEA）认为，人类工效学是与人类利用的事物、系统和环境有关的科技信息应用，是研究人与系统要素间交互关系的学科，以及为了优化人与系统的全面效能而应用理论、规则、数据与方法的行业。人类工效学一般被认为是有关如何设计任务和工作区域，以期提高效率及工作人员的工作质量的学问，它追求与人的能力或局限性相适应的所有事物。当人们进行工作系统、运动娱乐、健康安全等设计时，都要考虑人类工效学原理。

关设施设备（自动感应门、专用洗手间、无障碍电梯、盲文导览等），确保空间的包容性。

除了实体空间外，图书馆内还应为儿童提供虚拟空间，主要是一些可以在线访问的资源，包括数据库平台、网站资源及公布馆内活动信息的平台等。全球新冠疫情促进了图书馆服务由实体空间向虚拟空间的转移。随着数字资源与在线服务的发展，虚拟空间变得更加重要。美国青少年图书馆服务协会早在 2012 年 5 月制定的《国家青少年空间指南》（*National Teen Space Guidelines*）中就关注了虚拟空间的规划问题，倡导使用虚实结合的集成设计方法实现从局部的功能设计到空间整体的功能集成。[①] 国际图联在 2018 年最新修订出台的《0—18 岁儿童图书馆服务指南》中也提到了虚拟空间的设置问题。其中，丹麦图书情报学家斯科特·汉森（Dorte Scott Hansen）、乔亨姆森（Henrik Jochumsen）和赫维内加尔德·汉森（Casper Hvenegaard Hansen）介绍了一种模型，用以描述公共图书馆如何从一个被动的、以收藏为基础的空间，转变为一个更活跃的、用于体验和激励读者的空间。丹麦模型中划分出来的四个空间（灵感空间、学习空间、会议空间和表演空间）并不是物理意义上的具体的空间，而是实体图书馆和网络空间的结合，能实现体验、参与、赋能与创新的四个目标。[②] 在空间的规划与设计中，要积极听取儿童及家长的意见，《国家青少年空间指南》明确表示，青少年空间的设计应征求青少年的意见，《0—18 岁儿童图书馆服务指南》也提出要让儿童和青少年参与设计他们自己的图书馆空间。用户只有参与进去，才能增加对图书馆的喜爱度与归属感，从而成为图书馆的终身

---

① 洪芳林，束漫 . 国际图联和美国有关图书馆空间规划指南及启示 [J]. 图书情报工作，2020，64（16）：114-121.

② IFLA. Guidelines for Library Services to Children Aged 0-18 [EB/OL]. [2020-12-29]. https://www.ifla.org/files/assets/libraries-for-children-and-ya/publications/ifla-guidelines-for-library-services-to-children_aged-0-18-zh.pdf.

读者与忠实的支持者。[①]

6.4.4　服务保障——低幼儿童服务顺利开展的关键

服务是吸引读者到馆的手段，是公共图书馆低幼儿童服务顺利开展的关键。

根据国际图联"四部指南"中的规定，公共图书馆低幼儿童服务应坚持阶段性、多元性与包容性三大原则。阶段性是由低幼儿童自身的特点所决定的。由于不同年龄段儿童在心理、生理、认知、理解等各方面表现出来的差异，图书馆在设计低幼儿童的服务时要区分年龄阶段。图书馆通常会在活动公告中标注所面向对象的年龄范围，一般区分为 1 岁、2—3 岁、3—6 岁 3 个阶段：面向 1 岁左右孩子的有"大腿上的故事时光"、手指谣、韵律操、儿歌、童谣等；面向 2—3 岁儿童的有"蠕动读者时光""故事会""亲子阅读时光"等；面向 3—6 岁儿童的有故事表演、涂鸦、剪纸、玩彩泥、互动游戏、故事问答等阅读延伸活动。服务的内容要符合儿童各个阶段的特点，让孩子能够在成人的辅助与引导下，充分地参与进来，从而提升服务效果。

多元性首先体现在服务对象上，这也是由低幼儿童自身的特点决定的。年龄越小的儿童，自理能力越差，对成人尤其是父母的依赖就越强。他们在接受图书馆服务时不可避免地会将与之相关的群体连带进来。低幼儿童是图书馆服务的主体，与之相关的群体（父母及其他家庭成员、法定监护人、看护人、教育人员、健康护理人员、从事与儿童书籍相关工作的人员等）也是公共图书馆低幼儿童服务的目标人群。低幼儿童＋目标人群组成了公共图书馆低幼儿童服务的对象，因此相比于成人服务来说，公共图书馆低幼儿童服务的对象是多元化的。其次，服务对象的多元性决定了服务内容

---

① 蒋芳芳 . 美国公共图书馆青少年服务指南研究 [J]. 图书馆建设，2016，（11）：20-25+31.

的多元性,公共图书馆在提供面向低幼儿童的服务时,要把与之相关的成人群体(尤其是家长)考虑在内。除了围绕低幼儿童以"听""说""读""写(画)""唱""玩"六大实践要素为核心开展讲故事、韵律操、大声朗读、婴幼儿童谣、手工制作、游戏涂鸦等活动,还必须有针对家长的阅读指导与培训。再次,对于低幼儿童的家庭来说,图书馆并不是开展阅读活动的首选地点,尤其是婴幼儿来馆并不是十分方便,因此公共图书馆除了开展馆内服务外,还必须将服务向社区、家庭延伸,采取"引进来"与"走出去"相结合的策略,将幼儿的家打造成早期阅读基地,把父母培养成为孩子人生路上的第一任阅读启蒙老师。医院的候诊室、体检中心、家庭教育中心、日间看护中心、社区活动中心及幼儿园都是图书馆能与目标人群接触的地点,图书馆员要积极地"走出去",不断延伸服务触角,因此公共图书馆低幼儿童服务的场所也是具有多元性的。

包容性体现为对特殊人群需求的满足,例如为残疾儿童,有孤独症或多动症的儿童以及经济条件较差、社会地位较低的边缘与弱势群体(留守儿童、经济贫困家庭儿童、单亲家庭儿童等)提供特殊服务。此外,还应面向母语非本国语言的儿童和少数民族儿童提供服务。这种服务在英美等国家非常普遍,比如,英国威斯敏斯特市公共图书馆开展"play 粤语"活动,让讲粤语的家长和孩子们一起用熟悉的语言唱歌、玩游戏、讲故事,让孩子在异乡的环境中获得练习母语的机会。此外,很多图书馆还以中国文化为元素,在中国传统节日期间设计各项活动,既满足了华人家庭庆祝节日的需求,也丰富了图书馆的服务内容,能够让儿童感受到异国文化的魅力。

建立有效且可持续的合作伙伴关系有助于保障各种能力与各种背景的儿童获得最佳服务,图书馆作为低幼儿童服务的实施主体,要积极构建一个覆盖面广的服务网络体系,与相关机构、人群开展密切合作。低幼儿童是政府、社会和家庭共同关注、关爱的对象,公共图书馆可以充分利用这一点,找到与这些机构或人员的合作点。家庭与社区是低幼儿童活动的主要场所,公共图书馆可以深入其中，主动走进社区，走进家庭，走进公园、超市、游乐场、早教中心等低幼儿童密集的区域，将资源与服务送到低幼儿童的身边。在英美等国，公共图书馆因其分布广泛、友好易用的基础设施，成为所在社区的重要合作伙伴。公共图书馆通过与社区、家庭的合作，一方面可以缓解馆内场地的紧张，另一方面也可以让低幼儿童随时随地享受到阅读服务，减少到馆的周折，同时还能扩大图书馆的服务范围，从而增加与新的受众建立联系的概率。

由于面向低幼儿童的服务通常需要更多的资金投入，因此在服务活动的筹划、组织与实施上，公共图书馆可以寻求与慈善基金会、行业协会、企业、出版机构、儿童教育机构、阅读推广机构、媒体及其他与儿童利益相关的组织机构的合作，获取物质与资金上的资助。此外，还可以通过冠名、广告植入及合作的方式寻求商业机构的赞助及私人的捐赠。家长、教师、育儿师、保健医生、儿科大夫、儿童心理专家、阅读推广人、高校儿童文学和幼师专业的学生及相关各领域的专家，所有这些与低幼儿童利益相关的人群都是图书馆员应密切联系、寻求帮助的合作对象，也是图书馆招募志愿者队伍的人选。图书馆应借助不同领域专业人群的知识与力量，形成合力，从而为低幼儿童提供更加专业的高质量的服务。

6.5 服务后期保障——影响评估

图书馆的工作评估是指用定性和定量的方法对图书馆实现其目标和满足读者需求的程度进行评价和估测，其目的在于改进图书馆工作，助其开展优质服务活动，以最低的成本获取最好的服务效果，简言之，评估就是对照图书馆之既定目标评量图书馆业务进展之程度与其达成之成果。[①] 评估是公

---

① 米丽平. 图书馆评估之后的思考 [J]. 科技情报开发与经济，2007（18）：73-74.

共图书馆开展服务的重要环节，通过评估可以达到两方面的目的：一方面，发现实际工作中存在的不足，以便有针对性地改进，达到"以评促改"的目的；另一方面，作为依靠政府和社会资金而存在的机构，图书馆为了获取经费支持，就要证明自身存在的价值，只有让决策者看到其产生的社会价值与经济价值，才能获取生存与发展的经费。国际图联《0—18 岁儿童图书馆服务指南》中将"评估和影响"作为七大部分之一列入框架体系，凸显了评估工作的重要性。[①] 儿童图书馆事业发达的英美等国始终坚持对图书馆儿童服务的评估并将其贯穿于工作开展的各个阶段，包括前期的可行性研究、中期的跟踪及后期的评估与回访，由此形成的评估报告成为公共图书馆申请财政拨款与其他资金支持的重要依据。[②]

图书馆的社会价值早已被社会各界普遍认同，但它的经济价值由于量化的难度长久以来一直被忽略。为了更加直观地证明自身存在的价值，图书馆界开始从投入 - 产出的角度对图书馆的价值进行量化，以彰显图书馆服务的价值、成效与影响。2004 年大英图书馆在对外公布的《衡量我们的价值》（*Measuring Our Value*）研究报告中宣布："每对大英图书馆投入 1 英镑，就会给英国经济带来 4.4 英镑的收益"，首次将图书馆的经济价值量化。人们逐渐意识到，只有用数据和事实来证明图书馆的存在价值，图书馆才能得到政府的重视与支持，从而在资源配置与经费划拨中获取更多的支持。[③] 相比于成人时期，儿童期人力资本的回报率更高。同样的投入，在儿童时期的产出更大。对图书馆儿童服务开展影响评估，用实际的投入 - 产出数据证明图书馆儿童服务的价值，成为公共图书馆低幼儿童服务顺利开展的重要保障。

---

① IFLA. Guidelines for Library Services to Children Aged 0-18 [EB/OL]. （2018-08-15）[2020-12-31]. https://www.ifla.org/files/assets/libraries-for-children-and-ya/publications/ifla-guidelines-for-library-services-to-children_aged-0-18-zh.pdf.

② 陈邦. 英美公共图书馆学前儿童阅读服务比较及启示 [D]. 湘潭：湘潭大学，2019.

③ 刘璇. 基于成本 - 效益分析的公共图书馆经济价值研究 [J]. 图书馆杂志，2010，29（2）：10-15.

由于低幼儿童处于不断的发展变化之中，图书馆对其产生的影响也是潜移默化、逐步显现的，因此对个体成长过程的持续跟踪与记录显得更具说服力。基于此，可以将公共图书馆低幼儿童服务的评估分为三个层面：一是从图书馆整体与全局角度出发的宏观层面的评估。由政府牵头来对图书馆进行全国性的评估，通常会依据设定好的评估指标体系来对照评定，在我国，这种评估还常与图书馆的定级相联系。二是从具体项目与活动角度出发的中观层面的评估，主要是对低幼儿童阅读推广项目的评估，既有全国性项目，也有常规性项目和特定的创新项目。[①] 评估主要从参与人数、参与时间、活动前后的效果对比、父母（或其他看护人）的反馈等方面展开。三是从个体成长与发展出发的微观层面的评估，即选定特定的对象进行追踪，观察图书馆服务对个体自身带来的持续性影响。

6.5.1　宏观层面的评估

宏观层面的全国性图书馆评估可以从根本上提升图书馆的服务水平，并激发政府对图书馆的资金投入。各国都非常重视公共图书馆的评估，美国公共图书馆评估体系完备，具有全国性质的公共图书馆评估标准，即《公共图书馆服务成效评估：规范化操作手册》，各州的图书馆协会负责制定各自的标准并实施评估；英国政府制定的《英国公共图书馆服务标准》是全国各级图书馆的统一标准[②]；日本公共图书馆于 2001 年开始评估，2008 年 6 月，政府对图书馆法做出修订，加入了第七条"图书馆运营相关的评估等"实施细则，日本全国性公共图书馆的评估开始起步[③]。我国自 1994 年首次开展全国县级以上公共图书馆评估工作以来，基本保持每四年开展

① 王素芳.国际图书馆界儿童阅读推广活动评估研究综述 [J].图书情报知识，2014（3）：53-66.
② 郝丽梅.国内外公共图书馆评估现状与对策分析 [J].科技情报开发与经济，2015，25（14）：33-35.
③ 祝林.日本公共图书馆评估初探 [J].图书情报工作，2011，55（5）：133-136.

一次比较全面深入的评估，2017年的评估已经是全国公共图书馆的第六次评估。这六次全国性评估有力推动了全国各地各级各类公共图书馆的建设与事业发展。[①]

少儿图书馆作为公共图书馆的一个类型，既具有公共图书馆的共性，也有自身的特性，因此被涵盖到公共图书馆的评估内容中，作为一个独立的部分，由专门的少儿图书馆评估小组来起草评估标准。[②]第六次少儿馆评估工作结合少儿图书馆发展的新形势，从社会公众、政府、图书馆三个层面评估，将少儿馆区分为省、市、县三级，评估内容主要包括服务效能、业务建设与保障条件三个板块。每个板块下细分若干一级指标与二级指标。三个板块的条件共8项，其中服务效能板块3项，包括年文献外借量（万册次）、年开展读者活动场次（次）、读者满意率（%）；业务建设板块2项，包括纸质图书馆藏质量与业务统计分析；保障条件板块3项，包括年财政拨款总额（万元）、纸质文献总额（万元）、建筑面积（万平方米）。

服务效能是近年来一直重视与强调的，第六次评估将其列出来放在三大板块之首，从基本服务、文献利用、馆外服务、阅读指导、阅读推广、网络与新媒体服务和读者评价角度展开评估；业务建设主要从馆藏发展政策、馆藏质量、编目与馆藏组织管理、资源建设、图书馆行业协作、社会合作、行政与人力资源管理、财务、资产与档案管理、安全与环境管理、业务管理与业务研究等角度展开评估；保障条件从政府支持与保障，图书馆事业发展的行政因素、经济因素、资源因素、人才因素等方面展开评估，包含政策与规划标准、经费保障、文献资源保障、馆舍保障、信息基础设施保障与人员保障。三个板块之间相互促进，保障条件是开展图书馆业务

---

① 柯平，官平. 全国公共图书馆第六次评估的意义和特点 [J]. 图书馆建设，2016（12）：4-7+14.

② 胡洁，汪东波，支娟，李彬. 公共图书馆第五次评估定级标准（少儿馆部分）释读 [J]. 中国图书馆学报，2013（2）：18-26.

建设的基础与源泉，保障条件与业务建设的水平共同决定了服务效能的高低；反过来，服务效能的变化又影响保障条件，影响业务建设的展开。

随着儿童图书馆事业的发展，评估标准的体系不断变化，第四次和第五次的评估都分为七个部分。第四次评估的七个部分为：①办馆条件；②基础业务建设；③读者服务工作；④业务研究、辅导、协作协调；⑤文化共享工程建设；⑥管理；⑦表彰、奖励；第五次评估的七个部分为：①设施与设备；②经费与人员；③文献资源；④服务工作；⑤协作协调；⑥重点文化工程；⑦管理与表彰。[①]第六次评估体系的主体内容变化较大，分服务效能、业务建设与保障条件三个板块，呈现出了一些新的特点：首次采用信息化的评估方式，开发并启用全国公共图书馆评估定级管理服务平台，进行网上数据填报和评审；突出少儿图书馆服务的特点，对独立建制的少儿馆单独设定指标；强调图书馆的环境与布局；强调文献载体的丰富性；强化对读者阅读习惯与心理的研究，强调读者阅读活动与互动；强调人性化服务、无差别服务；更重视主馆外的服务与社会网络的构建。[②]

宏观层面的评估通常有一套完整的评估指标体系和详细的打分原则，由文化主管机构根据指标来——比对、进行测评，实现"以评促建""以评提管"和"以评增效"的目标，不断夯实少儿图书馆的硬件基础，谋划未来的发展。

6.5.2　中观层面的评估

中观层面的评估多以某一具体的项目或活动为对象，评估的目的就是促进图书馆少儿服务的改善，促使图书馆反思不足之处，思考如何通过改

---

① 胡洁，汪东波，支娟，李彬 . 公共图书馆第五次评估定级标准（少儿馆部分）释读 [J].
　　中国图书馆学报，2013（2）：18-26.

② 宋卫 . 第六次全国县级以上少年儿童图书馆评估定级指标解读 [EB/OL].（2017-04-08)
　　[2021-01-04]. http://www.lsc.org.cn/d/2017-04/08/201704081644109.pdf.

进自身服务达到预期的服务目标；另一方面，图书馆也想通过事实与数据证实自身的存在价值，从政府、社会、企业、个人等多方面获取更多的资金资助。国际图联《0—18 岁儿童图书馆服务指南》中列出了制订图书馆儿童活动评估计划时所应考虑的实际问题，具体如下：评估什么？需要什么类型的证据？实施评估的最佳实践？采用何种标准来评估活动绩效？图书馆活动相关指标必须达到怎样的绩效标准方可视为成功？如果要在一段时期内进行比较，重复进行评估的难度如何？基于可获得的证据，可以就活动绩效做出什么结论？评估结果将如何引发变化？这些可以作为活动项目评估时的参考依据。

英美等国非常重视对公共图书馆低幼儿童活动项目的评估，最具代表性的就是对风靡全球的"阅读起跑线"进行评估。该项目于 1992 年首次在英国启动，在项目实施一年后，1993 年主办方英国图书信托基金会就委托学者摩尔（Maggie Moore）和韦德（Barrie Wade）对参与该项目的 300 户左右的家庭进行了问卷调查，研究其在参加项目前后的变化。1994 年他们再次对参与该项目的家庭进行了追踪研究。此后，两位学者先后于 1998 年、2000 年和 2003 年进行调查研究，密切跟踪这个项目的持续性影响及低幼儿童家庭对此项目的态度。除了图书信托基金会委托学者开展的连续跟踪调研外，英国政府在 2005 年又委托罗汉普顿大学的学者对该项目进行了一项官方研究，以参加"阅读起跑线"的家庭与未参加该项目的家庭为问卷对象，了解该项目是否影响幼儿的阅读行为及学习成效。2010 年，图书信托基金会委托相关咨询公司对"阅读起跑线"进行了一项社会投资回报研究，旨在量化该项目所创造的社会 - 经济价值。研究发现，政府每投入 1 英镑，该项目就能为社会产生共计 25 英镑的经济价值。[①] 评估与调查的结果证明，"阅读起跑线"非常成功，于是迅速被不同国家效仿与推广，成为专门为学龄前

---

① 王素芳 . 国际图书馆界儿童阅读推广活动评估研究综述 [J]. 图书情报知识，2014（3）：53-66.

儿童提供阅读指导服务的全球性计划。

　　"图书馆里的每个孩子都做好了阅读准备"与"图书馆里的家庭空间"是美国的两个全国早期读写项目，这两个项目是基于早期读写理论与研究成果（如语言发展与早期读写技能、阅读与早期读写技能等）科学设计的。[①]两个项目都采取先试点的模式，通过后期调查验证后才逐步向全国推广。2009 年"图书馆里的每个孩子都做好了阅读准备"曾委托儿童教育领域专家纽曼和塞拉诺两位博士对该项目的实施效果进行评估。评估结果显示，项目非常成功，得到了用户的好评，增强了公众对于图书馆作为早期教育资源的认知，也增强了图书馆与支持早期教育的社区组织和教育机构的合作，但同时也暴露出了一些问题。根据评估结果，项目组修订了资料包，推出第 2 版，在原来的基础上增设词汇量，突出学习环境的重要性，重视儿童与成人之间的互动。[②]第 2 版针对早期阅读过程中的 6 个重要技能提出了 5 个具体实践指导，通过唱、说、读、写、玩帮助孩子掌握读写技能，做好入学前的准备。[③]为了检测项目实施后的效果，"图书馆里的每个孩子都做好了阅读准备"与"图书馆里的家庭空间"均邀请专家团队进行跟踪评估，前者对 15 个州的 60 个图书馆进行了为期 3 年（2013—2016 年）的跟踪调查，后者对 28 个图书馆进行了为期 3 年（2012—2015 年）的跟踪调查。调查结果显示，由这两个全国最佳早期读写项目确立的公共图书馆低幼儿童"聚焦家庭"的服务路线获得了图书馆员、家长与儿童三方的肯定。[④]评估发现，参与这两

---

① Saroj Ghoting. Early Literacy Research [EB/OL]. [2021-01-04]. http://www.earlylit.net/early-literacy-research#brain-development-and-child-development.

② 王素芳. 国际图书馆界儿童阅读推广活动评估研究综述 [J]. 图书情报知识，2014（3）：53-66.

③ Susan B. Neuman, Naomi Moland, Donna Celano. Bringing Literacy Home: An Evaluation of the Every Child Ready to Read Program[R/OL]. [2021-01-05]. http://everychildreadytoread. org/wp-content/uploads/2017/11/2017-ECRR-Report-Final.pdf.

④ ECRR. Evalutation Report [EB/OL]. [2021-01-05]. http://everychildreadytoread.org/evaluation-report/.

个项目的父母，无论年龄、教育背景、收入水平和种族如何，对孩子的早期教育水平均有极大提高，在利用图书馆资源方面的进步最显著，尤其是低收入和低教育水平的父母，早期教育水平得到了全面提升。

意大利的"生而为读"（Nati per Leggere，简称 NpL）是世界上实施较早、较为全面的、专为 0—6 岁儿童提供阅读指导服务的国家性计划。2005年，在项目实施 6 年后，项目组开展全面调查，结果表明，参与项目的家庭对阅读的重视程度都提高了：中北部地区从 28% 上升至 39.67%，南部和岛区从 12% 上升至 32.5%。重视程度提升的典型地区是巴斯利卡塔——从之前的 20% 上升至 47%。另外，调查还表明，那些从不给孩子阅读的父母从32% 下降至 16%。[①] 良好的社会效益和经济效益，使 NpL 于 2008 年被 IFLA作为婴幼儿阅读推广的范例写入报告，2013 年代表意大利参加了在莱比锡举行的"为一生准备，提升早期素质教育意识"世界大会，成为意大利得到家庭广泛认可的婴幼儿阅读推广国家项目。[②]

除了对这些全国性或地区性的项目进行评估与跟踪之外，英美等国还对一些常规性的讲故事活动进行评估。2010 年就有学者尝试用观察加访谈的方法评估美国西雅图地区公共图书馆系统的讲故事活动，试图探寻何为成功的讲故事活动。评估的目的一方面是提高公共图书馆的服务质量，另一方面就是用事实来证明公共图书馆对儿童早期读写发展，特别是早期阅读的实质性贡献，从而增强公共图书馆在公众特别是儿童中的影响力。[③] 国内对于低幼儿童阅读品牌项目或活动进行评估的比较少，目前仅有陈力勤等人通过抽样访谈、QQ 群成员统计两种方式，对苏州图书馆"悦读妈妈"培训课堂的

---

① 徐晓冬 . 意大利早期婴幼儿阅读推广计划管理模式研究 [J]. 图书情报工作，2016，60（7）：67-71+147.

② 徐晓冬 . 意大利"生而为读"早期婴幼儿阅读推广计划研究 [J]. 图书馆理论与实践，2016（7）：105-109.

③ 张慧丽 . 美国图书馆界儿童早期阅读推广项目管窥 [J]. 图书馆工作与研究，2012（11）：113-116.

成效与影响进行的分析 ①；冯莉采用问卷调查和抽样访谈的方法对广州图书馆 2014—2017 年的婴幼儿基础文献服务与阅读推广服务活动进行了调查 ②；杨威娜运用读者满意度调查法，结合长春市少年儿童图书馆制定的《少年儿童图书馆讲座服务评估标准》，对长春市少年儿童图书馆现有的两个专题系列讲座——针对小学高年级学生的"少年阅读"大讲堂和针对低幼儿童的"悦读故事汇"的服务效果进行了分析 ③。相比于国外图书馆的评估，我国多为一次性评估，且以抽样调查为主，持续性与整体性较差。

6.5.3　微观层面的评估

微观层面的评估聚焦于个体变化，尤其是低幼儿童处于快速的发展变化之中，效果更加显而易见。美国教育心理学家布鲁姆（Benjamin Bloom）在《人类特性的稳定与变化》（*Stability and Change in Human Characteristics*）中通过对千名儿童的追踪提出了智力发展水平的规律：如果 17 岁时人的智力发展水平为 100，那么 4 岁时就已具备了 50%，8 岁时达到 80%，剩下 20% 是在 8—17 岁的 9 年中获得的，8 岁之前儿童的阅读带来的影响是终生的。④ 低幼儿童时期快速变化的特点会对后期的发展产生持续性的影响。为了证实早期阅读活动的效果，评估方往往要对某一特定主体进行跟踪性调查，以便观察项目的持续性影响。

伯明翰大学持续追踪了参与"阅读起跑线"的 300 个婴幼儿的表现，结果发现，获赠图书的家庭在全家人对图书的兴趣、亲子共读与使用图书馆

①　陈力勤，白帅敏.图书馆婴幼儿服务志愿者队伍建设研究 [J]. 图书馆建设，2015（11）：38-41.

②　冯莉.公共图书馆婴幼儿阅读服务评估研究——以广州图书馆为例 [J]. 图书馆研究，2019，49（1）：86-92.

③　杨威娜.关于《少年儿童图书馆讲座服务评估标准》的应用研究 [J]. 晋图学刊，2019（2）：43-46+62.

④　郭铭.寻找中国本土儿童分级阅读的理论支点 [N]. 中国教育报，2010-09-16（5）.

的次数上都增加不少，项目明显地改善了参与的家庭对图书馆的态度及他们的阅读态度。这批从小接触图书的幼儿上小学后，听说成绩与写作成绩分别超出班里平均水平 20% 和 12%，他们不但语文成绩好，连数学能力都较为出色。① 英国纽曼大学主讲教师摩尔和伯明翰大学退休教授韦德曾在 1993 年对收到"阅读起跑线"免费阅读包的家长进行过两次调查，一次是刚收到免费包的时候，另一次是使用了 6 个月后。时隔半年的对比调查显示：71% 的家长为孩子购买了更多的图书，28% 的家长愿意花更多的时间与孩子一起阅读图书，57% 的家长参与了图书俱乐部，29% 的家长和他们的孩子成了图书馆的用户。②

对特定个体与家庭的追踪调查能够非常直观地反映出项目的实施效果。不过这种微观层面的评估，一方面成本较高，很容易半途中断；另一方面个体发展中有许多个性的因素（家庭经济水平、受教育水平、幼儿个体的智力发展水平等）无法排除，会带来评估结果的误差，导致评估的不精确。因此，这种微观层面的评估只能作为一种补充方法，从侧面间接地对项目效果进行反映。

观察法、实验法、问卷调查法与访谈法是三个层次的评估中经常使用的方法，多数情况下是采用一种方法或多种方法配合使用。为了确保评估的客观准确，图书馆通常会与儿童教育领域和市场调查的机构合作。评估的结果会涵盖投入 - 产出、影响、多方评价、实际效果等多个方面。图书馆会从多个角度来对项目的实施效果进行评价，同时使用定性与定量的方法，既有主观描述，又有翔实的数据。评估会持续不断进行，重视统计数据的长期积累，在数值的对比中分析项目的持续性影响。近年来，随着互联网和大数据采集等技术的发展，在传统评估的基础上，图书馆会增加数字化评估，借助网络进行在线的数据填报与评定。

---

① 黄巾.英国婴幼儿"阅读起跑线"项目研究 [D]. 重庆：西南大学，2018.
② Maggie Moore, Barrie Wade. Bookstart: A Qualitative Evaluation [J]. Educational Review, 2003, 55(1):3-13.

6.6　贯穿全程的保障——宣传推广

如今，丰富多彩、形式多样的电子设备（电脑、手机、平板电脑等）已经逐渐在少儿群体中流行起来，图书馆要与他们"争夺"孩子们的时间和注意力，宣传推广就显得十分必要。"酒香不怕巷子深"的时代已经过去了，图书馆的宣传推广活动已经越来越受到重视，成为图书馆开展服务的一个重要因素。国际图联《0—18岁儿童图书馆服务指南》中明确指出："儿童图书馆员要成为图书馆的有力倡导者……要积极证明图书馆在培养阅读和读写技能方面的影响和价值。"儿童图书馆员要积极向儿童和社区宣传图书馆的服务和资源，让没有使用过图书馆资源的潜在读者认识图书馆，走进图书馆。阅读推广的目标人群是全体公民，重点是特殊人群，儿童尤其是低幼儿童作为一类特殊人群，受到了前所未有的重视。[①] 近年来，随着我国公共图书馆阅读推广的兴起，面向低幼儿童的阅读推广成为图书馆中最活跃、见效最快的部分。因为低幼儿童服务的宣传与推广不仅能够让未来的小读者走入图书馆，而且能够带动成人读者来馆，达到"一箭双雕"的效果，因此引起了图书馆的格外重视。此外，作为人生的一个特殊阶段，低幼儿童期的影响是持续而长久的，让家长尽早认识到早期阅读的重要性，对孩子的一生都是非常重要的。馆员通过对图书馆资源与服务的宣传推广，使不爱阅读、没有出入图书馆习惯的家庭走进图书馆，爱上阅读，使不会阅读的低幼儿童学会阅读，将图书馆的资源与读者联系起来，将读者的需求与图书馆服务匹配起来，从而实现图书馆价值的最大化。

---

① 范并思 . 阅读推广与图书馆学：基础理论问题分析 [J]. 中国图书馆学报，2014，40（5）：4-13.

6.6.1 前期宣传，提高知晓度

对图书馆低幼儿童服务的前期宣传，目的是提高知晓度，让更多的低幼儿童家庭能够参与进来。为了让更多的低幼儿童家庭知晓图书馆的服务，就一定要加大宣传。在宣传手段上，除了利用印刷的宣传册和宣传活页、纸质的资源清单、馆内宣传栏等传统方式外，还可以借助互联网和通信技术，在官方网站及联盟成员馆网站、微信公众号、微博、H5 页面等网络端和移动端发布消息，实现跨时空传播。线上、线下的宣传可同步进行，充分配合，相互补充，搭建起多元联动的宣传推广体系。在宣传内容上，要详细、准确、简明、丰富，对图书馆服务的内容、服务面向的对象、服务举办的时间等信息进行说明，让用户可以根据自身实际情况来选择。国内外的图书馆常会根据近期的活动安排，发布活动月历，提前在网站、公众号、馆内宣传栏、宣传活页上进行宣传。为了让计划月历准确、翔实，图书馆一定要做好活动计划与安排，消息一经发出，就不要轻易改动，以免影响最终的效果。在宣传阵地上，除了抓住图书馆这个主阵地外，还要不断深入低幼儿童密集的区域，如社区、保健诊所、儿童乐园、幼儿园、超市等，以便将不常出入图书馆的低幼儿童家庭囊括进来。流动图书大篷车是图书馆送资源到身边常用的方式，可以不断扩大服务范围。苏州图书馆的"流动大篷车"是这方面的代表。截至 2018 年 6 月，大篷车累计出车 188 次，借阅量达 45000 多册，接待读者约 21000 人次，形成了以流动图书借阅为主、多样化创新活动为辅的幼儿阅读新模式。"大篷车"与"悦读宝贝计划"有机融合，相互补充与推进，丰富了活动的内涵，也延伸了图书馆服务的触角。[①] 合肥市少年儿童图书馆的汽车图书馆流动服务自 2005 年以来，形成了"情暖童心，悦享书香""绘本巴士进乡村""文化暖心，阅读推广到你身边"三个系列主题，形

---

① 许晓霞，陈力勤，白帅敏，等.公共图书馆低幼儿童服务 [M]. 北京：国家图书馆出版社，2019：220.

成了覆盖革命老区、学校、医院、社区等五类群体的服务体系，共设立流通点100多个，服务读者10万余人次，图书流通约20万册次，开展读书活动1000余场次，捐赠文体用品3000余套。[①]

为了让图书馆的资源与服务更贴近读者的需求，在宣传的过程中，馆员要根据用户的特点，对用户的潜在需求进行挖掘，甚至是大胆地预测，能够准确给用户画像，推出有针对性的服务项目。[②]除了对已有资源与服务的宣传与推广、对潜在需求的预测外，还应该加大对志愿服务的宣传，吸引更多的有志之士投入到公共图书馆低幼儿童服务之中，尤其是吸引儿童与青少年志愿者。同龄人的感召力往往更大，能够更好地带动身边的人。与孩子关系最密切的父母也是低幼儿童志愿服务宣传中重点面向的对象，"故事妈妈""故事爸爸"已经成为很多公共图书馆中的志愿者主力，他们不仅在家中为孩子营造了良好的亲子阅读氛围，还将阅读的种子播撒到更多低幼儿童的家庭之中。

6.6.2 后期推广，扩大覆盖面

前期宣传是为了提高知晓度，让更多的低幼儿童家庭参加到项目中；后期推广则是在公共图书馆低幼儿童服务持续一段时间且取得良好效果之后不断开展，以扩大服务的覆盖面。纵观国外成功的图书馆低幼儿童服务项目，大都经历了从试点到逐步推广的发展过程，最终发展成为全国甚至全球性的低幼儿童阅读指导与推广项目。其中，最具代表性也是影响最为广泛的项目就是英国的"阅读起跑线"。该项目于1992年在伯明翰发起时只是针对当地的经济困难家庭开展的，试点成功后，发展成为全英的国家项目，后迅速推广至全球，成为全球著名的针对学龄前儿童的阅读指导服务计划，覆盖面从

---

① 合肥市少年儿童图书馆简介 [EB/OL].（2019-12-09）[2021-01-22]. http://www.hfslib.com/content/detail/64240208e59973d466005558.html

② 陈慧香.基于用户画像的图书馆精准服务研究 [D]. 南京：南京大学，2018.

地区到全国再到全球。美国的"图书馆里的每个孩子都做好了阅读准备"项目发起时，先选取了20个代表不同规模和人口特征的图书馆为第一批示范点，次年又加入了14个公共图书馆示范点，不断评估、改进，试点成功后发展成为全美低幼儿童早期阅读推广项目。德国全国性的低幼儿童阅读启蒙项目"起点阅读——阅读的三个里程碑"最初在北莱茵-威斯特法伦州的布里隆地区试点实施，后以"阅读启航——和书籍共同成长"为名在萨克森州试点，历时三年，成功后在全国推出。

除了先试点后推广的模式外，还有一种模式是经过长期积淀发展为服务品牌之后，借助总分馆体系在图书馆系统内推广。比较有代表性的如英国的"蠕动读者的故事和童谣时间"（Wriggly Readers Story and Rhythme Time），这个项目是莱斯特郡在本地图书馆的各个分馆定期举行的针对0—4岁儿童及其家庭的阅读活动，采用统一的标志。美国的一些州际低幼儿童服务项目，如犹他州的"犹他孩子做好了阅读准备"（Utah Kids Ready to Read）、华盛顿州的"点滴联结"（Connecting the Dots）、弗吉尼亚州的"每日家庭识字日历"（Day by Day Family Literacy Calendar）、加利福尼亚州的"与家人一起早教"（Early Learning with Families）、亚利桑那州的"脑盒"（Brain Boxes）等也是在州内图书馆系统内同步推行，最终成为全州代表性的低幼儿童服务品牌。[①] 我国率先出现的低幼儿童服务项目"悦读宝贝计划"推出后，不仅在总馆本部开展，同时也在分馆及社区积极推广。[②]

通过先试点再普及和在图书馆系统内部推广两种途径，公共图书馆低幼儿童服务的触角不断延伸，覆盖面逐步扩大。成功经验的复制可以让更多低幼儿童家庭受益，让公共图书馆低幼儿童服务的效益最大化。在扩大受益人

---

① New York State Library Early Literacy Training—State Library Research and Best Practices [EB/OL]. [2021-01-08]. http://www.nysl.nysed.gov/libdev/earlylit/state_library_programs. pdf.

② 许晓霞，陈力勤，白帅敏，等 . 公共图书馆低幼儿童服务 [M]. 北京：国家图书馆出版社，2019：157.

群范围的基础上，还要兼顾各类人群尤其是处于弱势地位的人群（如残疾儿童和有心理疾病的低幼儿童）的特殊需求，将这类人群包含进来，专门设计针对他们的服务活动。在地区分布上也要兼顾，尤其应重视乡镇、农村、老少边穷等经济欠发达地区，通过流动书车、送服务到身边等形式，将这些边远地区囊括进来。总之，要通过后期的推广，逐步扩大服务的覆盖面，在覆盖人群与覆盖区域两个方面用力，让更多低幼儿童及其家庭享受到公共图书馆提供的服务。

6.7　本章小结

完善的保障体系可以保证公共图书馆低幼儿童服务持续开展并不断走向高质量发展之路。本章将国内外学者的学术研究成果与国际图联"四部指南"作为参考依据，提取出公共图书馆低幼儿童服务的保障要素（馆员、馆藏、空间、服务、宣传推广、影响评估、制度规范），采取动态的方法，以服务开展的流程为主要依据，将七个要素分别归入服务前期、服务中期与服务后期三个阶段中。

服务前期主要由制度规范提供保障，对服务的开展提出基本要求以及说明各个方面可以达到的理想状态；服务中期由馆员、馆藏、空间、服务等要素提供基本支撑；服务后期从评估追踪方面为服务的开展提供反馈，使其不断改进；宣传推广贯穿于服务的整个流程，提高服务的知晓度，扩大服务的覆盖面。服务前期、中期与后期形成闭环，相互促进，相互推动，从而让图书馆的低幼儿童服务良性发展。

服务前期的制度保障为公共图书馆低幼儿童服务的开展提供依据和规范。首先是国际文件中与图书馆儿童服务开展相关的整体性文件，如《儿童权利公约》《公共图书馆宣言》《图书馆权利宣言》及其解释性文件等，它们主要从儿童权利与公共图书馆服务精神、理念等层面进行规定；其次是有关低幼儿童服务开展的专门性文件，即国际图联的"四部指南"，它提供具体而有针对性的指导。

我国出台的文件大体分为三类：第一类是儿童权利保护与儿童发展的纲领性文件，如《中华人民共和国未成年人保护法》《九十年代中国儿童发展规划纲要》《中国儿童发展纲要（2001—2010年）》《3—6岁儿童学习与发展指南》；第二类是公共文化服务与公共图书馆领域的相关文件，如《图书馆工作汇报提纲》《关于全国少年儿童图书馆工作座谈会的情况报告》《公共图书馆建设标准》《关于加快构建现代公共文化服务体系的意见》《中华人民共和国公共文化服务保障法》《中华人民共和国公共图书馆法》；第三类是图书馆儿童服务的专门文件，如《关于进一步加强少年儿童图书馆建设工作的意见》《公共图书馆少年儿童服务规范》。

国内外相关文件可分为三个层次，呈金字塔状：最底层的是最基本、最宽泛的，是图书馆儿童服务开展的纲领性文件，主要是从儿童权利与儿童发展的宏观层面来进行约束；中间层面聚焦图书馆，通常是图书馆事业发展必须遵循的准则与精神；最上层的是专门针对儿童图书馆的文件，围绕图书馆儿童服务开展的各项基本要素展开，给出详细而具体的规定。

馆员、馆藏、空间、服务是公共图书馆低幼儿童服务开展的基本要素，也是必备要素，是服务顺利进行的基本保障。馆员是低幼儿童服务顺利开展的灵魂，馆藏是低幼儿童服务顺利开展的基础，空间是低幼儿童服务顺利开展的前提，服务是低幼儿童服务顺利开展的关键。

服务后期主要从影响评估方面提供保障，公共图书馆低幼儿童服务的评估分为三个层面：一是从图书馆整体与全局角度出发的宏观层面的评估；二是从具体项目与活动角度出发的中观层面的评估，主要是对低幼儿童阅读推广项目的评估；三是从个体成长与发展出发的微观层面的评估，即选定特定的对象进行追踪，观察图书馆服务对个体自身带来的持续性影响。

　　宣传推广贯穿于公共图书馆低幼儿童服务的全阶段，前期宣传是为了提高知晓度，可以在宣传手段、宣传内容、宣传阵地三个方面下功夫；后期推广是为了扩大项目的覆盖面。推广模式目前使用较多的有两种：一种是先试点后推广，代表案例如英国的"阅读起跑线"、美国的"图书馆里的每个孩子都做好了阅读准备"和德国的"起点阅读——阅读的三个里程碑"；另一种是借助总分馆体系在图书馆系统内进行推广，代表案例如英国莱斯特郡在总分馆体系内推行的"蠕动读者的故事和童谣时间"及美国多个州在州际内推行的低幼儿童服务项目。除了不断扩大覆盖范围，还应在覆盖人群与覆盖区域两个方面用力，从而让更多的低幼儿童及其家庭享受到公共图书馆提供的服务。

7 公共图书馆低幼儿童服务发展的中国路径

公共图书馆低幼儿童服务是在国家经济不断壮大、公共图书馆事业不断发展、人民精神文化需求日益增长的背景下出现的。倡导全民阅读、国民素养提升、终身学习、早期读写的大环境，图书馆阅读推广迅猛发展的势头，儿童友好社区、托幼一体化新理念的出现，形成了一股合力，让国家、图书馆、家庭在低幼儿童早期阅读的重要性上达成了共识。低幼儿童期成为关乎个体、图书馆与国家发展的重要阶段。作为阅读宣传与推广的重要阵地，公共图书馆意识到低幼儿童阅读的重要性，服务触角不断延伸，服务年龄下限不断降低，将0岁作为服务的起始阶段，甚至将准妈妈都纳入到了服务范围之内。作为公共图书馆一类特殊而重要的服务群体，低幼儿童迎来了自身发展的黄金时期。公共图书馆作为服务主体，要抓住时机，做好规划，结合我国国情与图书馆自身的发展情况，借鉴国外公共图书馆低幼儿童服务的先进经验，努力探索出一条适合自己的、具有中国特色的发展路径。

7.1 我国公共图书馆低幼儿童服务发展现状

我国公共图书馆低幼儿童服务出现的时间并不早，起步约在 2010 年前后，是儿童服务发展到高级阶段后的产物。由于公共图书馆低幼儿童服务对图书馆事业自身的发展水平和经济的整体发展水平均有较高的要求，因此它的出现要晚于图书馆的儿童服务。大约在第一所儿童图书馆出现百年之后，低幼儿童才被纳入公共图书馆的服务体系之中，成为公共图书馆服务面向的一类重要群体。虽然我国公共图书馆低幼儿童服务的出现仅有短短十余年的时间，却恰逢最好的时机，发展十分迅速。目前，我国公共图书馆低幼儿童服务的理念已经确立，实践的探索已经起步，服务品牌已经形成，并不断与国际接轨，具备了继续深化与发展的基础与前提。

7.1.1 服务理念确立

公共图书馆低幼儿童服务理念为服务实践的发展提供思想上的支撑，低幼儿童服务从无到有的过程正是图书馆儿童服务理念发展演变的体现——从忽视儿童到"发现"儿童，再到重视儿童，直到儿童优先、儿童利益最大化。先是服务学龄儿童，进而扩展、细化服务，面向年龄较小的低幼儿童。

对儿童的"发现"与认识是公共图书馆低幼儿童服务理念产生的基础，不论东方还是西方，对儿童的"发现"都经历了一定的阶段：儿童从最初的"成人的附庸""缩小的成人"到"作为一个独立存在的个体"。儿童逐渐从成人中脱离出来，成为公共图书馆服务面向的一类重要的群体。儿童的"发现"及儿童权利意识的崛起，要求公共图书馆为儿童提供免费、平等、公平的服务，不能因为年龄因素将儿童这一群体排斥在门外。儿童作为有独立人格和自身特点的群体，要求公共图书馆为之提供专业且有针对性的服务。公共图书馆中的儿童阅览室、独立建制的少年儿童图书馆逐步建立，儿童开始享有与成人同等的使用图书馆资源的权利。

当公共图书馆聚焦儿童之后，"儿童本位""儿童中心"的服务观念逐步形成，在资源建设、环境布局、服务策划、空间规划、设备配备上均根据儿童的特点来设计。《中国儿童发展纲要（2001—2010年）》确立的"儿童优先"理念要求在制定法律法规、政策规划和配置公共资源等方面优先考虑儿童的利益和需求。儿童不仅被看作是与成人同等重要的群体，而且被优先考虑。

儿童区别于成人的特殊性使其成为公共图书馆一类特殊的服务群体，当进一步细分面向这类群体的服务时，儿童发展的阶段性就凸显出来了。低幼儿童期作为儿童发展的起始阶段，作用十分关键，它是打基础的阶段，是阅读兴趣与习惯形成的关键时期。早期阅读理论对幼儿阶段的重视，以及幼儿阶段对人生后期学习、工作、生活的持久性影响，都促使公共图书馆开始转变观念，不再将不具备阅读能力的低幼儿童排斥在外，而是将其作为图书馆阅读推广面向的重点人群。

随着公共图书馆加入早期阅读推广的队伍之中，早期阅读中的一些重要理念在图书馆语境下有了新的表述，比如，"如果你投资儿童，他将成为一个有素养、有文化的成年人"，"图书馆针对儿童开展的活动是未来读者进入图书馆大门的一个途径"，"今天的儿童就是图书馆的未来"，"为孩子提供一个良好的学习开端，鼓励他们成为读者和学习者，这对于他们的教育是有帮助的，也是必需的"，"一个高质量的儿童图书馆能够使孩子具备终身学习的本领，掌握学习的技能，使他们成为一个积极参与社会活动并对社会发展做出积极贡献的人"……[①] 低幼儿童期代表着人生的起点、生命的开端，而阅读的作用潜移默化，它作用于人们的思想、行动、情感、能力等方方面面，不仅影响个人的发展，而且关乎国家、民族的兴衰。阅读与人生的结合最好在人生的起始阶段，这样才能产生最大的经济与社会效益。"阅读改变一切，多早开始也不为过"的理念逐渐形成，成为推动公共图书馆低幼儿童服务发展的重要理念之一。

"快乐阅读最重要"是公共图书馆低幼儿童服务的另一个重要理念，快乐阅读对孩子未来学业成绩的提升、幸福感的获得、情感的发展及社会融入

---

① 张丽. 图书馆未成年人服务保障条件研究——以英美为例 [D]. 北京：北京大学，2012.

等方面都有巨大的影响。① 对于孩子来说，能够带来快乐的阅读更有趣。因为只有良好的阅读体验，才能激发他们的阅读兴趣，增强他们与图书之间的联系，帮助他们养成良好的阅读习惯。没有什么比快乐阅读更能够带给孩子们美好的阅读体验了，尤其是在阅读的起步阶段。在这种理念的指引下，图书馆在策划低幼儿童阅读活动时，通常都注重趣味性，并加入游戏元素，让低幼儿童实现在玩中学、在学中玩的理想状态。

儿童友好社区的建设与托幼一体化理念的形成一定程度上也推动了公共图书馆低幼儿童服务的发展。儿童友好社区要求在安全友好的社区公共空间内为儿童及其监护人和其他家庭成员提供包括文化、教育、健康等多维度的普惠型服务。公共图书馆作为重要的阅读、文化服务的公益性机构，应成为社区文化中心之一。托幼一体化的思想聚焦于学龄前儿童，倡导对0—6岁年龄段的儿童"养"与"育"结合，早期教育与读写能力的发展是家长应着重关注的方面。公共图书馆作为早期阅读的重要阵地，成为托幼一体化机构的主要合作伙伴之一，发挥着重要作用。

7.1.2 实践探索起步

在我国，公共图书馆低幼儿童服务的实践探索起步于2010年前后，是在全民阅读、阅读推广迅猛发展的大背景下出现的。由于公共图书馆的低幼儿童服务对图书馆自身发展水平和经济整体发展水平有较高要求，因此我国面向低幼儿童提供服务的图书馆首先出现在经济比较发达的东部地区，如苏州图书馆、深圳少儿馆、广州少儿馆、杭州少儿馆、东莞少儿馆、首都图书馆少儿馆、张家港市少儿馆等。② 在意识到低幼儿童服务的重要性后，这些

---

① Impact and Research[EB/OL]. [2021-01-16]. https://www.booktrust.org.uk/what-we-do/impact-and-research/.

② 李景成，翁畅平. 公共图书馆0—3岁婴幼儿早期阅读服务研究 [J]. 河北科技图苑，2018，31（3）：63-66.

图书馆率先将入馆的年龄下限降至 0 岁，并在馆内开辟低幼儿童专区、亲子阅读区、玩具活动区等专门空间，开展面向低幼儿童的活动。

　　低幼儿童专区的打造是多数公共图书馆在实践探索上迈出的第一步，为了满足低幼儿童的需求，公共图书馆在空间布局、设施设备上均满足低幼儿童的心理与生理特点。利用旧馆改造的时机，增设低幼儿童专区成为一些图书馆尝试低幼儿童服务的新思路。2012 年旧馆改造后重新开放的杭州少年儿童图书馆新增了绘本区，专门为 0—6 岁儿童开辟出阅读和游戏的场所，还对楼梯、拐角等尖锐处做了软包处理，为 0—6 岁儿童营造了属于他们的图书馆环境氛围。[①] 2014 年全面升级改造后的张家港市少儿图书馆就在新馆内设置了"芽芽园"，专门供 0—3 岁的低幼儿童及其家庭使用。园内以"森林读书会"为主题，融入可爱的动物元素来活跃空间氛围，里面有蓝天、白云、星星、月亮、五彩蘑菇……走进色彩艳丽的"芽芽园"就像走进一个充满书香的童话世界。[②] 2017 年 8 月改造后的广州少年儿童图书馆的绘本馆荣获"2018 全国十佳绘本馆"称号，装修一新的绘本馆以"绘本小镇"为主题，以冰雪纯美的童话世界为背景，风筝、热气球遨游天空，绘本小镇、绘本森林、动漫车站、动漫天桥、小镇剧场、阅读梯田、阅读河流为孩子们营造了一个宁静而又富有童话色彩的阅读空间。为开启低幼儿童阅读之门而打造的"童趣馆"荣获"最美粤读空间"称号，馆内将喜羊羊与灰太狼的形象产品与阅读行为融合，以"童心、童趣、童悦读"为主题，打造让婴幼儿产生喜爱和认同感的空间。[③] 合肥市少儿图书馆精心打造的以绘本为特色主题的"童悦绘本馆"于 2017 年 4 月对外开放，它依托优质的馆藏资源、温馨

① 段宇锋，周子番，王灿昊.为孩子开启智慧之门——杭州少年儿童图书馆低幼服务 [J].图书馆杂志，2019，38（1）：36-42.
② 张丽，姜淑华."文化超市"：张家港市少儿图书馆阅读推广的新探索 [J].图书馆杂志，2018，37（11）：56-62.
③ 文化广州.绘本馆进全国十佳，童趣馆获评"最美粤读空间"，广少图三年做了些啥？[EB/OL].（2018-11-07）[2021-01-17]. https://m.sohu.com/a/273917315_100020262.

的借阅环境、精彩的读书活动、出色的读者服务，成为合肥市少儿图书馆内最受孩子们喜爱的阅读空间。①为解决学龄前儿童与入学儿童共处一室、相互干扰的问题，2016 年 10 月朝阳区图书馆推出学龄前儿童专属阅读服务项目，打造专属于低幼儿童的阅读空间。区域内设置了适合学龄前儿童的特殊造型书架和家具，馆内设有活动舞台、灯光及投影仪等设备，以便日常开展各类阅读活动。

专门空间为低幼儿童服务的开展提供了场地，营造了较好的阅读氛围，这是服务开展的前提。服务内容的充实与完善则是公共图书馆低幼儿童服务的核心，也是实践探索中最具特色的部分。绘本是低幼儿童最主要的阅读资源类型，绘本的借阅成为最基本的低幼儿童服务。为了满足低幼儿童阅读的需求，购置质量优良的绘本、提供借阅服务成为大多数公共图书馆低幼儿童服务的内容之一。以绘本为基础的讲故事活动以及由讲故事活动衍生出来的亲子阅读、图画书故事衣、读书会、手工制作、绘画涂鸦、体能游戏等活动都是目前我国公共图书馆较为普遍的低幼儿童服务内容，有些已经成为馆内的服务品牌。经过 10 余年的发展，我国公共图书馆低幼儿童服务实践不断推进，集中体现在专门空间的开设、特色资源的建设、服务活动的策划与服务品牌的打造等方面。低幼儿童是公共图书馆的重点服务对象之一，具备条件的图书馆都会将低幼儿童纳入自己的服务范围之内，积极开展实践探索，推动低幼儿童服务走向规范化与科学化。

7.1.3　服务品牌打造

品牌体现了消费者对产品的认知程度，服务品牌的概念最先在商界提出。所谓服务品牌就是在消费、流通、服务等领域提供销售、服务的过程中形成的独特服务模式，是被社会公众所认可和信赖的业务技能，也是服务者

① 合肥市少年儿童图书馆简介 [EB/OL].（2019-12-09）[2021-01-22]. http://www.hfslib.com/content/detail/5dee0cd7e599737c400068e8.html.

通过展现自身的服务能力所产生的一种效应。①对图书馆来说，品牌服务就是一个图书馆通过自己的某种独特性、一定规模的馆藏、某一特色产品、某种特色服务在本行业中形成差别优势，它突出的是服务的特性与特色，它是企业品牌服务在图书馆服务中的延伸和拓展。②服务品牌的打造需要前期的策划与宣传，中期有规律的、持续性的开展，以及后期的大力推广。

"服务活动化，活动品牌化"是公共图书馆未成年人服务的特点，这一点在低幼儿童服务上表现得尤其明显。③为了引起低幼儿童的阅读兴趣，帮助他们养成阅读的良好习惯，公共图书馆低幼儿童服务往往经过精心的策划，如设计一个别致的名称、一个可爱的标志，提供丰富多彩的内容，并进行持续不断的馆内外推广。经过包装、活动化处理后的服务很容易形成品牌。英国的"阅读起跑线"、美国的"出生即阅读""图书馆里的每个孩子都做好了阅读准备""轻松识字的鹅妈妈"、德国的"起点阅读——阅读的三个里程碑"、意大利的"生而为读"、新加坡的"天生读书种，读书天伦乐"（Born to Read，Read to Bond）等，不但是全国性的阅读推广项目，而且有的已经发展成为全球性的品牌。

我国公共图书馆低幼儿童服务的实践探索虽然仅有十余年的时间，但不少图书馆已经形成了自己的品牌，其中比较有代表性的是国家图书馆少年儿童馆的"低幼悦读会"、苏州图书馆的"悦读宝贝计划"、杭州少年儿童图书馆的"小可妈妈伴小时"、武汉市少年儿童图书馆的"小脚印故事吧"、深圳少年儿童图书馆的"喜阅365——亲子共读计划"、温州市图书馆的"儿童知识银行"、温州市少年儿童图书馆的"毛毛虫上书房"、沈阳少年儿童图书馆的"贝贝故事乐园"、张家港市少年儿童图书馆的0—3岁婴幼儿"宝贝

① 卢巧云.打造图书馆服务品牌的思考[J].图书情报知识，2002（6）：68-69.

② 段文革，张若菊，张健.浅谈如何塑造图书馆的品牌服务[J].黑龙江科技信息，2012（3）：129.

③ 范并思.拓展图书馆未成年人阅读服务[J].图书与情报，2013（2）：2-5.

启蒙"行动和 3—6 岁"幼儿启智"行动、广州图书馆的"小樱桃"阅读树、首都图书馆少年儿童图书馆的"红红姐姐讲故事"、嘉兴市图书馆的"阅动全家，书香嘉兴"乡村学龄儿童阅读推广、佛山市图书馆的"蜂蜂故事会"、深圳宝安图书馆少年儿童馆的"图图姐姐讲故事"、江阴市图书馆的"幸福种子"和"妈妈加油站"、上海浦东图书馆的"悦读起步走——0—3 岁婴幼儿家庭阅读指导计划"等。国家图书馆、中国图书馆学会联合举办的全国少年儿童阅读年活动和中国图书馆学会未成年人服务论坛案例征集活动在一定程度上推动了公共图书馆低幼儿童服务品牌的打造。我国省级及地市级图书馆基本上都形成了自己的低幼儿童服务品牌（见附录 2），这也是公共图书馆服务中最容易见到成效的部分。

7.1.4　国际接轨推进

目前，中外图书馆学正进行第五次理论关系的重构，在过去 100 多年间的四次关系重构中，中国图书馆学理论研究的重心逐渐由"先进经验的本土化"转变为"中国经验的世界化"。中国图书馆学正在尝试向世界贡献中国经验，提出中国方案。[①] 在图书馆学积极融入世界、在国际舞台上发声的同时，作为其分支的儿童图书馆学也在努力与国际接轨。

国际图联的"四部指南"是国际范围内规范与指导儿童图书馆服务实践开展的纲领性文件，确立了儿童图书馆服务应遵循的基本规范，搭建了儿童图书馆服务开展的框架体系，传达了图书馆儿童服务应恪守的核心理念。[②] 随着我国图书馆儿童服务走向规范化，"四部指南"作为最具影响力的国际性指导文件也成为我国图书馆学界与业界学习与研究的重要文本。为了更好

---

① 肖鹏.从中国经验到中国方案：走向中国图书馆学理论研究的世界化时期 [J].中国图书馆学报，2019，45（6）：12-23.

② 张丽.国际图联儿童图书馆服务指南的坚守与创新 [J/OL].图书馆论坛：1-10 [2021-01-18].http://kns.cnki.net/kcms/detail/44.1306.g2.20201009.1728.008.html.

地普及和推广国际图联的政策文件，规范与指导我国图书馆儿童服务实践的开展，我国学者对《儿童图书馆服务指南》《婴幼儿图书馆服务指南》《0—18 岁儿童图书馆服务指南》《学校图书馆服务指南》《在图书馆中用研究来促进识字与阅读：图书馆员指南》等文件进行了翻译。2019 年 4 月 6 日—9 日在于中山大学召开的未成年人阅读、学习与赋能国际研讨会暨未成年人图书馆与信息服务专业教育研讨会、未成年人阅读与研究青年学者专题研讨会上，第一次现场发布了张靖课题组授权翻译的《0—18 岁儿童图书馆服务指南》，并邀请国际图联标准委员会、儿童与青少年图书馆专业委员会、学校图书馆专业委员会及国际标准的执笔人对图书馆服务的国际标准进行研讨和解读。这是国际图联儿童服务翻译文件第一次作为会议资料打印下发，加速了新版指南在国内的传播，提高了新版指南在图书馆界的知晓度。[①]

对儿童图书馆领域重要国际政策文件的译介是前提，最终的目的是将其理念与思想的精华吸纳进来，指导我国实践的开展。随着我国儿童图书馆事业的不断发展，儿童图书馆领域的国际政策文件成为我国相关政策制定与参考的依据，我国于 2019 年实施的《公共图书馆少年儿童服务规范》就参考了国际图联的"四部指南"。此外，在儿童图书馆的空间规划、资源建设、服务策划、设备配置上也以国际标准为参照，结合我国国情适当调整。

在公共图书馆低幼儿童服务实践的探索上，我国主动与国际接轨，积极参与国际领域的图书馆儿童服务项目。2017 年，杭州少年儿童图书馆成功申报国际图联的儿童阅读推广项目——"姐妹图书馆"，成为该项目在我国的第一家成员馆。[②]此外，杭州少年儿童图书馆打造的低幼儿童服务品牌——"小可妈妈伴小时"在第 83 届国际图联"世界图书馆与信息"大会

---

① 刘菡，杨乃一，李思雨，张靖. 未成年人阅读、学习与赋能国际研讨会综述 [J]. 图书馆建设，2019（3）：65-73.

② 张丽. 从"姐妹图书馆"到"图画书中的世界"：国际图联儿童阅读推广的核心理念探究 [J]. 国家图书馆学刊，2019，28（2）：51-58.

上被作为优秀案例推荐，我国开始积极为国际儿童图书馆实践的发展贡献中国经验。① 我国最早出现也是目前国内最具代表性的低幼儿童阅读项目——苏州图书馆的"悦读宝贝计划"学习、借鉴了英国"阅读起跑线"的成功经验。苏州图书馆最初萌发为 0—3 岁婴幼儿提供服务的想法是由于德国布里隆市图书馆馆长哈赫曼女士对"阅读起跑线"在德国实施情况的介绍。之后，苏州图书馆在专家团队的策划下，结合实际情况，推出了"悦读宝贝计划"。2013 年，这一计划正式加入英国"阅读起跑线"的大家庭，成为它的联盟成员。

与国际接轨是图书馆事业发展的必然趋势，由于我国公共图书馆低幼儿童服务起步较晚，发展时间较短，目前主要是参考与借鉴国外先进经验。比如，对国际重要政策文件，以翻译、推介为主，吸收国际先进的图书馆儿童服务理念，指导我国儿童图书馆事业的发展；对国际成功实践经验以参考、与学习为主，结合我国国情，探索适合我国的低幼儿童服务的模式。总之，现阶段更多的是"引进来"，将国外图书馆儿童服务的先进理念、丰富实践引入我国，做本土化的改良；未来发展的方向则是要积极"走出去"，为世界图书馆儿童服务的建设贡献力量。参与国际图联儿童服务优秀案例的评选是第一步，此后我们还要努力把成功的"中国经验"输送出去。当经验积累到一定程度之后，则要进行理论上的提炼与总结，争取在国际儿童图书馆学界发出强劲的"中国声音"，讲好"中国故事"。

7.2　我国公共图书馆低幼儿童服务发展的方向

我国公共图书馆低幼儿童服务经过十余年的发展，已确立了服务的

---

① 段宇锋，周子番，王灿昊.为孩子开启智慧之门——杭州少年儿童图书馆低幼服务 [J].图书馆杂志，2019，38（1）：36-42.

基本理念，对低幼儿童的认识不断深入；实践探索上已经起步，东部经济
发达地区的许多图书馆开始了面向低幼儿童的服务，绘本借阅与讲故事及
其他相关活动成为普遍采取的服务方式；在实践探索中形成了自己的品牌
特色，"悦读宝贝计划""小可妈妈伴小时""儿童知识银行""毛毛虫上书
房""小脚印故事吧"是其中的杰出代表；在图书馆领域整体积极融入世界
的大背景下，儿童图书馆也以开放的姿态，逐步与国际接轨，表现为对国
际政策文件的翻译、推介与本土化，对国际成功实践经验的学习与模仿等。
虽然我国公共图书馆低幼儿童服务具备了一定的基础，但由于发展时间短
和我国现阶段具体国情等原因，不可避免地存在一些不足。针对这些不足，
我国公共图书馆低幼儿童服务今后应向平衡化、专业化、理论化与多元化
四个方向发展。

7.2.1 平衡化

中国特色社会主义进入新时代，我国社会主要矛盾已经转化为人民日
益增长的美好生活需要与不平衡不充分的发展之间的矛盾。解决公共文化服
务不平衡的问题已成为我国社会主要矛盾转化对公共图书馆事业提出的新要
求。这种不平衡表现为三个方面：地区发展不平衡、城乡发展不平衡、服务
人群不平衡。[①]

依靠政府全额拨款生存与发展的公共图书馆，离不开政府的财政支持，
受经济发展水平的影响很大。[②] 低幼儿童服务对地区经济和公共图书馆事业
发展的整体水平都有较高要求，因此，目前我国公共图书馆低幼儿童服务的
开展较多集中在经济比较发达、公共文化服务体系比较完善的中东部地区，

---

① 李国新.《中华人民共和国公共图书馆法》的历史贡献 [J]. 中国图书馆学报，2017，43
（6）：4-15.
② 蒋永福. 坚决依靠政府——关于公共图书馆与政府关系的随想 [J]. 图书馆，2005（2）：
13-15.

且以大中城市为主，这从我国独立建制的少儿图书馆的分布情况中可见一斑（见表7-1）。

表7-1 我国独立建制的少儿图书馆在
东、中、西部的分布（含省、市、县三级）

地区（图书馆总数）	城市（图书馆总量）	各级图书馆数量（个）		
		省级	地市级	县级/乡镇
东部（70）	北京市（4）			4
	上海市（9）	1	7	1
	天津市（8）	1		7
	辽宁省（16）		9	7
	江苏省（9）		6	3
	浙江省（6）		5	1
	福建省（7）	1	4	2
	山东省（3）		2	1
	广东省（8）		5	3
	河北省（0）			
	海南省（0）			
中部（28）	山西省（1）		1	
	安徽省（3）		2	1
	江西省（1）		1	
	河南省（6）	1	5	
	湖北省（6）		4	2
	湖南省（6）	1	3	2
	吉林省（4）		3	1
	黑龙江省（1）			1
西部（22）	内蒙古自治区（3）		3	
	广西壮族自治区（4）	1	3	

续表

地区 （图书馆总数）	城市 （图书馆总量）	各级图书馆数量（个）		
		省级	地市级	县级/乡镇
西部（22）	重庆市（2）	1	1	
	四川省（1）		1	
	贵州省（1）		1	
	云南省（3）		2	1
	西藏自治区（0）			
	陕西省（4）			4
	甘肃省（4）		2	2
	青海省（0）			
	宁夏回族自治区（0）			
	新疆维吾尔自治区（0）			

目前我国独立建制的少儿图书馆有 120 个（独立建制的少儿图书馆名录详见附录 1），其中，东部地区 70 个，中部地区 28 个，西部地区 22 个。东部和中部地区加起来共 98 个，占总数的 81.67%。其中，绝大多数少儿馆分布在县级以上的地区，只有 2 所分布在乡镇。目前能够较好地享受到公共图书馆服务的，一是大中城市公共图书馆或少儿图书馆附近地区，二是经济发达地区的中小城市公共图书馆附近地区。[①] 可以看出，我国图书馆儿童服务存在着地区与城乡发展不平衡问题。在服务人群上，儿童尤其是低幼儿童，处于比较弱势的地位，相比于成人读者的覆盖率还有待进一步提升。公共图书馆服务区域、城乡、人群不平衡是公共文化服务亟待解决的问题，也是公共图书馆低幼儿童服务发展中面临的突出问题。区域、城乡、人群的平衡化是公共图书馆低幼儿童服务的发展方向之一。

---

① 范并思. 拓展图书馆未成年人阅读服务 [J]. 图书与情报，2013（2）：2-5.

在区域平衡上，应尽量缩小东中西部的差距，国家在政策的制定与资金的投入上应更多地向中部和西部地区倾斜。东部可以对中西部地区采取帮扶与结对子的方式，让东部先进的经验输送到中西部。在城乡平衡上，根据《公共图书馆法》中的要求，"政府设立的公共图书馆应当设置少年儿童阅览区域，有条件的地区可以单独设立少年儿童图书馆"。经济发达的大中城市可设立独立建制的少儿馆，政府设立的公共图书馆要有少儿专区。广大的乡镇、农村地区、中西部地区的县、大中城市的街道及革命老区、民族地区、边疆地区和贫困地区等公共图书馆事业较落后的地区，可以采用增加社区图书馆与流动图书馆的方式满足需求。在人群覆盖上，根据《公共图书馆法》的规定，"政府设立的公共图书馆应当设置少年儿童阅览区域"，儿童应成为公共图书馆服务的基本对象，有条件的公共图书馆要积极开展面向低幼儿童的服务。

7.2.2　专业化

在诸多关于专业图书馆员的讨论中，参考咨询馆员（reference librarian）和儿童图书馆员（children librarian）被视为最能体现图书馆员专业性的两种类型。在美国，图书馆儿童工作的专业化程度仅次于编目工作，1990 年成立的儿童图书馆员协会是美国图书馆行业出现的第二个专业组织。[①] 从国际整体的发展情况来看，图书馆儿童服务工作具有十分明显的专业性，其从业人员应具备图书馆学、心理学、教育学、语言学等多领域的知识。相比而言，我国公共图书馆儿童服务在专业性方面与国际领先的同行之间还存在较大差距，专业化水平较低。

一般而言，专业性职业应具备五个特征：第一，有掌握专业知识和技能

---

① Kate McDowell. Change and Continuity in Professional Community: The PUBYAC Electronic Discussion List in Historical Context [J]. Children and Libraries, 2006, 4(1):6-10.

的专家；第二，有比较系统的专业知识体系；第三，有比较正规的、大学水平的专业教育系统；第四，有比较正规的行业协会；第五，有比较明确、系统的职业道德规范。①

专业性职业要由专业人员来胜任，我国在专业人才方面十分欠缺，儿童图书馆员大多没有接受过系统的专业学习和训练，有些馆员凭借自己的主观经验与长期积累的工作经验来工作，一定程度上影响了服务的专业化水平。究其原因，这与专业教育的缺失有很大关系。专业馆员应通过专业学习获取专业知识与技能。我国目前只有极少数培养单位在本科教学中开设未成年人服务专项课程；在研究生教育方面，仅有中山大学资讯管理学院和华南师范大学经济与管理学院开设有"未成年人信息服务""未成年人信息需求、行为与服务研究""儿童图书馆学"等选修课程。② 图书馆儿童服务教育培养方案的缺失、课程体系的不健全、知识体系的不完整、后续培训的不足等，共同导致了我国儿童图书馆从业人员的专业水平较低。

随着我国图书馆儿童服务实践的不断深入与丰富，不论是文化体制深化改革、基础教育深化改革的宏观层面，还是图书馆与信息服务转型、图书馆学教育转型的中观层面，抑或是中国未成年人信息服务不断深化、延伸的微观层面，都对图书馆儿童服务的专业性建设提出了迫切的需求。要提升图书馆儿童服务的专业化水平，首先要加强对专业人员的培养。从根本上来讲，要大力开展图书馆儿童服务的专业教育，开设相关的课程，制定详细的培养方案，构建专业知识体系。2018年《图书情报与档案管理类教学质量国家标准（图书馆学专业）》建议高校在三到五年时间内建设一些前瞻性课程，其中服务类前瞻性课程涉及儿童图书馆，这标志着我国儿童图书馆学课

① 张靖，吴翠红. 未成年人图书馆与信息服务专业性研究 [M]. 北京：社会科学文献出版社，2019：11.
② 张靖，吴翠红. 未成年人图书馆与信息服务专业性研究 [M]. 北京：社会科学文献出版社，2019：8.

程建设已逐步提上日程。^①日前一些高校已经开始了这方面的探索，主要以学习、借鉴国外的课程体系为主，以综合性、前沿性、专题性课程的开设为试点，逐步将与之相关的课程包含进来，构建起比较完善的儿童图书馆学课程体系，为我国专业人员的培养奠定基础。专业知识体系的形成与专业教育的发展相辅相成，互相推动。随着图书馆儿童服务教育的完善，图书馆儿童服务的专业知识体系也将逐渐形成，这反过来又会推动教育的发展。

由专业人员组成的行业协会是图书馆儿童服务工作专业化的重要标志。中国图书馆学会作为全国图书馆事业的引领者和推动者，高度重视图书馆的未成年人服务：2009 年启动的全国少年儿童阅读年推动了全民阅读的开展；2012 年开始在全国范围内实施图书馆未成年人服务提升计划；发起于 2013 年的图书馆未成年人服务论坛面向全国图书馆征集优秀服务案例，让从业者能够从形象、生动的案例中领悟图书馆未成年人服务的理念，掌握先进的服务方法与技巧。2012 年，中国图书馆年会以"阅读与成长 @ 我的图书馆"为主题开设了未成年人服务展区，以"展览 + 活动 + 体验"的形式向大众展现了图书馆在未成年人阅读推广方面取得的丰硕成果。^②未成年人服务的话题更是作为中国图书馆学会年会的一个重要议题，为所有关心图书馆未成年人服务的研究者和实践者搭建了交流的平台。中国图书馆学会下属的未成年人图书馆分会是推动儿童图书馆事业发展的专门组织，面向所有未成年人群体。随着图书馆儿童服务不断走向专业化，低幼儿童群体作为一类特殊而重要的群体，应从未成年人的总体中分离出来，国家应有专门的行业组织有针对性地指导其开展工作。

职业道德规范是指在专业活动中引导、约束从业人员行为的伦理准则。

① 李芙蓉，高萌妤.美国高校儿童图书馆学课程研究 [J].中国图书馆学报，2020，46（3）：113-127.

② 周崇弘.未成年人阅读推广活动的创新实践——"2012 年中国图书馆年会——中国图书馆学会年会·中国图书馆展览会"未成年人服务展区项目研究 [J].图书馆建设，2013（5）：4-6+18.

儿童图书馆是公共图书馆的一个重要分支，图书馆领域内最基本、比较突出的伦理准则，如信息自由获取准则、信息平等获取准则、保护用户隐私准则和尊重知识产权准则同样适用于图书馆儿童服务。[①] 目前我国图书馆领域内具有普适性的职业道德规范是中国图书馆学会于 2002 年审议通过的《中国图书馆员职业道德准则（试行）》，这是我国第一个超越地域、馆种类型、馆属系统的界限，把全国的图书馆员和信息服务从业人员作为一个整体来构筑其职业道德规范的指导性文件。[②] 这个文件是我国儿童图书馆员可参照的主要职业道德准则。目前，全球已有 60 多个国家制定了图书馆员职业道德规范，在此基础上，国际图联在 2012 年签署通过了《图书馆员及其他信息工作者的伦理准则》（*Code of Ehtics for Librarians and Other Information Workers*），为全球图书馆员和其他信息工作者提供了一系列道德指南，该指南也适用于儿童图书馆员。[③]

7.2.3 理论化

作为图书馆学的一个分支，儿童图书馆学的理论基础相对来说比较薄弱。2010 年之后，随着国家对儿童重视的加强，图书馆儿童服务迎来了发展的黄金时期。图书馆儿童服务的实践不断深入，相应地，理论也有了长足的进步。最突出的表现就是以华东师范大学范并思教授、河北大学赵俊玲教授、华南师范大学束漫教授、原国家图书馆少年儿童馆副馆长黄洁、原湖南省少儿图书馆副馆长杨柳、深圳南山图书馆副馆长朱淑华、北京大学图书馆张慧丽副研究馆员等人为代表的核心作者群的形成，研究专著与论文的不断推出，推动了图书馆儿童服务研究的发展，一定程度上带来了儿童图书馆学研究的繁荣。

① 于良芝. 图书馆情报学概论 [M]. 北京：国家图书馆出版社，2016：223.
② 中国图书馆员职业道德准则（试行）[EB/OL]. [2016-12-30]. [2021-01-22]. https://max.book118.com/html/2019/0402/7116142043002016.shtm.
③ IFLA. Code of Ethics for Librarians and Other Information Workers [EB/OL]. [2021-01-22]. https://www.ifla.org/files/assets/faife/codesofethics/chinesecodeofethicsfull.pdf.

以公共图书馆未成年人服务为研究主题的专著陆续出版，比较有代表性的有潘兵、张丽、李燕博撰写的《公共图书馆的未成年人服务研究》和范并思、吕梅、胡海荣编著的《公共图书馆的未成年人服务》，这两部专著是关于公共图书馆未成年人服务的比较系统的论述，阐述了公共图书馆未成年人服务发展的历史、理论基础、活动内容及方式等。后者是全国基层文化队伍培训教材，也是七部教材中唯一一部以未成年读者为研究对象的教材，从侧面表现了未成年人这一群体的重要性。黄洁、陈慧娜的《我国少儿图书馆研究》和薄楠的《图书馆少儿阅读理论与实践研究》等书，以少儿图书馆和少儿阅读为主题，对我国少年儿童图书馆的基本概念、分类、性质、职能、服务对象和特征进行了介绍，回顾了少儿图书馆的发展历程，分析了少儿图书馆文献资源建设的情况，从建筑及设备管理、人员管理、经费管理等方面分析了少儿图书馆的行政管理工作。低幼儿童作为未成年人中一类关键而特殊的群体，在一些系统论述公共图书馆未成年人服务的专著中被提及和探讨。许晓霞的《公共图书馆低幼儿童服务》一书是国内第一部对公共图书馆低幼儿童服务进行系统研究的著作。该书聚焦0—6岁低幼儿童，不仅对公共图书馆低幼儿童服务涉及的基本问题进行了阐述，而且对中外低幼儿童活动形式与优秀案例进行了推介。

儿童尤其是低幼儿童是阅读推广面向的重要群体，在中国图书馆学会出版的"阅读推广人系列教材"中，与未成年人图书馆与信息服务紧密相关的有《图书馆儿童阅读推广》《中小学图书馆建设与阅读推广》《图书馆绘本阅读推广》和《图书馆家庭阅读推广》四本。其中，《图书馆绘本阅读推广》和《图书馆家庭阅读推广》与图书馆低幼儿童服务关系密切。前者阐述了低幼儿童的重要阅读资源类型——绘本，围绕绘本是什么、图书馆如何开展绘本阅读推广活动和国内外优秀的绘本阅读推广活动好在哪里三个问题展开。后者聚焦低幼儿童阅读活动开展的重要场所——家庭，阐述了传统与现代的家庭阅读及家庭阅读方法，论述了图书馆与家庭阅读推广的关系，对图书馆家庭阅读书目的编制、图书馆家庭阅读推广活动、图书馆家庭阅读推广案例进行了介绍。由于儿童尤其是低幼儿童是公共图书馆阅读推广的一类重要群体，许多有关图书馆阅读推广的专著也会对优秀的儿童阅读推广案例进行梳理，比较有代表性的如赵俊玲等主编的《阅读推广：理念·方法·案例》、王波等著的《中外图书馆阅读推广活动研究》、郭欣萍等编的《读书方法与图书馆阅读推广》等。此外，与低幼儿童阅读密切相关的亲子阅读与早期阅读成为图书馆学人关注的焦点，陆续有一系列研究专著出版，如《不能错过的亲子阅读：0—4岁》《亲子阅读：送给0—12岁孩子的父母》《零岁起步：0—3岁儿童早期阅读与指导》等。

除了研究专著与教材的不断涌现外，以未成年人、儿童、低幼儿童为研究主题的论文数量也不断上升，多与早期阅读、亲子阅读、绘本阅读、家庭阅读、阅读推广等方面密切相关。随着研究者对公共图书馆儿童服务和低幼儿童服务关注度的提高，以此为主题的学位论文陆续出现，研究的系统性与完整性不断增强。另一个突出表现就是以图书馆未成年人服务、儿童服务、低幼儿童服务为研究主题的课题日益增多。自2010年起，国家社会科学基金与教育部人文社会科学基金的相关主题立项课题有30余项。

在核心作者群的推动与带领下，图书馆儿童服务与低幼儿童服务的研究成果不断增多，为图书馆儿童服务知识体系的构建提供了前提，为理论的不断深入发展奠定了基础。不过已有的研究成果大多还是停留在对实践经验的总结、对国外先进经验的引进与学习上，缺少对图书馆儿童服务本质及规律的归纳，基础理论的研究还比较薄弱。目前与图书馆儿童服务、低幼儿童服务联系密切，且在基础理论研究上取得了一定突破的有两个领域：一个是阅读推广，一个是早期阅读。前者以范并思教授的论述为代表，其《阅读推广的理论自觉》《阅读推广与图书馆学：基础理论问题分析》《图书馆学与阅读研究》《阅读推广的管理自觉》等一系列文章，对阅读推广的定义，阅读推广与图书馆服务、图书馆核心价值的关系等基础理论问题进行了阐述，搭建了公共图书馆阅读推广的理论体系和框架，这些理论可以直接引入儿童阅读推广领域。后者以北京大学图书馆副研究馆员张慧丽的论述为代表，其博士论文《公共图书馆儿童早期阅读服务研究》探讨了公共图书馆面向学前儿童开展早期阅读服务的理论基础和实践方法，是国内比较系统地对公共图书馆早期阅读服务进行研究的成果。她的系列成果《公共图书馆儿童早期阅读服务基本理论问题探讨》《儿童早期阅读推荐书目研究》《中美图书馆儿童阅读服务与推广比较研究》聚焦儿童早期阅读，可以与图书馆儿童服务实践相联系。今后，在已有研究的基础上，在核心作者群的推动下，学者们应密切联系实践，继续推动我国图书馆儿童服务基础理论的发展，形成完善的理论体系。这既是图书馆儿童服务专业化发展的需要，同时也是实践发展到一定阶段后的必然结果。

7.2.4　多元化

公共图书馆的儿童服务尤其是低幼儿童服务是一个多元主体共同合作、协调发展的事业。它是一项系统工程，需要各方力量的统筹协调，不是单独某类人群或某个部门、机构、组织可以独立完成的，而是多元主体相互合作的结果。美国学者托马斯早在 1982 年就将"合作网络"归入图书馆儿童服务的五大要素之一。国际图联出台的"四部指南"也多次强调图书馆加强与相关机构、人员合作的必要性。

多元化是公共图书馆低幼儿童服务未来发展的主要方向之一，图书馆作为儿童阅读服务的实施主体，要积极建立有效的、可持续的伙伴关系，儿童图书馆员应在终身学习和教育领域与相关机构协作并发展牢固的合作伙伴关系。唯有如此，才能保障儿童获得较好的阅读服务。

图书馆儿童服务的多元化主要体现在合作机构与合作人员两个方面。由于低幼儿童的主要活动场所是自己的家，因此图书馆要深入幼儿的家，加强与家长之间的互动，通过家长让幼儿接触到图书馆丰富的资源与馆员专业的阅读指导，让幼儿在熟悉的家庭环境中潜移默化地养成良好的阅读习惯。家长既是孩子成长道路上的陪伴者，也是其人生道路上的第一任老师。馆员与家长的合作非常重要，直接影响图书馆低幼儿童服务的质量。此外，家长还是图书馆志愿者队伍的主力军。面向低幼儿童开展的最普遍的讲故事活动多是由幼儿的妈妈来担任的，她们被亲切地称为"故事妈妈"。

幼儿园是低幼儿童接受学前教育的重要场所，幼儿园教师在幼儿早期阅读能力、读写能力、语言能力、思维能力和情感的发展上扮演着重要的角色，是儿童图书馆员的重要合作伙伴。图书馆通常借助流动大篷车的形式，将图书资源送到幼儿园，还经常在幼儿园举办阅读推广活动（如故事会），让孩子们在幼儿园内享受到图书馆的各项服务。此外，图书馆通过参观、作家或故事讲述者见面会、班级故事会等形式将幼儿园儿童邀请到图书馆中。以班级为单位更有利于图书馆阅读活动的开展，因为低幼儿童的阶段性差异非常明显，同龄人一起参加阅读活动效果更佳。

保健中心、牙科诊所、社区体检中心等是低幼儿童家庭经常光顾的场所，也是公共图书馆开展低幼儿童服务的重要合作者。以英国"阅读起跑线"为代表的项目在阅读包派送中就十分注重与这些健康服务机构的合作，利用父母定期带幼儿体检的机会，将图书馆的阅读资源打包送出。这些健康服务机构成为公共图书馆资源发放的一个重要场所，儿科医生成为馆员的重要合作伙伴之一，他们能帮助宣传与推介图书馆的活动。

出版社与图书馆的合作由来已久。作为儿童读物生产与保存、使用的两个重要机构，我国的童书出版社与儿童图书馆于 2009 年开始逐步展开合作。2010 年 6 月 24 日至 26 日在北京召开的全国少儿阅读公共论坛由图书馆界主动发起，以"加强馆社合作，推进少儿阅读"为主题，共同讨论如何推进少儿阅读，开启了"馆社合作"的破冰之旅。[①]出版社为图书馆提供优质的儿童图书资源，图书馆为出版社提供图书的信息反馈。在两者的共同努

---

① 孙芳."馆社合作"的破冰之旅——参加"全国少儿阅读公共论坛有感"[EB/OL].（2010-07-01）[2021-1-28]. http://blog.sina.com.cn/s/blog_639b97210100j8fu.html.

力下，推出了分龄阅读读物，出版了分级阅读书目，推动了我国分级阅读的进一步发展。童书作家、童书编辑、儿童图书馆员、童书评论员作为与儿童读物有关的关键人物，彼此间的合作能够推动儿童阅读的发展。随着儿童阅读服务的不断深入，公共图书馆越来越重视与儿童读物出版、流通等各环节的相关人员的合作。

幼儿家庭和教育机构、保健机构、出版机构等关注低幼儿童的机构都是图书馆合作的对象，家长（看护者）、幼儿园教师、幼儿保健医师、童书作家、童书编辑、童书评论员、儿童文学与儿童图书馆学专业的师生及其他儿童成长与发展相关领域的专家都是公共图书馆的合作对象。在与机构的合作中，要重视社会力量的融入，加强与民间阅读组织、培训机构、私人企业及致力于阅读推广的基金会的合作。尤其是课外教育培训机构研发的一些比较成功的阅读方法，如"说唱唐诗""唐诗动画""唱读三字经"及"自然拼读"英语歌曲与故事等，可以移植到图书馆的阅读活动中。在合作人群中，要特别重视阅读推广人的培养，他们在儿童阅读推广中发挥着重要的作用。阅读推广人的构成非常丰富，可能是幼儿家中的亲戚长辈，可能是善阅读的邻居、循循善诱的老师，也可能是与书为友的作家、为童书执笔的插画家，或是书店的营业员、图书馆的专职馆员……[①] 目前，我国阅读推广人的培育活动由三部分组成：一是中国图书馆学会发起的阅读推广人培养计划；二是由政府牵头组织的阅读推广人培育项目；三是早教机构开展的阅读推广人培训活动。[②] 未来要将阅读推广人培育纳入系统、专业的教育中去，让阅读推广人的培育形成完整、连续的体系。

多元化除了体现在合作机构和人群上外，还应体现在服务内容上。公共图书馆要为不同经济文化背景、家庭背景，不同语言及有特殊需求的儿童

---

① 王成玥，曹娟.构建阅读推广人队列，导航图书馆全民阅读——以王余光、霍瑞娟主编的《阅读推广人系列教材》为中心 [J].图书馆，2016（12）：26-31.

② 徐雯云.专业儿童阅读推广人才培养的新路径 [J].图书馆建设，2019（3）：74-78.

（如残疾儿童或存在心理问题的儿童等）提供多元化的服务，从而让低幼儿童服务更加包容。

7.3 本章小结

公共图书馆低幼儿童服务是儿童服务发展到高级阶段后的产物，自2010年前后在我国起步后，虽然只有短短十余年的发展时间，却恰逢最好的时机，取得了一定的进步。

首先，公共图书馆低幼儿童服务的理念已经确立：从忽视儿童到"发现"儿童，再到重视儿童，直到儿童优先、儿童利益最大化。先是服务学龄儿童，进而逐步细化、扩展服务，面向年龄较小的低幼儿童。其次，"阅读改变一切，多早开始也不为过""快乐阅读最重要""托幼一体化"等理念的形成及儿童友好社区的建设共同推动了公共图书馆低幼儿童服务的发展，实践探索已经起步。再次，经济发达的东部地区图书馆已经打造了低幼儿童服务的专门空间，建设了特色资源，策划了有针对性的服务活动，打造了服务品牌，如国家图书馆少年儿童馆的"低幼悦读会"、苏州图书馆的"悦读宝贝计划"、杭州少年儿童图书馆的"小可妈妈伴小时"、武汉市少年儿童图书馆的"小脚印故事吧"等。最后，在图书馆学整体积极融入世界的同时，作为其分支的儿童图书馆学也在努力与国际接轨，表现在：对儿童图书馆领域的重要国际政策文件进行翻译、推介和传播；在儿童图书馆的空间规划、资源建设、服务策划、设备配置上也以国际标准为参照，结合我国国情适当调整；学习、借鉴国际成功实践经验，并积极参与国际领域的儿童图书馆服务项目。现阶段我国公共图书馆低幼儿童服务更多的是"引进来"，将国外儿童图书馆服务中先进的理念、丰富的实践经验引入我国，做本土化的改良。未来发展的方向则是要积极"走出去"，为世界图书馆儿童服务贡献力量。

虽然我国公共图书馆低幼儿童服务具备了一定的基础，但由于发展时间短和我国现阶段具体国情等原因，还存在一些不足，未来要向平衡化、专业化、理论化与多元化四个方向发展。

要实现区域、城乡、服务人群的平衡化。在区域分布上，要尽量缩小东中西部的差距；在城乡发展上，大中城市可建立独立建制的少儿馆，广大的乡镇、农村地区可采用社区图书馆与流动图书馆的方式满足需求；在人群覆盖上，要把儿童包含在内，有条件的公共图书馆要积极开展面向低幼儿童的服务。

作为专业化程度较高的工作，图书馆儿童服务的专业化水平应不断提升。首先，要加强专业人员的培养，大力开展图书馆儿童服务的专业教育，开设相关的课程，制定详细的培养方案，构建专业的知识体系。其次，应加强职业道德建设，由专业人员组成的行业协会与从业人员共同遵循的职业伦理准则能够间接提升图书馆儿童服务的专业化水平。

作为图书馆学的一个分支，儿童图书馆学的理论基础相对来说比较薄弱。近年来，随着图书馆儿童服务实践的不断深入，理论也有了长足进步，表现在：核心作者群形成、专著与教材出版、研究论文与学位论文涌现、国家社会科学基金与教育部人文社会科学基金立项课题日益增多。不过，已有的研究成果大多还是停留在对实践的总结、对国外先进经验的引进与学习上，缺少对图书馆儿童服务本质及规律的归纳，基础理论的研究还比较薄弱。今后应不断强化基础理论建设，形成完善的理论体系。

多元化是公共图书馆低幼儿童服务未来发展的主要方向之一。多元化既体现在合作机构与合作人群上，也体现在服务内容上。图书馆要重视与相关机构、人员的合作，公共图书馆的低幼儿童服务是一项系统工程，需要各方力量的统筹协调，不是单独某类人群或单独某个部门、机构、组织可以独立完成的，而是多元化主体相互合作的结果。

参考文献

阿甲．帮助孩子爱上阅读——儿童阅读推广手册 [M]．上海：少年儿童出版
　　社，2007．

白冰．少年儿童分级阅读及其研究 [J]．出版发行研究，2009（9）：16-18．

布格．阅读力：未来小公民的阅读培养计划 [M]．肖琦，译．北京：中信出版
　　社，2018．

陈邦．英美公共图书馆学前儿童阅读服务比较及启示 [D]．湘潭：湘潭大学，
　　2019．

陈滨生，郑素一．儿童权利的国际保护与我国的具体实施 [J]．哈尔滨学院学
　　报，2009，30（1）：46-49．

陈慧香．基于用户画像的图书馆精准服务研究 [D]．南京：南京大学，2018．

陈力勤．从"阅读起跑线"（Bookstart）到"悦读宝贝计划"——苏州图书
　　馆特色婴幼儿阅读服务实证研究 [J]．图书馆理论与实践，2018（5）：
　　88-93．

陈力勤．公共图书馆0—6岁低幼儿童阅读服务中游戏元素的渗透 [J]．图书
　　馆研究，2019，49（3）：80-84．

陈力勤，白帅敏．图书馆婴幼儿服务志愿者队伍建设研究 [J]．图书馆建设，
　　2015（11）：38-41．

陈敏捷，方瑛．美国公共图书馆少年儿童服务现状概述 [J]．图书馆研究与工

作，2007（1）：63-69.

陈萍，迟立忠.发展心理学 [M].长春：吉林教育出版社，2001.

程焕文.图书馆权利的界定 [J].中国图书馆学报，2010，36（2）：38-45.

程焕文.图画书故事衣：公共图书馆儿童阅读推广的新潮流 [J].图书馆建
　　设，2020（2）：78-82.

段文革，张若菊，张健.浅谈如何塑造图书馆的品牌服务 [J].黑龙江科技信
　　息，2012（3）：129.

段宇锋，周子番，王灿昊.为孩子开启智慧之门——杭州少年儿童图书馆低
　　幼服务 [J].图书馆杂志，2019，38（1）：36-42.

范并思.拓展图书馆未成年人阅读服务 [J].图书与情报，2013（2）：2-5.

范并思.阅读推广与图书馆学：基础理论问题分析 [J].中国图书馆学报，
　　2014，40（5）：4-13.

范并思.拓展图书馆阅读推广的理论疆域 [J].图书情报知识，2019（6）：
　　4-11.

冯佳.美国婴幼儿阅读推广活动理论初探 [J].中国图书馆学报，2019，45
　　（6）：119-129.

冯莉.公共图书馆婴幼儿阅读服务评估研究——以广州图书馆为例 [J].图书
　　馆研究，2019，49（1）：86-92.

龚维义，刘新民.发展心理学 [M].北京：北京科学技术出版社，2004.

关永红.重新审视学前儿童游戏的教育学价值 [J].内蒙古民族师院学报（哲
　　学社会科学版），1999（4）：75-77.

桂永浩，薛辛东.儿科学 [M].北京：人民卫生出版社，2015.

郭磊，曲进.赫克曼曲线与人力资本投资——加大学前公共投入的思想与借
　　鉴 [J].经济学动态，2019（1）：116-130.

郭铭.寻找中国本土儿童分级阅读的理论支点 [N].中国教育报，2010-09-16
　　（5）.

韩毅，杨晓琼，李健．图书馆服务质量影响因素的权重测定及模糊评价分析 [J]．中国图书馆学报，2007（5）：79-82．

韩永进．中国图书馆事业发展报告·少年儿童图书馆卷 [M]．北京：国家图书馆出版社，2017．

郝丽梅．国内外公共图书馆评估现状与对策分析 [J]．科技情报开发与经济，2015，25（14）：33-35．

郝丽琴．苏霍姆林斯基的课程资源观及其实践 [J]．教学与管理，2007（24）：5-7．

河北大学图书馆学系．图书馆法规文件汇编 [M]．保定：河北大学图书馆学系，1985．

何思倩，贺鼎．美国社区图书馆的婴幼儿童（0—5 岁）阅读服务设计研究——以 "1000 books before kindergarten" 为例 [J]．图书馆杂志，2020，39（3）：77-83．

洪芳林，束漫．国际图联和美国有关图书馆空间规划指南及启示 [J]．图书情报工作，2020，64（16）：114-121．

侯敬芹．蒙台梭利儿童工作思想研究——基于游戏的角度 [D]．重庆：西南大学，2012．

胡春波，邓咏秋，陆幸幸．不能错过的亲子阅读：0—4 岁 [M]．北京：国家图书馆出版社，2016．

胡洁，汪东波，支娟，李彬．公共图书馆第五次评估定级标准（少儿馆部分）释读 [J]．中国图书馆学报，2013（2）：18-26．

黄巾．英国婴幼儿 "阅读起跑线" 项目研究 [D]．重庆：西南大学，2018．

黄娟娟．0—3 岁幼儿阅读发展与培养 [M]．上海：上海科学技术出版社，2005．

黄俊丽．由发展到发展：艾里康宁-达维多夫发展性教学体系评析 [D]．上海：上海师范大学，2009．

黄敏.亲子阅读活动探讨——广州少年儿童图书馆实践谈 [J]. 图书馆学研究，2011（10）：83-85.

黄耀东.美国公共图书馆的婴幼儿早期阅读推广——对 Born to Read 项目的考察 [J]. 图书馆论坛，2018，38（1）：92-99.

霍力岩.试论蒙台梭利的儿童观 [J]. 比较教育研究，2000（6）：51-56.

李芙蓉，高萌妤.美国高校儿童图书馆学课程研究 [J]. 中国图书馆学报，2020，46（3）：113-127.

李国新.公共图书馆"用地"与"建设"标准的性质、作用和特点 [J]. 中国图书馆学报，2009（1）：4-10.

李国新.现代公共文化服务体系建设与公共图书馆发展——《关于加快构建现代公共文化服务体系的意见》解析 [J]. 中国图书馆学报，2015，41（3）：4-12.

李国新.指引事业发展方向，构建基本制度体系 [N]. 新华书目报，2017-01-13（2）.

李国新.《中华人民共和国公共图书馆法》的历史贡献 [J]. 中国图书馆学报，2017，43（6）：4-15.

李国新.《公共图书馆宣言》在中国的时代际遇 [J]. 图书馆建设，2019（6）：4-12.

李红.公共图书馆少儿阅读推广实践探索——以天津图书馆"月亮姐姐讲故事"为例 [J]. 图书馆工作与研究，2018（S1）：185-187.

李慧敏.《公共图书馆建设标准》和《公共图书馆建设用地指标》述评 [J]. 图书馆论坛，2010，30（2）：132-135.

李景成，翁畅平.公共图书馆0—3岁婴幼儿早期阅读服务研究 [J]. 河北科技图苑，2018，31（3）：63-66.

李俊国，汪茜，等.图书馆儿童阅读推广 [M]. 北京：朝华出版社，2015.

李盼盼.福禄贝尔与蒙台梭利儿童观之比较 [J]. 江苏第二师范学院学报，

2017, 33（4）：83-86.

李然. 民国时期儿童图书馆发展状况述略 [J]. 图书馆，2013（5）：111-114.

李武，朱淑华，王丹，吴军委. 新世纪未成年人阅读推广理论研究进展 [J]. 图书馆论坛，2018，38（10）：109-117.

李易宁，王子舟，张晓芳. 成人阅读习惯促进因素研究 [J]. 图书馆杂志，2020，39（4）：37-49+118.

廖圆圆. 德国学龄前儿童阅读启蒙教育研究 [D]. 上海：上海师范大学，2018.

林崇德. 发展心理学：第 4 版 [M]. 北京：人民教育出版社，2009.

刘丹青. 新中国语言文字研究 70 年 [M]. 北京：中国社会科学出版社，2019.

刘国钧. 什么是图书馆学 [J]. 中国科学院图书馆通讯，1957（1）：1-5.

刘国钧. 刘国钧图书馆学论文选集 [M]. 北京：书目文献出版社，1983.

刘菡，杨乃一，李思雨，张靖. 未成年人阅读、学习与赋能国际研讨会综述 [J]. 图书馆建设，2019（3）：65-73.

刘俊. 试论蒙台梭利的"工作"思想及其现实意义 [J]. 当代教育论坛（校长教育研究），2007（9）：86-88.

刘沛. 脑科学：21 世纪音乐教育理论与实践的新基石——围绕"莫扎特效应"的科学研究和展望 [J]. 中国音乐学，2000（3）：88-100.

刘瑞芳，张雪峰. 皮亚杰认知发展理论与儿童阅读推广工作 [J]. 河南图书馆学刊，2018，38（6）：6-8.

刘璇. 基于成本 - 效益分析的公共图书馆经济价值研究 [J]. 图书馆杂志，2010，29（2）：10-15.

刘兹恒，武娇. 公共图书馆未成年人服务的指导文件——学习《中国儿童发展纲要（2011—2020 年）》[J]. 图书与情报，2012（1）：1-3+66.

卢巧云. 打造图书馆服务品牌的思考 [J]. 图书情报知识，2002（6）：68-69.

芦婷婷. 德国儿童阅读推广举措及对我国的启示 [J]. 图书馆工作与研究，2016（6）：116-120.

蒋芳芳 . 美国公共图书馆青少年服务指南研究 [J]. 图书馆建设，2016（11）：
　　20-25+31.

蒋永福 . 坚决依靠政府——关于公共图书馆与政府关系的随想 [J]. 图书馆，
　　2005（2）：13-15.

接力儿童分级阅读研究中心 . 接力儿童分级阅读指导手册（2010 年版）[M].
　　南宁：接力出版社，2010.

金德政 . 悦读宝贝——0—3 岁亲子阅读手册 [M]. 北京：国家图书馆出版社，
　　2014.

柯平，官平 . 全国公共图书馆第六次评估的意义和特点 [J]. 图书馆建设，
　　2016（12）：4-7+14.

马小燕 . 分享阅读促儿童多元发展 [J]. 速读（上旬），2019（10）：203.

米丽平 . 图书馆评估之后的思考 [J]. 科技情报开发与经济，2007（18）：73-
　　74.

潘兵，张丽，李燕博 . 公共图书馆的未成年人服务研究 [M]. 北京：国家图
　　书馆出版社，2011.

佩利 . 共读绘本的一年 [M]. 北京：北京联合出版公司，2018.

彭丹妮，易春花 . 共读，我们的亲子时光 [M]. 长沙：湖南少年儿童出版社，
　　2016.

彭斯远 . 儿童化与成人化——中国当代儿童文学悖论现象考察 [J]. 昆明师范
　　高等专科学校学报，2002（1）：1-4.

彭懿 . 世界图画书阅读与经典 [M]. 南宁：接力出版社，2011.

彭懿 . 图画书应该这样读 [M]. 南宁：接力出版社，2012.

秦东方，张丽 . 图书馆未成年人服务的政策规范与法律保障——图书馆未成
　　年人服务国际性政策与文件的解读与研究 [J]. 图书馆工作与研究，2017
　　（9）：64-70.

沈娅歆 . 国内外分享阅读研究综述 [J]. 心理技术与应用，2015（6）：30-35.

松居直.幸福的种子：亲子共读图画书 [M].刘涤昭，译.南昌：二十一世纪出版社，2013.

宋岚芹.《九十年代中国儿童发展规划纲要》实施情况 [J].中华儿科杂志，2000（5）：13-15.

孙文杰.儿童发展与游戏精神：蒙台梭利"儿童工作"思想的全面分析 [J].陕西学前师范学院学报，2018，34（5）：36-40.

王成玥，曹娟.构建阅读推广人队列，导航图书馆全民阅读——以王余光、霍瑞娟主编的《阅读推广人系列教材》为中心 [J].图书馆，2016（12）：26-31.

王冬梅.公共图书馆绘本阅读推广实践与思考——以淮安市图书馆为例 [J].图书情报研究，2020，13（1）：64-68.

王黎君.儿童的发现与中国现代文学 [M].北京：中国社会科学出版社，2009.

王世伟.《公共图书馆服务规范》的编制及其特点论略 [J].国家图书馆学刊，2012，21（2）：6-11.

王素芳.国际图书馆界儿童阅读推广活动评估研究综述 [J].图书情报知识，2014（3）：53-66.

王亦越，黄琳，李桂华.少年儿童图书馆阅读推广活动的多元参与研究 [J].国家图书馆学刊，2019，28（6）：31-41.

王益明.国外关于成人的儿向言语的研究 [J].心理科学，1991（2）：43-48.

王余光，徐雁.中国读书大辞典 [M].南京：南京大学出版社，1993.

王玉杰，史伟.大学图书馆绘本馆构建实践与思考——以沈阳师范大学图书馆为例 [J].图书馆学刊，2018（10）：104-108.

文化和旅游部公共文化司.《中华人民共和国公共图书馆法》为我国公共图书馆事业发展提供根本保障 [J].国家图书馆学刊，2018，27（2）：3-7+13.

吴慰慈，董焱.图书馆学概论：第 4 版 [M].北京：北京图书馆出版社，2018.

肖鹏.从中国经验到中国方案：走向中国图书馆学理论研究的世界化时期
　　[J].中国图书馆学报，2019，45（6）：12-23.

谢弗.儿童心理学（精装修订版）[M].王莉，译.北京：电子工业出版社，
　　2016.

徐变云.专业儿童阅读推广人才培养的新路径 [J].图书馆建设，2019（3）：
　　74-78.

徐晓冬.意大利早期婴幼儿阅读推广计划管理模式研究 [J].图书情报工作，
　　2016（7）：67-71+147.

徐晓冬.意大利“生而为读”早期婴幼儿阅读推广计划研究 [J].图书馆理论
　　与实践，2016（7）：105-109.

徐阳泰，毛太田，秦顺.儿童阅读权利保障的体系化与标准化——《公共图
　　书馆少年儿童服务规范》解读与启示 [J].图书馆建设，2020（3）：50-
　　59.

鄢超云，魏婷.《3—6 岁儿童学习与发展指南》中的学习品质解读 [J].幼儿
　　教育，2013（18）：1-5.

杨芳怀.从“红红姐姐”到“故事妈妈”——浅谈图书馆工作者对婴幼
　　儿读者及家长的阅读指导工作 [J].教育教学论坛，2013（28）：216-
　　217+196.

杨威娜.关于《少年儿童图书馆讲座服务评估标准》的应用研究 [J].晋图学
　　刊，2019（2）：43-46+62.

杨文泓.英国公共图书馆少儿分级阅读推广服务研究——以 10 家英国阅读
　　起跑线计划成员馆为例 [J].图书馆工作与研究，2020（11）：103-109.

于良芝.图书馆情报学概论 [M].北京：国家图书馆出版社，2016.

张慧丽.中美图书馆儿童早期阅读研究综述 [J].图书与情报，2011（2）：
　　2-6+25.

张慧丽.美国图书馆界儿童早期阅读推广项目管窥 [J].图书馆工作与研究，2012（11）：113-116.

张靖，吴翠红.未成年人图书馆与信息服务专业性研究 [M].北京：社会科学文献出版社，2019.

张丽.图书馆未成年人服务保障条件研究——以英美为例 [D].北京：北京大学，2012.

张丽.公共图书馆法未成年人服务条款：基于托马斯"五因素"理论的阐释 [J].图书馆，2018（4）：12-17.

张丽.从"姐妹图书馆"到"图画书中的世界"：国际图联儿童阅读推广的核心理念探究 [J].国家图书馆学刊，2019，28（2）：51-58.

张丽.英国低幼儿童的阅读推广服务研究 [J].图书馆杂志，2020，39（3）：69-76.

张丽.国际图联儿童图书馆服务指南的坚守与创新 [J].图书馆论坛，2021，41（8）：132-141.

张丽，姜淑华."文化超市"：张家港市少儿图书馆阅读推广的新探索 [J].图书馆杂志，2018，37（11）：56-62.

张丽，熊伟，惠涓澈，朱蕊.公共图书馆学前儿童阅读推广模式构建探究——以西安图书馆为例 [J].图书馆论坛，2014，34（9）：51-57.

张庆，束漫.德国公共图书馆儿童阅读推广活动发展现状研究 [J].图书馆建设，2016（11）：38-43.

张铁柱.我国少儿图书馆服务的发展对策研究 [D].北京：北京大学，2010.

张艳.关于幼儿早期阅读能力培养策略研究——基于钱伯斯阅读循环圈的视角 [J].陕西学前师范学院学报，2015，31（5）：30-34.

张有龙.福禄倍尔的游戏教学思想及其教学论启示 [J].科教文汇（上旬刊），2014（8）：122-123.

郑莉莉，罗友松，王渡江.少年儿童图书馆学概论 [M].长沙：湖南少年儿童出版社，1990.

郑永田 . 美国国会图书馆馆长斯波德福思想初探 [J]. 中国图书馆学报，2011
（5）：120-126.

《中国百科大辞典》编委会 . 中国百科大辞典 [M]. 北京：华夏出版社，1990.

中国大百科全书总编辑委员会《心理学》编辑委员会 . 中国大百科全书：心
理学 [M]. 北京：中国大百科全书出版社，1991.

周崇弘 . 未成年人阅读推广活动的创新实践——"2012 年中国图书馆年
会——中国图书馆学会年会•中国图书馆展览会"未成年人服务展区项
目研究 [J]. 图书馆建设，2013（5）：4-6+18.

朱琳琳 . 分享阅读 分享成功——"分享阅读"在我国近十年的推广和发展
[J]. 幼儿教育：教育教学，2012（7）：70-71.

朱淑华 . 儿童阅读推广系统概述 [J]. 图书馆，2009（6）：45-48.

朱智贤 . 朱智贤全集（第四卷）：儿童心理学 [M]. 北京：北京师范大学出版
社，2002.

祝林 . 日本公共图书馆评估初探 [J]. 图书情报工作，2011，55（5）：133-
136.

ALBRIGHT M, DELICKI K, HINKLE S. The Evolution of Early Literacy: A
History of Best Practices in Storytimes [J]. Children and Libraries: The
Journal of the Association for Library Service to Children, 2009, 7(1):13-
18.

BARRETT L, DUGLAS J, ARMSTRONG E. The CILIP Guidelines for
Secondary School Libraries [M]. London: Facet Publishing, 2004.

BATES M, MAACK M N. Encyclopedia of Library and Information Sciences
[M]. New York: CRC Press, 2010.

DOHERTY J, HUGHES M. Child Development: Theory and Practice 0-11 [M].
London: Longman, 2009.

HARVEY A. Imagination Library: A Study of the Sustained Effects of Participation in an Early Reading Program [J]. The Delta Kappa Gamma Bulletin, 2018, (84)3:32-45.

JENKINS C A. The History of Youth Services Librarianship: A Review of the Research Literature [J]. Libraries & Culture, 2000, (35)1:103-140.

MCDOWELL K. Open Wide the Doors: The Children's Room as Place in Public Libraries, 1876-1925 [J]. Library Trends, 2014, (62)3:519-529.

MCMULLAN H, WIEGAND W A, DAVIS D G. Encyclopedia of Library History [M]. New York: New York & London, 1994.

MOORE M, WADE B. Bookstart: A Qualitative Evaluation [J]. Educational Review, 2003, (55) 1:3-13.

RICHARDSON J V. Library Science in the United States: Early History [M]. New York: CRC Press, 2010.

SYLVA K, JELLEY F, GOODALL J. Making It REAL: An Evaluation of the Oldham Making It REAL Project [M]. London: The Sutton Trust, 2018.

THOMAS F H. The Genesis of Children's Services in the American Public Library: 1875-1906 [D]. USA: University of Wisconsin-Madision, 1982.

WADSWORTH M E J. Effects of Parenting Style and Preschool Experience on Children's Verbal Attainment: Results of a British Longitudinal Study [J]. Early Childhood Research Quarterly 1986, (1):237-248.

WHITEHURST G J, LONIGAN C J. Child Development and Emergent Literacy [J]. Child Development, 1998, (69)3:848-872.

Youth Libraries Committee of the Library Association. Children and Young People: Library Association Guidelines for Public Library Service [M]. London: Facet Publishing, 1997.

附录 1
我国独立建制的少年儿童图书馆名录

附录 2
我国少年儿童图书馆低幼儿童服务开展情况

附录 3
国内外图书馆低幼儿童服务案例集锦

附录 4
国内外童书奖项概览

附录 5
国内外知名儿童绘本作家及代表作品

附录 6
课题的衍生研究成果